RIO NACIONAL
RIO LOCAL

Mauro Osorio

RIO NACIONAL
RIO LOCAL

mitos e visões
da crise carioca
e fluminense

Rio nacional Rio local © Mauro Osorio.
Direitos desta edição reservados ao
Serviço Nacional de Aprendizagem Comercial –
Administração Regional do Rio de Janeiro.

Vedada, nos termos da lei, a reprodução
total ou parcial deste livro.

SENAC RIO
Presidente do Conselho Regional
Orlando Diniz

Diretor Regional
Décio Zanirato Júnior

EDITORA SENAC RIO
Avenida Franklin Roosevelt, 126/604
Centro – Rio de Janeiro – RJ – CEP: 20.021-120
Tel.: (21) 2240-2045 – Fax: (21) 2240-9656
Depto. Comercial: (21) 2582-5583
www.rj.senac.br/editora

Editor
José Carlos de Souza Junior

Coordenação de Prospecção Editorial
Marianna Teixeira Soares
Mariana Varzea

Coordenação Editorial
Cynthia Azevedo

Edição de Texto
Isabel Borja

Revisão
Cynthia Azevedo, Karine Fajardo e Lilia Zanetti

Coordenação de Arte
Andréa Ayer

Projeto Gráfico
Base 9 Design e Comunicação

Capa
Gustavo Portela/Base 9

Foto da Capa
Fernando Braile

Diagramação
Cacau Mendes

Assistente de Produção
Juliana Andrade

Impressão
Imprinta Express Ltda.

1ª edição: julho de 2005
Tiragem: 3.000 exemplares

CIP-BRASIL. CATALOGAÇÃO-NA-FONTE
SINDICATO NACIONAL DOS EDITORES DE LIVROS. RJ.

092r

Osorio, Mauro, 1955-
   Rio nacional Rio local : mitos e visões da crise carioca e
fluminense / Mauro Osorio. – Rio de Janeiro : Editora Senac
Rio, 2005
   296p. : 16x23cm

   Anexo
   Inclui bibliografia
   ISBN 85-87864-69-6

   1. Rio de Janeiro (RJ) – Políticas e governo – 1960-.
2. Rio de Janeiro (RJ) – Condições econômicas. 3. Rio de
Janeiro (RJ) – Condições sociais. 4. Crise econômica – Rio
de Janeiro (RJ). 5. Brasil – Capital – Transferência.
   I. Título.

05-2083

CDD 338.981531
CDU 338.11(815.31)

Agradecimentos

Agradeço

a Pedro Abramo, orientador e amigo, pelo estímulo e pelas sugestões teóricas e metodológicas, de fundamental importância para a realização deste trabalho.

aos meus amigos de toda uma vida pelas trocas e vivência; a toda equipe de professores do Ippur, onde realizei doutorado, pelo conhecimento dedicação e cobrança fundamentais para o desenvolvimento do trabalho que ora resulta neste livro; e aos colegas das universidades onde lecionei e colegas da Faculdade Nacional de Direito da UFRJ, pela compreensão e apoio.

a Orlando Thomé, José Carlos de Souza Junior, Cynthia Azevedo, Isabel Borja, Mariana Varzea, Renata Frade e a toda equipe da Editora Senac Rio, pela oportunidade de publicação deste trabalho.

a minha esposa Clarice, pelo amor, companheirismo e compreensão em todos os finais de semana e madrugadas devotados a este trabalho e, também, por suas acuradas sugestões.

a meus enteados, Bianca e Breno, pelo apoio e carinho, a minha sogra, Rosa Ciardullo Girafa, e aos meus cunhados.

a meu neto Guilherme, pela alegria.

a meus pais e mestres Gilda Osorio da Silva e Manuel Teixeira da Silva Filho, pelas lições de carinho, generosidade e honestidade

a meus irmãos Cláudia, Sérgio e Rodrigo, pelo apoio e a amizade de toda uma vida, ao meu sobrinho Yuri, a meus primos e tios (*in memoriam*).

SUMÁRIO

APRESENTAÇÃO 9

PREFÁCIO 11
João Paulo de Almeida Magalhães

PREFÁCIO DO AUTOR 15

INTRODUÇÃO 19

CAPÍTULO 1 29
Referenciais teóricos

CAPÍTULO 2 77
Cidade do Rio de Janeiro:
história de capitalidade e
articulações com a Velha Província

CAPÍTULO 3 103
O Distrito Federal e a construção
da nova institucionalidade

CAPÍTULO 4 129
Governos Sette Câmara e Lacerda:
visões e estratégias (1960–65)

CAPÍTULO 5 177
Governo Negrão de Lima:
visões e estratégias (1965–71)

CAPÍTULO 6 205
A dinâmica econômica nos anos 1960:
avaliações e prospecções

CONCLUSÃO 251

ANEXO 264

REFERÊNCIAS BIBLIOGRÁFICAS 284

APRESENTAÇÃO

Este livro inaugura uma linha editorial de títulos, escritos por especialistas de diversas áreas de conhecimento, que trará uma reflexão sobre o Rio de Janeiro – capital e estado. A idéia principal é não somente consolidar o pensamento dos profissionais que vêm atuando em prol do desenvolvimento cultural, econômico e social da região, mas também apontar novos caminhos que viabilizem a retomada do nosso crescimento e que façam jus ao destino de uma região tão importante para a história do Brasil.

Começamos com uma obra escrita por Mauro Osorio, um economista de olhar agudo e abrangente, que trata das realidades carioca e fluminense e dos mitos que a cercam. Para este autor, o Rio de Janeiro sofre um processo de fratura em sua dinâmica institucional, a partir de 1960, com a transferência da capital para Brasília. Essa perda gera problemas econômicos e sociais específicos que vêm assolando a região. Trabalhando com o conceito de marco institucional, o autor analisa as políticas e visões dos anos 1960 sobre o Rio de Janeiro e sua inserção na economia brasileira e internacional, para demonstrar que nem as políticas nem as visões davam conta do desafio colocado à cidade com o processo de mudança da capital.

Por que começar com os problemas do Rio de Janeiro? Porque, em qualquer organização ou campo social, as dificuldades são sempre desequilíbrios que sobrevêm no curso de uma situação passada, uma falha no olhar, no diagnóstico ou no prognóstico. Refletir sobre essa situação é refletir sobre a nossa origem, sobre as formas de pensar arraigadas (crenças, inércias etc.) e os caminhos adotados que deter minaram a situação presente.

Neste livro, a reflexão sobre a problemática do Rio é a condição fundamental para repensarmos paradigmas, oxigenarmos atitudes e enfrentarmos os novos desafios. Trata-se de uma ferramenta essencial para quem pensa o Rio de Janeiro.

ORLANDO DINIZ
Presidente do Conselho Regional do Senac Rio

PREFÁCIO

O livro de Mauro Osorio representa importante contribuição para diagnosticar a mal resolvida problemática fluminense. Historicamente, a região já sofria os efeitos negativos da artificial separação entre seu pólo econômico (cidade do Rio de Janeiro) e sua região de influência imediata (Estado do Rio de Janeiro). Enquanto a cidade do Rio de Janeiro reteve a condição de capital da República, a situação se sustentou, porque a localização, em seu território, dos serviços federais lhe proporcionava dinamismo econômico básico que, dentro de certa medida, vazava para a região vizinha.

A mudança da capital para Brasília, em 1961, e a fusão Guanabara–Estado do Rio, em 1974, exigiam, para a nova unidade federativa, a formulação de estratégia econômica que compensasse a perda decorrente da transferência de serviços federais e aproveitasse as condições favoráveis decorrentes da fusão.

Mauro Osorio, no próprio título do seu livro *Rio nacional Rio local*, assinala os motivos por que isso não aconteceu. De um lado, tínhamos a visão nacional das elites fluminenses, que se preocupavam mais em propor rumos para o País do que defender os interesses locais. E, de outro, preocupação estritamente local.

Uma das manifestações mais claras da visão nacional se acha na cooptação para altos cargos executivos e de representação estaduais de personalidades sem maior ligação com o Rio de Janeiro, como Brizola, Afonso Arinos, Juracy Magalhães, Aurélio Vianna e muito outros.

Essa visão nacional, enquanto colocava em segundo plano os interesses locais, era extremamente grave. A literatura especializada aponta de fato, como instrumento importante de política regional, os grupos de pressão ou "lobbies" estaduais agindo sobre o governo central. Isso porque os investimentos e outras medidas vitais para o Estado dependem, na proporção estimada em 40%, da esfera federal.

Mauro Osorio mostra o modo pelo qual a desvinculação entre elites e problemas locais teve como conseqüência a incapacidade do estado de definir estratégias adequadas para a economia fluminense. Atesta, por exemplo, esse fato a importância concedida por sucessivos governos à política industrial e, especificamente, ao instrumento representado pelos distritos industriais. O autor apresenta dados comprovando o pequeno impacto destes últimos na atração de atividades manufatureiras. E a situação chegou ao quase absurdo quando o governador Faria Lima, indicado pelo regime militar para conduzir a fusão Guanabara–Rio de Janeiro, declarou sua preocupação prioritária com a agricultura, atividade de diminuta importância na economia fluminense.

Especialmente importante, na análise de Mauro Osorio, é a demonstração de que, concorrendo com a visão nacional, existe no estado a visão local, estritamente clientelista e, portanto, igualmente despreocupada com a formulação de grande e eficiente estratégia de desenvolvimento para a economia fluminense. Tivemos, assim, o brizolismo, o chaguismo e, mais recentemente, se propõe lançar o garotismo. Todos patrocinando soluções imediatistas e demagógicas para as dificuldades do estado.

Mauro Osorio refere-se igualmente à recente proposta de dar volta atrás na fusão Guanabara–Rio de Janeiro, mostrando a inconsistência dos argumentos apresentados.

Em suma, o trabalho que se lerá nas páginas seguintes constitui importante contribuição para os debates sobre os meios e modos de o Rio de Janeiro recuperar o papel central que teve, historicamente, na federação brasileira.

JOÃO PAULO DE ALMEIDA MAGALHÃES
Professor titular da UFRJ e Uerj

PREFÁCIO DO AUTOR

Este livro sustenta a existência de uma crise econômica específica na cidade do Rio de Janeiro e na Velha Província – área de influência econômica da cidade – que, a meu ver, origina-se na transferência da Capital Federal para Brasília, principal elemento gerador do dinamismo da cidade-capital.

Minha relação com o tema iniciou-se em 1978 quando, ainda cursando a graduação em Economia na FEA/UFRJ, fui trabalhar numa pesquisa sobre o Estado do Rio de Janeiro, coordenada pelos professores Milton Santos e Ana Clara Ribeiro, na então Fundação para o Desenvolvimento da Região Metropolitana (Fundrem). Nessa pesquisa, tive um primeiro contato com a temática regional, não só por meio do trabalho propriamente dito, mas também pela convivência com a equipe de jovens técnicos da Fundrem, vinda do então recém-criado mestrado em Planejamento Urbano e Regional, organizado na Coppe/UFRJ.

Desde essa época, a temática regional e, principalmente, o Rio de Janeiro e suas cidades, foram objeto de reflexão, mas foi ao ingressar no mestrado em Planejamento Urbano e Regional, na época em transição da Coppe para o atual Instituto de Pesquisa e Planejamento Urbano e Regional (Ippur/UFRJ), em 1981, que retomei o tema de forma sistemática. Nesse mesmo período, participei de discussões sobre a economia carioca e fluminense no Instituto dos Economistas do Rio de Janeiro, em grupo de trabalho coordenado por César Maia, e, a convite de Carlos Lessa, em um outro grupo formado por Raphael de Almeida Magalhães e Roberto Saturnino Braga, entre outros. Em 1982, convidado por João Paulo de Almeida Magalhães, colaborei numa pesquisa sobre a realidade econômica fluminense, realizada pela Astel Assessores Técnicos e contratada pelo Banerj.

Orientado por Rosélia Piquet e João Paulo de Almeida Magalhães (suborientador), iniciei, nessa época, minha dissertação de mestrado, com a proposta de analisar a migração de empresas do setor de informática do Estado do Rio de Janeiro para o Estado de São Paulo e suas causas. Razões profissionais fizeram com que esse trabalho permanecesse inconcluso, mas, em 1990, voltei à temática regional e fluminense, ao assumir a função de secretário executivo do Programa de Estudos sobre o Desenvolvimento Regional Sustentado, criado, na Uerj, pelo então reitor Hésio Cordeiro e coordenado por João Paulo de Almeida Magalhães. Participei, também, nesse período, de debates e reflexões sobre o Rio de Janeiro, por meio da Fundação Pedroso Horta, então presidida por Rodrigo Lopes. Representando a Uerj, no Fórum de Reitores, que congrega as universidades fluminenses, tomei parte em várias discussões sobre o Rio de Janeiro. Naquela época, colaborei, também, como subcoordenador, na pesquisa coordenada pelo professor Pingueli Rosa sobre a utilização do gás natural como indutor do desenvolvimento econômico carioca e fluminense. A investigação concluiu que o Rio de Janeiro, com sua habitual desatenção à temática local e regional, vinha não só se beneficiando pouco do gás associado ao petróleo na Bacia de Campos, como também o "subsidiando" para São Paulo, onde seu preço não cobria nem mesmo o custo de transporte.

Com base nos estudos e nas bases de dados organizados nesse programa da Uerj, contribuí, por solicitação de Raphael de Almeida

Magalhães, com sugestões para o Programa de Ações Federais no Rio de Janeiro, criado pelo Presidente Fernando Henrique Cardoso, na época recém-eleito, e coordenado por Raphael. Fernando Henrique entendia que a imagem externa do Brasil continuaria a passar com grande centralidade pela imagem da região carioca e fluminense e criara o Programa com vista à redinamização econômica da região. Desse programa, surgiram importantes projetos e iniciativas para a região, como o desenho e a organização da Rio Polímetros, empresa que inaugura e viabiliza o pólo de gás-químico, e a redinamização do Porto de Sepetiba.

Em 1994, atuando na Secretaria de Ciência e Tecnologia como superintendente de Projetos Especiais, por convite do então secretário Elói Fernandes y Fernandes, recebi a atribuição de formular propostas para a redinamização econômica da região. E, no período entre 1996 e 1999, atuei como secretário executivo do Fórum de Secretários Estaduais para Assuntos de Ciência e Tecnologia. Nesse fórum, tive a oportunidade de perceber claramente a existência de uma crise específica no Estado do Rio de Janeiro, tendo em vista a maior precariedade de sua máquina pública *vis-à-vis* não só as demais máquinas públicas estaduais das regiões Sul e Sudeste, como também de estados de regiões menos desenvolvidas.

Tendo, a partir de 1993, retornado à vida acadêmica, com atividades docentes na Uerj, na Universidade Veiga de Almeida, na UFRJ e na Universidade Estácio de Sá, candidatei-me, em 1999, ao doutorado do Ippur/UFRJ. No Ippur, participei de várias discussões sobre economia fluminense, organizadas pelo professor Jorge Natal, e realizei minha pesquisa de doutorado sob orientação do professor Pedro Abramo.

Por sugestão de Pedro Abramo, em 2002, candidatei-me e fui aceito em um programa para alunos de doutorado patrocinado pela União Européia e liderado pela Universidade de Lille, na França, sob a coordenação do professor Frank Moulaert. Em Lille, tive contato com as teorias regulacionista e institucionalista, esta última tornando-se de fundamental relevância para este trabalho que agora apresento.

Com base nessas experiências, em informações e conhecimentos adquiridos ao longo de todos esses anos de envolvimento com a temática regional fluminense e carioca, este livro apresenta o processo de construção institucional desse território, desde sua origem até os dias atuais. São também analisadas as visões correntes no período posterior a 1960 em relação à situação econômica da cidade e do Estado do Rio de Janeiro e os conceitos e instrumentais teóricos que serviram de base para as análises e hipóteses levantadas. Procurei, também, verificar até que ponto os atores políticos e econômicos da segunda metade dos anos 1950 e 1960 compreendiam a nova institucionalidade instaurada a partir da mudança da capital e em que medida as formulações, visões e políticas, no novo Estado da Guanabara, nos anos 1960, constituíam-se elemento viabilizador de estratégias que dessem conta da nova realidade.

Trabalhando fundamentalmente com o conceito de *marco institucional*, analisei as políticas realizadas nos anos 1960 e as visões existentes, à época, sobre o Rio de Janeiro e sua inserção na economia brasileira e internacional. Procurei demonstrar que, com a mudança da capital, nem as políticas nem as visões davam conta do desafio estratégico colocado para a cidade do Rio de Janeiro, o que, entendo permanecer na primeira metade dos anos 1970, como também no período pós-1974, a partir da fusão realizada entre a cidade e o antigo Estado do Rio.

INTRODUÇÃO

O Rio de Janeiro, recrismado com o nome de Guanabara, chegou à autonomia política sem estar devidamente preparado para isso. Fez-se uma lei de emergência para dar revestimento jurídico às conseqüências da mudança da Capital, mas nunca se preparou em profundidade um plano político e econômico para dar condições ao novo estado da Federação brasileira. Isso é tanto mais lastimável se levarmos em conta que a mudança da Capital já estava prevista desde a primeira Constituição Republicana (1891), disposição essa mantida na Carta de 1946. Apenas como em tantos outros casos, nunca se pensou que alguém quisesse cumprir a norma constitucional (Bomfim, 1970).

Organizada desde sua origem como fortificação militar, porto e eixo de logística nacional (Lessa, 2000, p. 346) e consolidada como centro de articulação nacional do ponto de vista político, cultural, econômico e social desde a chegada da Família Real, a cidade do

Rio de Janeiro sofre um processo de fratura em sua dinâmica institucional, a partir de 1960, com a transferência da capital para Brasília. Do ponto de vista de institucionalistas como Douglass North, Geoffrey Hodgson e Thorsten Veblen, que definem instituições como normas formais (leis e regulamentos) e informais (história, cultura, hábitos e rotinas), com a mudança da capital para Brasília em 21 de abril de 1960, a dinâmica institucional do Rio sofre uma ruptura em seu marco institucional.

A região, cujo dinamismo até então derivara de sua lógica histórica e do fato de ser o centro do poder, passa a depender também de políticas gestadas localmente, tornando necessária a organização de estratégias regionais de desenvolvimento econômico-social. Contudo, a percepção desse processo na vida econômico-social da região não ocorre de imediato, e a sociedade continua a trabalhar, hegemonicamente, ao menos nos anos 1960, com a idéia de que a Cidade Maravilhosa continuaria a funcionar como a *capital de fato*. Para o economista Carlos Lessa, tal percepção só se daria com a estagnação da economia brasileira nos anos 1980.

As explicações para isso encontram-se em um conjunto de fatores, como a cultura de capitalidade existente no território carioca, que contribui para que a sociedade regional não perceba de imediato a quebra da dinâmica institucional a partir de um fator "exógeno" (a mudança da capital). Essa falta de percepção pode ser compreendida à luz do pensamento de Douglass North, que afirma que uma determinada conformação institucional cria hábitos e rotinas arraigados, nos quais as questões de escolha se apresentam como algo regular, repetitivo e claramente evidente. Nesse mesmo sentido, segundo Hodgson, o americano Thorsten Veblen afirma que o comportamento humano é dominado por hábitos de pensamento (Hodgson, 1997).

Por outro lado, como detectado pelos pesquisadores Américo Freire e Marly Silva da Motta, a forma de organização da capital da República – detalhada no Capítulo 2 –, pretende uma institucionalidade asséptica e apolítica, aos moldes da construção de Washington. Com isso, cria-se, no Rio de Janeiro, simultaneamente, uma lógica de política nacional e cosmopolita, muito radicalizada, e uma lógica localista que, sem eleições para o cargo executivo local e com o poder de veto ao prefeito nomeado na órbita do Senado Federal, é constituída com pouco poder, fragmentária e clientelista, em virtude do pouco espaço para discussões macroeconômico-sociais locais. Isso faz com que, em uma região onde os interesses sociais, econômicos, culturais e políticos articulam-se centralmente à lógica nacional, o olhar sobre a temática nacional seja ainda mais acentuado e o olhar sobre a lógica macro-local seja levado ainda menos em consideração, pelo modo como a região se organiza do ponto de vista político-institucional formal. Essa questão está presente em análise de Arnaldo Niskier (1970), quando afirma que o fato de a história da cidade de São Sebastião ter, durante quase dois séculos, confundido-se muitas vezes com a história brasileira, teria feito com que a vivência dos problemas nacionais reduzisse: "a pálidos reflexos os problemas locais. [Assim,] depois da mudança da capital para o Planalto, o povo carioca descobriu que só conhecia de si mesmo e de sua cidade a visão do turista apressado."

Além disso, e na verdade pelos mesmos motivos, de acordo com Niskier, a sociedade carioca não teria percebido imediatamente que o processo de mudança da capital – mais errático até 1964, e mais orgânico, a partir de então, apesar de sua aceleração ter se dado apenas em 1970 – iria redundar na seguinte lógica:

> Mas a consolidação de Brasília como a Capital Federal se antecipou no tempo... A presença mais constante da cúpula governante no Planalto [equilibraria] as pressões. O contrapeso em favor de uma mudança acelerada não tardaria a deslocar o seu eixo de influência (idem, p. 46).

Paralelamente, a situação da vida nacional nos anos 1950 e 1960 – com a radicalidade política, e, no plano local, o destaque atribuído à questão cultural na vida da cidade uma vez que a produção cultural no Rio (bossa nova, Cinema Novo) vive um momento excepcional – teria ajudado a obscurecer a percepção de que esses efeitos pudessem ser "a 'visita da saúde' ao prestígio, já iniciado seu declínio progressivo" (Lessa, 2000, p. 345).

Outro possível fator a colaborar para a ausência de um correto entendimento da lógica em curso e das conseqüências da transferência da capital pode ter sido o fato de a cidade do Rio de Janeiro – apesar de perder a hegemonia econômica para São Paulo a partir dos anos 1920 (veja Tabela 1 no Anexo), tendo em vista a liderança desse estado no processo de industrialização brasileira – manter-se dinâmica economicamente, posto que, como sede do poder, continua a atrair e gerar investimentos, como aponta Lessa (2000, pp. 237 e 238):

> As décadas de 1920 a 1960 foram de prosperidade e de acumulação de prestígio no Rio de Janeiro. A cidade desdobrou-se em novos comportamentos e dimensões. ...O Rio urbanizou-se em sintonia com esses novos tempos. Cabe sublinhar que foi sendo secundarizado, em termos de produção industrial, em relação a São Paulo. Desde a Primeira Guerra Mundial, São Paulo lidera a produção industrial e, apesar de crescer, o Rio vê a distância relativa das respectivas bases industriais ser ampliada, para não lembrar a espantosa diferença no campo agrícola. Porém o Rio – concentrando serviços sofisticados, com o núcleo de comando do sistema bancário, sediando os escritórios centrais da maioria das grandes empresas, sendo portal dos visitantes nacionais e estrangeiros e alimentado por contínuas e crescentes injeções de gasto público – parecia ter assinado um pacto com a eterna prosperidade.

Além disso, a proximidade da antiga capital federal e a existência de uma tendência dominante no governo central a favor de um contraponto ao predomínio econômico paulista (idem, p. 346) fizeram com que o antigo Estado do Rio de Janeiro – polarizado, do ponto de vista econômico (Bernardes, 1964), pela cidade do Rio de Janeiro –, fosse escolhido várias vezes durante esse período como destino de grandes investimentos federais, como a instalação da Companhia Siderúrgica Nacional (CSN), da Fábrica Nacional de Motores (FNM), da Companhia Nacional de Álcalis e da Refinaria Duque de Caxias (Reduc). Assim, o PIB dos estados e regiões do Brasil mostram que, nos anos 1950, o território que abrange a atual região fluminense como um todo apresentaria um crescimento médio percentual do PIB de 6,6% a.a., muito próximo ao da Região Sudeste (6,7% a.a.) e, também, ao total do Brasil (7,1% a.a.) (ver Tabela 2 no Anexo).

Além disso, do ponto de vista da dinâmica econômica, tanto a cidade do Rio de Janeiro quanto o antigo Estado do Rio apresentam uma taxa de crescimento, nos anos 1960, muito próxima à da economia brasileira, como podemos verificar pelas Tabelas 3 e 4 no Anexo, o que pode ter contribuído para a má interpretação da lógica em curso e das conseqüências da transferência da capital para a economia carioca.

Como podemos notar no depoimento de Octávio Gouvêa de Bulhões (1990, p. 175),[1] em verdade, partia-se do pressuposto de que a *capital de fato* continuaria na cidade do Rio de Janeiro, ou seja, de que, do ponto de vista econômico, o Rio permaneceria como centro cultural e o principal articulador das atividades econômicas:

> No momento da criação do Banco Central[2] pensava-se na construção de uma sede em Brasília? Não, naquela época não se cogitava disso. Eu, pelo menos, não daria essa idéia.

---

1 Octavio Gouvêa de Bulhões é professor de Economia da Fundação Getulio Vargas, funcionário de carreira do Ministério da Fazenda, tendo assumido diversas funções no setor público, na área econômica, e ocupado a posição de ministro da Fazenda no governo Castello Branco e de presidente do BEG na gestão de Chagas Freitas no Estado da Guanabara (Abreu, 2001, v.1, pp.876-882).

2 O Banco Central do Brasil é criado no governo Castello Branco, em dezembro de 1965, pelo Decreto-Lei 4.565 (Abreu, 2001,v.1, p.465).

Ao mesmo tempo, diante da perda de participação industrial pela qual passava a região, a proposta seria de uma política econômica explícita visando beneficiar em especial esse setor. Essa estratégia ancorava-se em visões fundamentalmente anistóricas, baseadas em conceituações teóricas em realce na época, como a do economista francês François Perroux, e em uma suposição equivocada, facilitada pela falta de foco no debate sobre a questão local, de que estaria ocorrendo um significativo derramamento de indústrias para o antigo Estado do Rio. Previa-se até que a indústria fluminense viria a transformar-se, a partir de 1970, na segunda do País, o que não ocorre. Em decorrência dessa visão, a política industrial, que, como demonstrarei, tem uma diminuta importância nos dois governos dos anos 1960, vai basear-se sobretudo na oferta de infra-estrutura e terrenos baratos, por meio dos distritos industriais, procurando conter a indústria no território carioca e mesmo a sua ampliação.

Neste trabalho, procurei demonstrar que as políticas organizadas e as estratégias de desenvolvimento econômico articuladas nos anos 1960 partem de pressupostos equivocados e não dão conta da reversão da fratura institucional ocorrida em 1960 com a mudança da capital, embora as gestões empreendidas realizem uma significativa modernização urbana e da máquina pública carioca.

Aponto, ainda, que o desafio gerado com a perda da capital e os desafios socioeconômicos que se apresentam tampouco são equacionados pelo primeiro governo Chagas Freitas (1970-74) ou quaisquer dos governos posteriores à fusão entre a Guanabara e o Estado do Rio em 1974.

Como conseqüência, a partir dos anos 1970 e 1980, a região fluminense apresenta a mais baixa taxa de crescimento do PIB regional entre todas as unidades da Federação (Tabela 5), fato que se pode associar a um conjunto de fatores: a) a consolidação do processo de transferência da capital para Brasília (década de 1970); b) a crise econômico-fiscal brasileira (década de 1980), que atinge mais fortemente essa região, dadas as suas características históricas marcadas pela conformação militar, pelo grande peso de indústrias voltadas para o mercado interno e pela presença expressiva de serviços públicos e funcionários ativos e inativos; c) a crescente importância, na economia brasileira, dos complexos metal-mecânico, eletroeletrônico e químico, a partir da retomada do crescimento em 1968, os quais se encontram, nesse período, instalados sobretudo em São Paulo e, a partir dos anos 1970, também em Minas Gerais; d) a reestruturação produtiva da economia internacional, que ocorre a partir de meados dos anos 1970 e atinge mais fortemente indústrias como a naval, a siderúrgica e a têxtil, com significativo peso na economia da região fluminense; e e) a falta de estratégias regionais adequadas de desenvolvimento econômico-social e que possam servir como elemento de resistência, em períodos de estagnação, ou de alavancagem, em períodos de crescimento no cenário macroeconômico nacional – inicialmente para o território da Guanabara e depois para o Estado do Rio de Janeiro.

Desse modo, o valor da produção industrial na região carioca e fluminense apresenta, no período de 1970 a 1993, um percentual de crescimento de 143,1%, enquanto São Paulo ostenta crescimento de 253,56%, Minas Gerais, de 405,02% e o total do Brasil, de 300,73% (Rosa, 1994, p. 41). No período 1970–2000, a participação relativa da região fluminense no total do valor da transformação industrial brasileira cai de 15,3%, em 1970, para 9,42%, em 2000. Ou seja, nesse período, a região mostra uma perda de participação relativa de 38,41%, enquanto São Paulo tem perda de 20,10% e as demais unidades federativas, com exceção dos estados de Pernambuco e do Amapá, ampliam sua participação relativa (veja Tabela 6).

Além disso, a região fluminense registra, no período 1970–2000, a maior perda de posição relativa no PIB total do País, passando de uma participação de 16,67%, em 1970, para 12,71%, em 2000, enquanto a participação de São Paulo reduz-se de 39,43% para 33,34% (veja Tabela 5).

No que se refere a dados de emprego, utilizando a série da Rais do Ministério do Trabalho para o intervalo mais longo atualmente disponível (1985–2002), o Rio de Janeiro apresenta o pior desempenho, entre todas as unidades federativas, para o total das indústrias de transformação e extrativa mineral, com uma perda de empregos industriais de 41,19% (veja Tabela 7). Isto faz com que a região, que ocupa em 1985 a segunda posição em termos de empregos industriais (537.307 postos de trabalho), passe à sexta posição em 2002 (324.110 postos de trabalho), sendo ultrapassada por Minas Gerais, Rio Grande do Sul, Santa Catarina e Paraná (veja Tabela 8).

Ainda com base em dados da Rais, no período 1985–2002 o Estado do Rio apresenta a mais baixa taxa de crescimento relativamente ao total de emprego, para os setores primário, secundário e terciário, com uma variação positiva de apenas 9,30%, contra uma variação de 39,98% em todo o Brasil, sendo que a segunda e terceira menores taxas de variação positiva são dos estados do Rio Grande do Sul, com 25,90%, e São Paulo, com 27,42% (veja Tabela 7).

Relativamente ao desempenho da região metropolitana do Estado do Rio de Janeiro, podemos verificar, com base em dados tabulados pelo professor Clélio Campolina, que a região metropolitana do Rio de Janeiro exibe, no período de 1987 a 1997, a maior perda de empregos formais entre todas as regiões metropolitanas brasileiras, com redução dos empregos industriais de 473 mil para 266 mil e do total de empregos de 2,5 milhões para 2,2 milhões (Diniz apud Velloso, 2000, p. 312).

A partir do ano 2000, apesar da euforia em alguns setores da formação de opinião carioca e fluminense e de fatores que apontam janelas de oportunidade e investimentos como os derivados da redinamização do Porto de Sepetiba, do pólo de gás-químico e das potencialidades do Rio de Janeiro no setor serviço e na atividade turística, o Estado do Rio de Janeiro não apresenta um desempenho significativamente distinto do vigente entre 1970 e 2000. No que se refere à evolução da produção física industrial, no período de janeiro de 2000 a janeiro de 2004, o estado apresenta uma variação na produção da indústria de transformação em torno de 5,7%, o que significa um terço da evolução nacional e um total bastante inferior aos registrados pelos demais estados da Região Sudeste (veja Tabela 9). Nesses quatro anos, o Estado do Rio de Janeiro apresenta uma taxa de desempenho total da indústria ligeiramente superior à média nacional (Tabela 9), o que se deve ao crescimento específico da extração de petróleo na Bacia de Campos.

Essa mesma evolução pode ser verificada no fato de, no período de maio de 2004 a maio de 2005, do ponto de vista do emprego, a região metropolitana do Rio de Janeiro apresentar uma taxa de crescimento de apenas 0,99%, contra um crescimento das regiões metropolitanas de Porto Alegre, Salvador, Belo Horizonte, São Paulo e Recife de, respectivamente, 5,63%, 5,45%, 5,40%, 4,62% e 2,22%. Ou ainda pelo fato de que, no período de abril de 2004 a abril de 2005, a produção física da indústria de transformação do Estado do Rio apresentar uma variação positiva de apenas 2,37%, contra uma variação no Brasil de 5,89%, em São Paulo de 6,97% e em Minas Gerais de 7,75% (IBGE).

Acredito que, para compreender esse processo, importa conhecer as políticas e visões vigentes na virada dos anos 1950 e nos anos 1960, período esse considerado o início de um *círculo vicioso,* que, seja pelos dados aqui sucintamente expostos, seja pelo vivenciado no cotidiano de cariocas e fluminenses, ou pelas análises desenvolvidas por diversos autores que veremos a seguir, não é, do ponto de vista econômico-social, revertido de modo consistente até os dias atuais.

CAPÍTULO I

Referenciais teóricos

> Em nossa tradição, a pressuposição do equilíbrio estável tem se tornado uma forma de pensamento geral: aliás, esse conceito é a essência do ponto de vista que está ligado à existência de uma teoria econômica única e básica. Poucos economistas, mesmo os que criticaram a noção de equilíbrio estável, conseguem escapar inteiramente à sua influência. ...Esta noção está impregnada de intenção teológica e se relaciona com poderosas preferências, todas radicadas firmemente nas tradições da teoria econômica desde a sua primitiva origem e nas filosofias que foram e continuam a ser a base lógica dessa teoria (Myrdall, 1968, p. 28).

Com o propósito de sistematizar uma análise das políticas e visões hegemônicas sobre a Guanabara na sua primeira década, como o início de uma dinâmica socioeconômica que se mantém até os dias atuais, apresento, neste capítulo, os conceitos e instrumentais teóricos que entendo serem as matrizes que dão sustentação às formulações existentes no período pós-1960 para a cidade do Rio de Janeiro e sua região de influência, inspiram as políticas executadas nos dois primeiros governos da Guanabara e, também, servem como base para a análise sobre a evolução econômica pós-1960 não só da cidade do Rio de Janeiro, como também da Velha Província e, a partir de 1974, do novo Estado do Rio de Janeiro.

Com esse fim, organizei a análise em três eixos teóricos distintos. No primeiro eixo – Acumulação de capital e desenvolvimento regional –, trabalhei com a formulação teórica que privilegia a formação histórica e as relações sociais que redundaram na conformação capitalista brasileira, particularmente a visão da chamada Escola de Campinas e, também, com aqueles autores que procuram sistematizar a análise da evolução histórica da economia carioca e fluminense utilizando-se desse instrumental teórico.

No segundo eixo – Estratégias e instituições no desenvolvimento regional –, destacam-se aqueles autores que privilegiam, ao analisar o desenvolvimento econômico-social de uma região, a dinâmica institucional desta e a existência ou não de uma estratégia formulada endogenamente para o seu desenvolvimento, e, também, aqueles autores que, ao estudarem a economia da região em foco, utilizam-se desse tipo de conceituação.

Por último, trabalhei com um eixo teórico – Reestruturação produtiva e desenvolvimento local –, no qual se privilegia a análise do desenvolvimento econômico-social regional com centralidade na questão da reestruturação que ocorre na economia mundial a partir dos anos 1970 e suas conseqüências do ponto de vista das formas de organização produtiva, social e territorial, bem como com os autores que analisam, desse prisma, o desenvolvimento e as perspectivas do território em exame.

ACUMULAÇÃO DE CAPITAL E DESENVOLVIMENTO REGIONAL

Iniciamos essa sistematização com base na visão de autores da chamada Escola de Campinas, que, fundamentados na investigação das especificidades dos processos de acumulação de capital no País, contribuíram para o entendimento do processo de desenvolvimento das diversas regiões brasileiras.

Na hipótese de Cardoso de Mello, professor da Universidade Federal de Campinas (Unicamp), é fundamental examinar as formas de organização e de articulação das forças produtivas no decorrer da constituição do modo de produção capitalista no Brasil para compreender a evolução da economia brasileira.

O autor critica a abordagem *cepalina*, segundo a qual as economias periféricas seriam, em última instância, meros prolongamentos do espaço econômico das economias centrais. Segundo Cardoso de Mello (1982, p. 11), para compreender o capitalismo latino-americano, e sobretudo o brasileiro, seria necessário observar a "forma peculiar de constituição de suas relações sociais básicas". Cardoso de Mello defende que a gênese da constituição do modo de produção capitalista no Brasil estaria na crise do sistema colonial e deveria ser analisada com base na identificação de três momentos fundamentais da história brasileira: a economia colonial, a economia mercantil-escravista cafeeira nacional e a economia exportadora capitalista-retardatária, esta, por sua vez, dividida em três fases: nascimento e consolidação da grande indústria, industrialização restringida e industrialização pesada. Nos dois primeiros momentos, a região onde hoje se localiza o Estado do Rio de Janeiro seria economicamente hegemônica, enquanto, no último, a hegemonia seria paulista.

A especificidade da economia colonial residiria em uma produção mercantil de larga escala, fundada no trabalho compulsório e no exclusivo comercial. Toda a produção colonial, obtida por mecanismos de exploração e coerção que garantissem a máxima redução dos custos de reprodução da força de trabalho envolvida e as mais altas taxas de rentabilidade, teria a função de complementar a da metrópole. Segundo Lessa (2000), nesse processo, o Rio, surgido como porto e fortificação militar, iria adquirir um papel estratégico como eixo do tráfico de escravos para exploração, no primeiro momento, da prata, na América Espanhola, e, posteriormente, do ouro, no Brasil. Assim organizada, a economia colonial teria contribuído como instrumento de acumulação primitiva de capital no processo de formação de uma economia capitalista mundial. Porém, com a consolidação da Revolução Industrial, teriam início as pressões para a supressão da empresa colonial, das barreiras monopolistas e da substituição do trabalho escravo pelo assalariado, com conseqüente ampliação dos mercados e generalização das relações mercantis.

No Brasil, o fim do monopólio comercial português, a existência de terras próprias para o cultivo do café (próximas ao Rio de Janeiro), a disponibilidade de mão-de-obra escrava, em função do fim do Ciclo Mineiro, e a popularização internacional do consumo do café impulsionariam a expansão do setor mercantil nacional, que passaria a investir também na produção, financiando a expansão das fazendas, principalmente em território fluminense. Esse seria o momento da gênese da empresa mercantil-escravista cafeeira nacional.

Inicialmente, enquanto existiram terras novas e férteis para o café, a lógica adotada era a de máxima redução dos custos de produção, com seguidas apropriações de novas terras e investimentos mínimos na implantação de técnicas produtivas que retardassem sua exaustão. Esse movimento conduziria à interiorização, com o deslocamento da produção cafeeira do Estado do Rio de Janeiro para o de São Paulo e decorrente elevação dos custos de transportes. Ao mesmo tempo, a proibição efetiva do tráfico negreiro no Brasil, em 1850, ocasionaria a crescente escassez de mão-de-obra escrava e, por conseguinte, a elevação de seus preços.

Segundo Cardoso de Mello (idem, p.80), a partir de 1860, o capital mercantil nacional, "apoiado, decisivamente, pelo capital financeiro inglês ...[e pelo] Estado brasileiro ao conceder garantia de juros aos investimentos externos", realizaria pesadas inversões na construção de estradas de ferro e na compra de máquinas de beneficiamento de café, gerando relativa economia de trabalho escravo, redução nos custos e maior velocidade dos transportes e condições para a oferta de um produto de mais qualidade e em melhor estado de conservação. Concomitantemente, ocorreriam significativas elevações nos preços internacionais do café. Embora reforçassem a economia mercantil-escravista cafeeira nacional, as estradas de ferro e a indústria de beneficiamento também a obstariam, fosse por criarem condições mais propícias ao regime de trabalho assalariado, fosse por favorecerem significativamente a acumulação, estimulando uma crescente demanda por mão-de-obra.

Com a proibição do tráfico, as dificuldades para encontrar a força de trabalho necessária à expansão das plantações no próprio país levariam os novos empresários do café a apostar no incentivo à imigração européia, sobretudo a italiana. A imigração se tornaria maciça a partir de 1880, e a maioria dos imigrantes teria São Paulo como destino.

Wilson Cano, autor do livro *Raízes da concentração industrial em São Paulo* e de vários outros estudos sobre economia regional, ressalta que a consolidação do trabalho assalariado nas antigas plantações de café no Vale do Paraíba, historicamente fundadas no regime escravocrata, seria muito difícil, ao passo que, nas novas plantações paulistas, onde o trabalho assalariado surgira paulatinamente, a utilização do trabalho assalariado encontraria pouca ou nenhuma restrição. Além disso, nesse processo migratório ficaria clara a existência de uma estratégia paulista. A propósito, Sérgio Silva (1978, p. 43) atesta que essa disposição de assimilar a mão-de-obra imigrante "aparece em todos os relatórios de presidentes de província de São Paulo, entre 1850 e 1880" e ressalta que as despesas relativas a esse fluxo, até então parcialmente financiadas pelo governo federal, passariam a ser integralmente bancadas pelo governo provincial a partir de 1870, incluindo a viagem dos trabalhadores e de suas famílias e a criação de um organismo encarregado de dirigir a imigração, com agências fixadas em várias partes da Europa, sobretudo na Itália.

Na mesma linha, analisando a primeira década do século XX, Carlos Lessa (2000, p.192) ressalta que

> ...enquanto São Paulo atraía colonos europeus com projetos-programa, ...o Rio [a atual cidade do Rio de Janeiro] atraía e continuou atraindo a imigração avulsa portuguesa. Por ser Capital, era para os portugueses um atavismo como destino.

E, de fato, até os dias atuais os imigrantes portugueses residentes na cidade do Rio de Janeiro são maioria.[1]

Nas décadas de 1870 e 1880, a produção brasileira de café cresceria significativamente e São Paulo passaria a constituir o seu centro motor. Nesse momento, o crescimento econômico brasileiro continuaria basicamente vinculado ao comportamento da economia externa, e os setores industrial e agrícola de subsistência não seriam, ainda, capazes de assegurar um dinamismo interno satisfatório (Mello, 1982). No entanto, a cafeicultura paulista, baseada desde o início em mão-de-obra assalariada, criara um amplo mercado consumidor para alimentos e produtos industriais de consumo corrente, favorecendo a realização de investimentos nessas atividades na região. Simultaneamente, a imigração maciça formara uma ampla oferta de mão-de-obra assalariada, com baixos níveis salariais, favorecendo a nascente indústria paulista. Desse modo, a indústria de São Paulo estaria dialeticamente ligada ao

---

[1] De acordo com matéria publicada no Jornal do Brasil em 2000, existiriam no Rio de Janeiro 101.457 portugueses, enquanto os italianos, a segunda maior colônia de imigrantes, seriam 10.589. (Jornal do Brasil, Rio de Janeiro, 17 mar. 2000. Revista de Domingo, p. 23).

capital cafeeiro: ao mesmo tempo, subordinada a ele e beneficiada pelas oportunidades por ele criadas ao formar um novo mercado de consumo e uma oferta de mão-de-obra abundante e barata.

Por outro lado, os imigrantes chegavam a São Paulo para viver em regime de colonato, o que lhes garantia, além de um salário fixo e outro variável, porções de terras para plantações próprias e pequenas criações. Algumas vezes, parte dessa produção seria vendida nas zonas urbanas em expansão, e, pouco a pouco, o sistema estimularia o alargamento e a diversificação da agricultura.

Assim, a economia paulista teria disposto de circunstâncias bastante adequadas ao seu desenvolvimento, vindo a formar um setor industrial bem estruturado e uma agricultura mercantil em condições ímpares de competitividade quando comparada às demais regiões brasileiras. Essa seria a fase de consolidação da indústria, que surgiria no bojo da economia exportadora capitalista nacional.

Quando a Grande Depressão sobrevém e impõe a forte retração da capacidade de importação das nações, a ação do Estado brasileiro em defesa dos níveis de rendimento da cafeicultura favoreceria os investimentos industriais, beneficiando o compartimento industrial mais avançado do País, o paulista.

Contudo, o desenvolvimento da indústria no Brasil teria um aspecto particular: a concentração do capital industrial nos setores de bens de consumo. A demanda por bens de produção seria atendida majoritariamente por importações. Era a reedição da inserção brasileira na economia mundial durante o período de desenvolvimento do capital comercial cafeeiro, caracterizada por uma posição periférica e dependente. Seria o que Cardoso de Mello (idem, p. 110) chama de *industrialização restringida*. O autor explica que, naquele momento, a aquisição das tecnologias requeridas pela indústria pesada era inviabilizada pela necessidade de vultosos investimentos, considerados de grande risco, para uma economia ainda frágil como a brasileira, e pela intensa concorrência entre as grandes nações capitalistas. Os investimentos na indústria pesada só viriam a ocorrer entre 1956 e 1961, representando grande avanço tecnológico e expressiva ampliação da capacidade produtiva industrial. Tais investimentos estariam articulados a inversões do governo federal em infra-estrutura e indústria pesada e à transferência do novo capital estrangeiro, sob a forma de capital produtivo, estimulada pela demanda e pelas economias externas proporcionadas pelas realizações estatais e pelo processo de competição oligopólica internacional entre os países capitalistas. Esses investimentos, bem como a implantação das indústrias montadoras de veículos e eletrodomésticos e respectivas constelações de fabricantes de partes e componentes, na segunda metade da década de 1950, consolidariam definitivamente a indústria paulista.

RIO DE JANEIRO – ACUMULAÇÃO DE CAPITAL E DESENVOLVIMENTO REGIONAL

Jorge Natal (2001), utilizando como referencial teórico as obras de João Manuel Cardoso de Mello, Wilson Cano e Sérgio Silva, faz uma análise do desempenho da economia e da sociedade carioca e fluminense nas décadas de 1980 e 1990, procurando discutir crítica e analiticamente o discurso sobre o chamado esvaziamento econômico do Estado do Rio de Janeiro, desenvolvido, principalmente, pelas classes patronais no estado durante a segunda metade do século XX e que ganha relevância na mídia no início dos anos 1980.

Nesse trabalho, Natal (idem, p. 21) identifica a existência de uma crise econômica no período entre 1982 e 1994, aproximadamente:

> A crise da sociedade fluminense do período 1982-94 foi, além de longeva, profunda, ampla e, portanto, complexa, sendo essa sua complexidade evidenciada através das várias expressões da vida social fluminense.

> A degradação econômica da região fluminense teve início ao final do século retrasado ..., em parte, pela emergência de uma verdadeira economia e sociedade capitalista no Brasil, mormente em São Paulo.

A decadência da economia fluminense coincidiria, portanto, com o surgimento do complexo cafeeiro paulista, e as conseqüências provenientes da transferência da Capital e os problemas que teriam ocorrido a partir da fusão "apenas agudizaram as inúmeras e históricas fragilidades da economia e sociedade fluminense, não sendo, no entanto, as causas fundantes de sua degradação societária" (idem, p. 22).

A análise de Jorge Natal destaca que os discursos sobre a natureza da crise econômica, que ganharam relevância nos anos 1980, teriam sido hegemonizados pelas classes patronais da Federação das Indústrias do Rio de Janeiro (Firjan) e da Associação Comercial do Rio de Janeiro e teriam um caráter escapista, atribuindo os problemas exclusivamente a fatores exógenos, como a transferência da capital e a realização da fusão sem compensações federais, para proteger interesses setoriais, em especial dos setores comercial, financeiro e naval. Esses discursos estariam baseados na defesa da tese de uma falta de *consciência regional* e, por conseqüência, de *lobby*, fundamentalmente com o governo federal. Para o autor, esses discursos não considerariam os seguintes fatores: a) as raízes históricas da crise na região fluminense;

> [b)] a inexistência de uma política integrada que aliviasse as pressões sobre a sua região metropolitana e concretizasse para a sua capital suas potencialidades ao nível da indústria de alta tecnologia, moda e turismo, para mencionar apenas aquelas nas quais ela, principalmente, apresentaria certas vantagens comparativas; (idem, p. 4)

e, também, c) a dependência da economia fluminense do seu mercado interno e da capacidade fiscal do governo federal, sendo, portanto, mais atingida pela crise econômica e fiscal dos anos 1980 que outras unidades da Federação.[2]

Na tese *Planejamento e desenvolvimento – O Estado da Guanabara*, Ângela Penalva Santos analisa as políticas desenvolvidas pelos governos Lacerda, Negrão de Lima e Chagas Freitas na recém-criada Guanabara. Com uma compreensão do processo de desenvolvimento capitalista no País bastante próxima à da chamada Escola de Campinas, a autora inicia sua análise pelo exame da maneira como aquela nova unidade da federação foi inserida no processo de desenvolvimento econômico-social brasileiro. Para ela, quatro momentos da história da cidade teriam particular importância pelas mudanças estruturais empreendidas para sua adaptação ao desenvolvimento das forças produtivas: o primeiro, em meados do século XVIII, quando da transferência da capital, de Salvador para o Rio de Janeiro; o segundo, na ocasião da vinda da Família Real em 1808, o que teria gerado uma série de investimentos na infra-estrutura da cidade e engendrado uma considerável organização urbana; o terceiro, no início do século XX, com a reconstrução de quase todo o centro da cidade para que a recém-instituída República tivesse uma nova capital; e o último, na década de 1960, quando importantes obras viárias teriam resultado numa grande expansão e transformação da estrutura interna da cidade, que deixava de ser capital da República para constituir-se Estado da Guanabara.

A autora examina as políticas desenvolvidas na Guanabara de 1960 a 1974, com base no contexto em que ocorre o desenvolvimento capitalista no período, trabalhando com a hipótese de que essas políticas, inclusive a urbana, seriam faces de uma estratégia de desenvol-

---

2 Da mesma forma que o discurso sobre o "esvaziamento" aparece com relevância nos anos 1980, quando ocorre uma agudização do processo de crise nacional na cidade do Rio de Janeiro, pelas suas características e pela importância do gasto público na região, o mesmo se dá nos anos 1960, quando acontece a crise econômica e política no início da década e, posteriormente, pela política restritiva de Bulhões e Campos – ministros da área econômica do governo Castello Branco –, conforme veremos ao longo deste livro. Ou seja, em uma região com massa crítica e tradição em pensar a problemática nacional e internacional, a questão regional, principalmente a econômica, só surge nesses momentos, sem maior permanência ou profundidade do ponto de vista da reflexão.

vimento econômico-social regional que levaria em consideração o momento da economia nacional e buscaria uma redinamização da economia carioca por meio de sua indústria, cuja participação relativa no total brasileiro decrescia. Trabalhando com conceitos construídos por Kalecki (1985) ao classificar a economia em estruturas departamentais, Ângela Penalva afirma que o estágio de desenvolvimento industrial já atingido pelo País ao final dos anos 1950 e início dos 1960, com a consolidação do "departamento produtor de bens duráveis de consumo", impunha a necessidade de investimentos nas chamadas "condições gerais da produção" e nos "meios de consumo coletivo", na perspectiva marxista, ou "capital social básico", na perspectiva keynesiana.

Assim, a autora trabalha com a hipótese de que

> a implantação do Estado da Guanabara fora percebida pelo executivo estadual como o momento propício à implementação de uma estratégia de desenvolvimento que viabilizasse o crescimento da economia carioca, consolidando-a como segundo pólo econômico do País. A reforma urbana teria sido uma das faces dessa estratégia, significando que a cirurgia urbana à qual o Rio fora submetido teve como objetivo readaptar sua estrutura urbana ao novo momento da organização social vigente nos anos 1960. [Dessa forma,] avaliar o desempenho da política estadual implementada, cuja reforma urbana foi uma das faces, é o objeto ao qual nos dedicaremos. [Assim,] planejar o desenvolvimento regional era, antes de tudo, planejar políticas de desenvolvimento econômico (Santos, 1990, Cap.1, p. 6, 17 e 18).

Com o desenvolvimento da política econômica regional centrada no setor industrial, os três governos da Guanabara teriam desenvolvido uma política de distritos industriais, visando equacionar a questão de terrenos disponíveis e de infra-estrutura e, dessa forma, conter a migração de indústrias que estaria ocorrendo para o antigo Estado do Rio, conforme diagnóstico da Federação das Indústrias do Estado da Guanabara (Fiega) (veja Capítulo 6).

A autora considera essa política exitosa do ponto de vista econômico, argumentando com as altas taxas de crescimento da indústria da Guanabara no início dos anos 1970, as quais, segundo ela, chegaram a 23% em 1973, entrando em queda a partir da fusão, em 1974.

Também utilizando a linha de análise de Campinas no que se refere à evolução histórica das diversas regiões brasileiras nos séculos XIX e XX, Carlos Lessa destaca que, apesar de a partir de 1920 a região carioca, individualmente ou mesmo em conjunto com a economia da Velha Província, ter sido ultrapassada por São Paulo (Tabela 1), deixando de ser a primeira em termos de PIB industrial, sua taxa de dinamismo econômico permaneceria próxima à taxa total brasileira até 1960. Isso porque, durante esse período, a cidade do Rio de Janeiro, capital e centro de articulação econômico, cultural e político do País, manteria e acumularia prestígio, ao mesmo tempo em que a região da Velha Província continuaria a receber investimentos federais como a instalação da Companhia Siderúrgica Nacional, da Fábrica Nacional de Motores (FNM), da Companhia Nacional de Álcalis e da Refinaria de Duque de Caxias. Para Lessa (2000, p.346), esses investimentos derivavam do desejo do governo federal de "atenuar o que consideravam excessiva hegemonia paulista".

Ainda segundo Lessa (idem, p. 345) a cidade do Rio de Janeiro e o antigo Estado do Rio − cujo dinamismo decorria fundamentalmente do pólo de desenvolvimento instalado no território carioca −, "após décadas douradas", iniciariam, a partir dos anos 1960, um processo de erosão de sua importância e dinamismo econômico-social, só vindo, no entanto, esta questão a transparecer socialmente no início dos anos 1980.

A erosão econômica e social que a região passaria a sofrer a partir de 1960, e que adviria do fato de ter perdido o eixo histórico de onde provinha centralmente seu dinamismo econômico, com a perda da capitalidade, iria ficar mascarada até o início da década de 1980.

Isso adviria de uma série de fatores, como o fato de a região estar, historicamente, desobrigada da preocupação de defender interesses regionais, não estando institucionalmente voltada para essas questões; a grande efervescência cultural que marcou o Rio de Janeiro nos anos 1960 (Bossa Nova, Cinema Novo etc.), anuviando a percepção do processo de erosão e perda de prestígio já iniciado; a lentidão da transferência da capital; e a ilusão de uma perspectiva duradoura provocada pelos investimentos promovidos pelo II Plano Nacional de Desenvolvimento (II PND), na década de 1970. Segundo Lessa (idem, p. 351), somente a partir dos anos 1980, o fracasso da retomada da industrialização do Rio de Janeiro tornou-se visível, e o efeito corrosivo da transferência da capital, patente.

Além disso, analisa o autor, contrariamente à visão de Ângela Penalva, que teria sido um equívoco a centralização da estratégia de desenvolvimento em uma política de distritos industriais, e que tal política teria sido, mais do que uma prática, uma retórica dominante, porque teriam os esforços se concentrado, principalmente, nos dois primeiros governos, na modernização da *Cidade Maravilhosa*.

Em seu artigo no seminário Rio de Todas as Crises, organizado pelo Instituto Universitário de Pesquisas do Rio de Janeiro (Iuperj) em 1990, Sulamis Dain (1990) ressalta que a crise econômica vivida nos anos 1980, no Estado do Rio de Janeiro, seria fruto de uma superposição de crises. A análise histórica de Dain pretende demonstrar que a indústria no Rio de Janeiro era fruto, principalmente, da Primeira Revolução Industrial e, por isso, não teria o mesmo dinamismo da indústria paulista. Destaca ainda que, sendo uma indústria com grande peso na produção de bens de salário, estaria bastante voltada para o mercado interno e seria mais fortemente atingida do que o total-Brasil pela crise dos anos 1980, assim como mais beneficiada em

1986, o ano do cruzado. Em seu entendimento, o setor de serviços possuiria um *peso exagerado*, com participação significativa de atividades tradicionais de baixo dinamismo e bastante voltadas para o mercado local. Paralelamente, Sulamis Dain coloca em relevo a repercussão da crise econômica e fiscal no Rio de Janeiro em função do peso relativo dos trabalhadores do setor público na região fluminense e pela importância da evolução dos gastos e investimentos do setor público federal para sua economia.

ESTRATÉGIAS E INSTITUIÇÕES NO DESENVOLVIMENTO REGIONAL

O pensamento cepalino,[3] surgido nos anos 1950, sob a liderança intelectual de Raul Prebisch, ex-presidente do Banco Central argentino, formula uma nova interpretação dos problemas do subdesenvolvimento da América Latina e oferece propostas originais para uma transformação da inserção da região na ordem mundial capitalista. Por não acreditar que essa transformação pudesse ocorrer espontaneamente, pelo livre jogo das forças de mercado, essa corrente advoga que a implementação de políticas ativas é imprescindível, e, dessa forma, o Estado deveria assumir novas responsabilidades na fixação das regras do jogo e intervir, quando necessário.

Na América Latina, o que a Cepal traz de novo é a organização da noção de que a presença do Estado, até então condicionada por conjunturas adversas, seria o requisito essencial ao processo de industrialização dos países periféricos e sua intervenção deveria dar-se, basicamente, por meio de políticas setoriais. Da mesma forma, Flávia

---

3   Esta linha de formulação, assim denominada, surge a partir da criação da Comissão Econômica para a América Latina e Caribe (Cepal), criada em 1948, por intermédio da ONU, para analisar e propor políticas ao desenvolvimento econômico-social dessa região, sob a liderança do economista e ex-presidente do Banco Central argentino Raul Prebisch. Sobre as contribuições da Cepal ao pensamento econômico latino-americano, veja Bielchowsky (2000).

Martinelli afirma que, nos anos 1950, começava-se a perceber que, não só nos países periféricos, mas também nos centrais, o capitalismo se desenvolvia com a existência de desequilíbrios territoriais:

> No final dos anos 1950, o problema das desigualdades regionais, também *em* países industrializados, surge em primeiro plano. Economistas como Perroux, Myrdall, Hirschman, com seus trabalhos sobre "polarização" e "causação cumulativa" sustentam explicitamente a idéia de que o desenvolvimento capitalista não é apenas estruturalmente instável, mas também espacialmente desequilibrado.[4]

No clássico Estratégia do desenvolvimento econômico, Albert Hirschman discute as questões acima suscitadas. Para ele, a história e as características econômico-sociais e culturais específicas de uma região cumprem um papel central. Buscando definir os principais fatores envolvidos no processo de desenvolvimento econômico-social de países subdesenvolvidos, Hirschman conclui que o fundamental não seria a dificuldade advinda da escassez de recursos nem a necessidade de um determinado recurso particular ou de uma combinação padronizada, mas o estabelecimento de uma estratégia que permitisse o início de um círculo virtuoso cujo próprio processo geraria o aprendizado, os recursos necessários e o exemplo positivo. A isso denomina processo de crescimento desequilibrado. O economista americano afirma, ainda, que a dinâmica desse processo ocorre pelos chamados efeitos de encadeamento – linkages –, o que faria com que o desenvolvimento em um determinado setor viesse a gerar encadeamentos, para trás e para frente, em atividades relacionadas.

Do ponto de vista da história econômico-social e da cultura, os principais obstáculos a esse processo seriam a *imagem grupal* e a

---

4 Martinelli (2000, p.7), tradução do autor.

imagem egocêntrica. A *imagem grupal* estaria associada à idéia de que as relações sociais devem se manter estáticas, o que seria impossível em um processo de desenvolvimento, que, necessariamente, geraria novos setores e, portanto, modificações relativas de participação social. A *imagem egocêntrica* – bastante comum em situações culturais de crise histórica e/ou de subdesenvolvimento – pregaria a busca de saídas individuais, com base em posturas ardilosas e/ou golpes de sorte, na contramão de um "conveniente equilíbrio entre os componentes cooperativo e criador" (Hirschman, 1958, p. 37). Esse equilíbrio seria fundamental, porque o aspecto cooperativo permitiria obter a capacidade de engendrar acordos entre os interessados, "quais sejam, o inventor do processo, os partícipes, os capitalistas, os que irão suprir as partes e os serviços, os distribuidores, etc. etc" (idem, p. 36).

Para esse autor, portanto, o problema do desenvolvimento não reside na falta de um ou vários elementos indispensáveis, como capital e educação, mas na deficiência do processo de combinação desses elementos. O fundamental, portanto, seria "gerar e revigorar a ação humana em determinado sentido" (idem, pp. 47 e 48).

Na expressão de Frank Moulaert, autor alinhado com a escola regulacionista francesa e com a visão institucionalista,[5] o ponto central seria a criação de uma *dinâmica institucional* que permitisse a construção de um processo orgânico de desenvolvimento econômico-social. Moulaert considera que, quando se trabalha com escalas locais e regionais, é importante examinar a dinâmica institucional de um território com base no histórico de todos os seus componentes econômi-

---

5 Com base em um instrumental marxista, a escola regulacionista francesa, que se desenvolve na segunda metade da década de 1970, introduz o conceito de *modo de regulação*. Ou seja, regularidades socialmente pactuadas tenderiam a se construir historicamente. Do pós-guerra ao início dos anos 1970, por exemplo, teria existido um modo de regulação fordista, baseado na produção em massa, em indústrias verticalizadas e no Estado do bem-estar social. Frank Moulaert utiliza-se também dos trabalhos dos institucionalistas Veblen, Common, Mitchel e Hodgson, para os quais seria fundamental articularem-se, na análise econômica, a história e as instituições. Entendem esses autores como *instituições* as normas jurídicas (instituições formais) e a cultura, os costumes, tradições e hábitos (instituições informais), conforme detalhado em Frank Moulaert (2000). Sobre o assunto, veja também Hodgson (1998).

co-sociais, ou seja, na forma como a região se organiza institucional-mente – entendendo-se por instituições as normas formais e informais e os hábitos. Assim, para entender o desenvolvimento histórico de uma determinada região e elaborar uma estratégia para ela, seria necessário analisá-la como conformação sociocultural e econômica específica, com personalidade institucional própria.

Moulaert postula a existência de um determinado nível de autonomia para a formulação e execução local e regional de políticas de desenvolvimento econômico socialmente inclusivas (utilizando, para tanto, o conceito de *socio-innovation*), com a qual seria possível gerar uma dinâmica institucional virtuosa, desde que fosse articulada às demais escalas (regional e nacional, no caso das políticas locais, e local e nacional, no caso das políticas regionais) e se levasse em conta a historicidade da cidade ou região em questão.

Em *Teoria econômica e regiões subdesenvolvidas,* obra organizada com base em palestras realizadas em 1955, Gunnar Myrdall, economista sueco, prêmio Nobel de 1974, analisa

> um aspecto particular da situação internacional: as enormes e sempre crescentes desigualdades econômicas entre os países desenvolvidos e os subdesenvolvidos. Embora essas disparidades e sua tendência a crescer sejam realidades flagrantes e constituam [nesse período] uma das causas básicas da tensão internacional, não é comum considerá-las problema crucial na literatura do desenvolvimento ...Meu propósito é investigar por que e como sobrevieram tais desigualdades, por que persistem e tendem a aumentar (Myrdall, 1968, p.12).

Segundo o autor, seria "de interesse para o progresso harmonioso do conhecimento científico que os estudiosos [observassem], simultaneamente, os problemas [econômicos e sociais] de ângulos diferentes" (idem, ibidem).

Para ele, haveria nesse período, principalmente nos países subdesenvolvidos, uma crescente conscientização da tendência à ampliação das desigualdades internacionais, sem, no entanto, ocorrer, ainda, maior sistematização da problemática. O autor atribui a essa maior conscientização política a substituição da expressão estática *países atrasados* pela expressão *países subdesenvolvidos*, em uma fase de grande dinamismo da economia internacional. Trabalhando o conceito de *causação circular cumulativa*, por ele criado, Myrdall (idem, p. 35) afirma: "Compreendi que a essência de um problema social envolve um complexo de mudanças interdependentes circulares e acumulativas." Infere-se que, historicamente, poderiam ser criados círculos virtuosos ou viciosos que tenderiam a gerar elementos retroalimentadores.

Tratando da questão dos dinamismos intra-regionais de um país, a opinião do autor é que, eventualmente, localidades e regiões são beneficiadas por condições geográficas favoráveis, adquirindo uma centralidade, por exemplo, como porto e centro comercial. No entanto, processos de *causação circular cumulativa* teriam origem principalmente em um fato histórico fortuito; o início exitoso de um movimento em determinado lugar, quando poderia ter igual ou maior sucesso em vários outros lugares. A partir daí, as economias internas e externas, sempre crescentes, fortificam-se e mantêm seu crescimento contínuo às expensas de outras localidades ou regiões (idem, p. 52).

Assim, um processo de desenvolvimento seria formado por um conjunto de variáveis interdependentes, o que tornaria a análise de um determinado fenômeno social, como também uma política de intervenção, mais complexa do que a sua formulação teórica em abstrato, pois "tudo é causa de tudo, de maneira circular e interdependente" (idem, p.42). No entanto, seria possível formular políticas e intervir na realidade econômico-social por meio da busca de seu entendimento, inclusive com a utilização de modelos quantitativos:

No plano ideal, a solução científica de um problema ...devia postular-se na forma de um conjunto de equações quantitativas interdependentes, que descrevessem o movimento do sistema estudado sobre as várias influências em jogo e as mudanças internas. Não é preciso mostrar que essa formulação científica, completamente quantitativa e verdadeira, está bastante além de nossa perspectiva, mas sustento que a elaboração dessa solução completa e quantitativa deve ser o objetivo de nossa pesquisa, mesmo quando esta fique muito aquém desse ideal (idem, p. 12).

Em *The role of geography in development* e *Economia espacial: urbanização, prosperidade econômica e desenvolvimento humano no mundo,* Paul Krugman estuda a existência de diferenças marcantes nos níveis de desenvolvimento das regiões. Para tanto, utiliza o conceito de *linkages*, criado por Albert Hirschman: encadeamentos que uma determinada atividade econômica poderia gerar em um território por meio, por exemplo, do estímulo à produção de matérias-primas ou atividades de apoio para uma firma ou setor econômico que se instale na área em questão.

Combinando a noção de *linkages* ao conceito de *causação circular cumulativa* e à idéia de *rendimentos crescentes de escala*, Krugman afirma que, com base em uma diferenciação inicial, como a existência de um porto ou um fato histórico particular, mesmo que fortuito, uma determinada região poderia desenvolver novas diferenciações. Nesse processo, existiria uma tensão entre forças centrípetas, geradoras de dinamismo para a região em foco, e forças centrífugas, que poderiam estimular a migração de investimentos para outras regiões.

As forças centrípetas seriam, basicamente, os efeitos de encadeamento (*linkages*) que o investimento em certa atividade geraria em outras; um mercado de trabalho, principalmente para as habilidades especializadas, com porte que permitisse aos empregadores encontrar trabalhadores mais facilmente e vice-versa; e o que o autor denomina de *meras economias externas*, ou seja, qualquer tipo de facilidade extrafirma gerada pela concentração territorial.

As forças centrífugas estariam relacionadas a questões como o esgotamento de fatores produtivos – a saber, a terra, o aumento dos custos de aluguéis – e quaisquer formas de deseconomia externas, como poluição, violência etc. Dessa maneira, uma dada região poderia apresentar um dinamismo econômico igual ou superior ao de outras regiões nacionais ou internacionais e, a partir de certo momento, pelo maior efeito das forças centrífugas *vis-à-vis* as forças centrípetas, sofrer o que o autor denomina *bifurcação* ou *reversão* do dinamismo econômico-social.

Segundo o autor francês François Perroux, o crescimento econômico não aparece simultaneamente em toda parte. Ao contrário, "manifesta-se em pontos ou pólos de crescimento com intensidades variadas, expande-se por diversos canais e com efeitos finais variáveis sobre toda a economia" (Perroux apud Schwartzman, 1977, p.146).

Um conceito importante para esse autor é o de *indústria motriz*. Segundo ele,

> o aparecimento de uma nova indústria e o crescimento de uma já existente resultam, inicialmente, dos preços, dos fluxos e das expectativas. Através de períodos maiores, os produtos de uma indústria ou de um grupo de indústrias, profundamente transformados e por vezes apenas reconhecíveis quando comparados com seus esquemas iniciais, permitem novas inovações que dão origem a novas indústrias (idem, ibidem).

Ou seja, certas indústrias poderiam servir como motrizes, constituindo-se em ponto de partida para um processo de crescimento econômico, que, por seus próprios desdobramentos, estabeleceria uma lógica auto-sustentada.

Para Perroux, o conceito de *indústria motriz* articula-se à idéia de *indústrias movidas*, que, em conjunto, gerariam um complexo industrial e dinamismo econômico em um território. As indústrias motrizes seriam aquelas que exerceriam sobre o meio

> efeitos de expansão ou efeitos de paralisação. Exercem-nos, quer em sentido ascendente – em direção aos *inputs* –, quer em sentido descendente – em direção aos *outputs*. Fazem sentir a sua influência, ainda que lentamente, nos modelos de crescimento, desenvolvimento e progressos (idem, nota da primeira edição).

Perroux trabalha também com o conceito de *empresas dominantes e dominadas*, tanto pela existência de assimetrias de poder entre empresas como pela capacidade de influência no dinamismo de determinado território. Para ele, em toda estrutura econômica articulada há indústrias que constituem pontos privilegiados de aplicação das forças ou dinamismos de crescimento e, quando essas forças provocam o aumento de vendas de uma dessas indústrias, ocasionam também a expansão e o crescimento de grande vulto no conjunto mais amplo (idem, p. 153). Esse seria o fato decisivo para a definição de uma estratégia de desenvolvimento regional.

O autor analisa, ainda, as mudanças institucionais (idem, ibidem), do ponto de vista informal, que seriam geradas em uma sociedade, ao iniciar-se um processo de crescimento econômico.

> [Diz-se] ...que o aparecimento de uma ou várias indústrias modifica a atmosfera de uma época, cria um "clima" favorável ao crescimento e ao progresso. Isso não passa de metáforas e palavras. Estas assinalam, todavia, encadeamentos significativos que podem ser submetidos à análise. A inovação introduz variáveis diferentes e/ou suplementares no horizonte econômico e nos projetos dos agentes e grupos de agentes

dinâmicos: tem um efeito "desestabilizante". A inovação bem-sucedida, graças a alguns agentes, constitui exemplo para outros e suscita imitações, que são elas próprias criativas. Enfim, a inovação feliz, ao suscitar um acréscimo de desigualdade entre agentes, conscientes uns e outros de suas atividades e nos resultados dessas atividades, intensifica a vontade destes de ganhos e de poderio relativos (idem, p. 151).

Dessa forma, seria criado um processo dinâmico que se retroalimentaria, uma vez que todo equilíbrio econômico dinâmico se liga a um equilíbrio social dinâmico e, assim, uma acumulação de abalos no primeiro repercute no segundo. Inovações nas características técnicas e econômicas das funções suscitariam mudanças nas características jurídicas e políticas das instituições. E, como essas influências não se exercem isoladamente, nem mesmo e principalmente *ex/post*, não haveria nessas ligações seqüência de sentido único, constante e necessário. No decurso de um período, uma constelação de inovações estimularia todos os agentes capazes de formular expectativas criativas e os colocaria em interdependência, fosse em função de uma série determinada de operações, num período relativamente curto, como durante a "febre dos canais", a "febre das ferrovias" ou a "febre do ouro"; fosse em função de um grande número de operações novas, mesmo se o efeito se dispersasse no conjunto, de forma lenta ou muito lenta. Como exemplo dessas últimas, Perroux cita os conjuntos de operações denominados "revoluções industriais" e "revoluções agrícolas" (idem, ibidem).

Perroux apresenta no seu trabalho como um todo – tendo em vista, até, o que é a ambiência econômica do ponto de vista estrutural na economia dos anos 1950 e o estado-da-arte da formulação teórica – uma visão fordista e, em grande medida, desterritorializada e, portanto, anistórica.

Além disso, não dá a mesma importância a *fatores não-econômicos,* como Myrdall, o que observamos na passagem em que destaca a existência de agentes desiguais, do ponto de vista do poder das empresas em disputa pelo mercado, e aspectos positivos que existiriam em uma estrutura oligopólica:

> Tanto melhor para a sociedade se os mais fortes são também os melhores, isto é, aqueles que aumentam mais rapidamente e com o mínimo de custos sociais e humanos a quantidade e qualidade das coisas corretamente contabilizadas e úteis a todo homem na pessoa de cada homem.
> Úteis? Não são o subjetivismo dos desejos e os acasos históricos da repartição de riqueza e rendimentos que o podem decidir, mas sim as verificações objetivas das ciências e a racionalidade objetiva da ciência (idem, nota da primeira edição).

No entanto, alguns fundamentos do texto de Perroux já parecem trabalhar a noção de território como uma conformação econômica, histórica e social específica:

> Em um pólo industrial complexo, geograficamente aglomerado e em crescimento, registram-se efeitos de intensificação das atividades econômicas, devido à proximidade e aos contatos humanos. A aglomeração industrial-urbana suscita tipos de consumidores com padrões de consumo diversificados e progressivos, em comparação com o meio rural. Necessidades coletivas emergem e se encadeiam. Rendas da terra vêm somar-se aos lucros do negócio. No âmbito da produção, tipos de produtores (empresários, trabalhadores qualificados, quadros industriais) formam-se e mutuamente se influenciam, criam suas tradições e, eventualmente, participam do espírito coletivo (idem, p. 154).

Partindo de pressupostos neoclássicos e, especificamente, da Teoria das Vantagens Comparativas, a Teoria de Base Exportadora fundamenta a possibilidade de alavancagem de uma região na conquista de mercados externos, admitindo, segundo os autores que a formulam, a possibilidade de intervenção do Estado por meio de políticas que visem a esse fim.

Segundo Douglass North, considerado por Jacques Schwartzman um dos principais representantes dessa teoria, as atividades econômicas em um determinado território estariam divididas entre atividades primárias (básicas) ou exportadoras, capazes de dinamizar a economia de uma região pelas vantagens comparativas apresentadas, e as *indústrias residenciais* (não-básicas), que atenderiam ao mercado interno, dinamizado, fundamentalmente com base no desempenho das atividades exportadoras (North apud Schwartzman, 1977, p. 219-313).

Na síntese do economista Júlio Manuel Pires:

> A perspectiva essencial da Teoria da Base de Exportação é acentuar o papel determinante das vendas externas à região para obter níveis ascendentes de crescimento econômico. As exportações — entendidas como vendas inter-regionais e internacionais — seriam as responsáveis básicas pelo desempenho de uma região (Pires apud Pinho & Vasconcellos, 2002, p. 592).

Visando definir o que seria uma atividade básica ou exportadora, trabalha-se, nesse marco teórico, com o conceito de *quociente locacional* desenvolvido por Hildebrand e Mace. Esse *quociente* permitiria medir o nível de concentração de uma determinada atividade econômica em uma região, relativamente ao mercado total de referência que se esteja analisando.

Vamos supor que, no caso do Rio de Janeiro, relativamente ao brasileiro, uma determinada atividade econômica gere 30% do emprego total da região e, ainda, esse mesmo tipo de atividade gere, no território brasileiro, 20% do emprego total. De acordo com a Teoria de

Base Exportadora, isso significaria que essa atividade estaria produzindo não só para o mercado carioca, mas, também, para outras áreas do mercado brasileiro, e teria, portanto, competitividade e potencialidade para ser possivelmente amplificada. Assim, com base nesse tipo de análise, poderíamos identificar aquelas atividades que já são realizadas e não se destinam exclusivamente ao mercado interno, e poderiam vir a gerar emprego e renda e alavancar atividades não-básicas com base na conquista de outros mercados.

De acordo com Hildebrand e Mace, o *quociente locacional*[6] pode ser expresso pela seguinte equação:

$$QL_{ij} = \frac{(E_{ij} / E_{i.})}{(E_{.j} / E_{..})}$$

onde: E_{ij} = Emprego no setor i da região j;

$E_{i.}$ = Emprego no setor i da área de referência;

$E_{.j}$ = Emprego em todos os setores da região j; e

$E_{..}$ = Emprego em todos os setores da área de referência.

Valores superiores a 1 para o quociente locacional indicam que, relativamente à área de referência, a região tomada como foco de análise apresenta uma concentração maior do emprego nesse determinado setor, permitindo a qualificação de tal setor como básico. Por outro lado, um quociente locacional menor do que 1 indica uma relevância menor dessa atividade relativamente ao conjunto da região, fazendo com que tal setor se qualifique como não-básico (idem, p. 593).

---

6 Para se medir o *quociente locacional*, dentro desse marco teórico, o mais comum, pela disponibilidade e confiabilidade das informações, é utilizar um indicador relacionado ao emprego.

Segundo Douglass North, o desenvolvimento a partir da base exportadora apresentaria, ainda, benefícios cumulativos. Isso porque à medida que uma região crescesse em torno de uma base exportadora, as economias externas se desenvolveriam, acarretando a melhora da posição de custo dos artigos exportados. O desenvolvimento de organizações especializadas em comercialização, os aperfeiçoamentos do crédito e dos meios de transporte, o treinamento de uma força de trabalho e o surgimento de indústrias complementares seriam orientados para a base de exportação. O esforço conjunto para desenvolver a tecnologia da produção seria igualmente importante. As fazendas-modelo, as universidades estaduais e outros grupos de pesquisa locais se tornariam serviços auxiliares para indústrias de exportação e empreenderiam pesquisas e melhoramentos tecnológicos para agricultura, mineração e qualquer manufatura que abrangesse a base exportadora da região.

Douglass North, além de sua participação na construção teórica da Teoria de Base Exportadora, em sua obra mais recente, *Instituciones, cambio institucional y desempeño econômico,* procura incorporar a história na visão neoclássica e formular um marco analítico que integra a economia política e a história econômica à análise institucional (p. 37). Entende, este autor, *instituições* como as normas formais (leis – obrigações) e todos os tipos de normas informais que estariam delimitando a vida social em uma determinada região em um determinado período histórico, e, também, o seu desenvolvimento econômico e estabilidade política. Segundo ele, uma dada conformação institucional determinaria situações de

> equilíbrio e conhecimento estável que seriam muito atrativas socialmente pelo fato de tornarem a vida social composta de rotinas nas quais as questões de escolha se apresentariam como algo regular, repetitivo e claramente evidente, de modo que cerca de 90% de nossas ações em vida não requereriam muita reflexão (idem, ibidem).

No mesmo sentido, Hodgson (1997, p. 276), embora partindo de pressupostos teóricos distintos e tendo como fonte autores como Marx, Keynes e os institucionalistas americanos do final do século XIX e início do XX – Veblen, Commons e Mitchell,[7] chega a conclusões muito próximas às de North[8] em relação ao conceito de dinâmica institucional:

> Veblen ...observou que as instituições têm uma qualidade de estabilidade e inércia e que tendem a manter e, portanto, a "transmitir" as suas características importantes ao longo do tempo. As instituições são consideradas frutos e reforçadores dos processos de pensamento rotineiros, sendo partilhadas por um conjunto de pessoas numa dada sociedade.

Na mesma linha, Robert Putnam, tendo Douglass North como principal referência, afirma que as instituições seriam moldadas pela história e, por sua vez, moldariam a política. Assim, a dinâmica institucional de uma região dependeria de sua história e os fatores históricos deveriam ser considerados na formulação ou na análise de políticas ou estratégias de desenvolvimento econômico-social regional.

Analisando o desenvolvimento institucional das diversas regiões italianas com base na criação dos governos regionais na década de 1970, Putnam define que a conformação institucional de cada região dependeria, fundamentalmente, de sua história e, também, esta conformação iria definir a forma como se desenvolveria a política em cada região italiana. Nas regiões em que a conformação social da região se desse de forma mais horizontalizada, com maior nível de cidadania e

---

7 Hodgson, em seus escritos, utiliza como referência básica os institucionalistas americanos citados. No entanto, em sua obra aparecem com centralidade os trabalhos de Veblen, quando propõe que se troque, como paradigma econômico, a idéia do equilíbrio, advinda da física, pela idéia da evolução, utilizando a biologia como metáfora, conforme existente nos escritos de Veblen.

8 A questão da existência de aspectos heterodoxos na formulação de Douglass North encontra-se pontuada em Fiani (2003).

maior participação social – com maior associativismo, que o autor denomina *capital cívico* –, caso da região norte da Itália, o desenvolvimento institucional e o desenvolvimento econômico-social se dariam com um dinamismo distinto daquelas regiões em que a organização social tivesse se dado, historicamente, de forma verticalizada e com políticas clientelistas, avessas à noção de civismo, geradora de fragmentação, caso da região sul da Itália.

Em linha com Frank Moulaert, essa análise reforça a idéia de que a dinâmica institucional de uma região dependeria de sua história e de que o êxito na execução de uma estratégia de desenvolvimento dependeria da concretização de uma cultura cooperativa (capital cívico, para Robert Putnam), concordando com a visão de Albert Hischman.

Chistopher Freeman (1987), ao trabalhar com a preocupação centrada na problemática do desenvolvimento tecnológico, desenvolve o conceito de *sistema nacional de inovação,* estabelecendo, na mesma linha das visões de Albert Hischman e Frank Moulaert, que uma estratégia de desenvolvimento regional teria maior êxito quando conseguisse induzir à criação de uma dinâmica institucional articulada, a qual deveria ser, obviamente, coerente com a história da região em questão.

RIO DE JANEIRO – ESTRATÉGIAS E INSTITUIÇÕES NO DESENVOLVIMENTO REGIONAL

Carlos Lessa, trabalhando no mesmo sentido de Albert Hirschman e Frank Moulaert com a idéia de *dinâmica institucional,* vem dizer que o Rio de Janeiro, com sua conformação histórica como porto e fortificação militar e, posteriormente, com a transferência da capital do Brasil para o seu território, em 1763, iria funcionar como um eixo de integração do País, do ponto de vista logístico, cultural, militar e de infra-estrutura pública e serviços econômicos.

Com a mudança da capital para Brasília, o Rio de Janeiro iniciaria um processo de erosão, pela fratura de sua dinâmica institucional, sendo que, conforme esse autor assinala, a sociedade dessa região só viria a se dar conta desse processo na entrada dos anos 1980.

Douglass North ilumina esse tema quando diz que uma determinada conformação institucional criaria hábitos e rotinas arraigados – nos quais as questões de escolha se apresentariam como algo regular, repetitivo e claramente evidente –, contribuindo para que nessa região não houvesse a percepção, de forma imediata, da quebra da dinâmica institucional, com base em um fator "exógeno": a mudança da capital.

Lessa ressalta que as políticas elaboradas depois da transferência da capital não teriam promovido a reversão do processo de erosão econômica pós-1960, tendo a região fluminense apresentado, ao longo dos anos 1970 e 1980, uma acentuada queda de participação no PIB nacional. Isso, porque tais políticas não conseguiriam articular uma estratégia que partisse do entendimento do processo histórico carioca e de suas potencialidades, conforme postulado por Hirschman e Moulaert, e buscasse a realização de uma adequada combinação de recursos. Além disso, a forma pela qual se dariam a criação institucional da Guanabara e sua posterior fusão ao Estado do Rio de Janeiro teria deixado uma série de pendências institucionais formais, como a permanência em vários pontos da cidade de diversos imóveis de propriedade federal, que não poderiam ser autonomamente integrados na montagem de uma estratégia local.

Por outro lado, a crise econômica brasileira dos anos 1980 e a visão liberal que passaria a viger nos anos 1990 teriam impedido uma necessária articulação entre uma política realizada regionalmente e as ações federais na região, mantendo-se o processo iniciado nos anos 1960, quando os fatores de divergência, na conceituação de Krugman, superariam os de convergência.

Com um olhar histórico, Carlos Lessa sugere que o significado que a Baía da Guanabara teria no passado, com a importância do seu porto para a história econômico-social da região carioca e fluminense, até meados do século XX, Sepetiba viria a ter no futuro. A dinâmica econômica carioca e fluminense poderia ser retomada articulando-se uma política industrial que levasse em consideração a retroárea existente em Sepetiba, a potencialidade para o setor petróleo/gás como um todo e a vocação conformada historicamente por essa região para o setor de serviços, citando, entre uma série de exemplos, a extrema potencialidade do Rio para eventos de massa, como o Rèveillon de Copacabana, o Rock in Rio, a vinda do Frank Sinatra etc.

Em *Crise econômica: Rio de todas as crises*, Luiz Roberto Cunha, do departamento de Economia da PUC-RJ, trabalhando em uma linha próxima à de Hirschman e Moulaert, no que tange ao texto em exame, faz uma análise da crise econômica que o atual Estado do Rio de Janeiro atravessou nos anos 1980 e defende a tese de que esta seria uma conseqüência da falta de estabelecimento de uma estratégia orgânica, no período de 1970 a 1990, com base no plano regional, para o seu território.

Cunha considera que os dois governos Chagas Freitas (pré e pós-fusão – 1970-74 e 1978-82) teriam se baseado em uma política clientelística, avessa à geração de capital cívico e prejudicial ao desenvolvimento institucional da região. Já o período da fusão teria sido marcado sobretudo pela preocupação com a nova conformação administrativa, feita sem discussão social, num prazo bastante curto e sem elaboração de uma estratégia articulada de desenvolvimento econômico-social para a região. Sobre o governo Moreira Franco (1987-91), Cunha (1990, p.13) afirma:

> Muita intenção mas pouca realização, e uma absoluta ausência de prioridades. Tentou priorizar tudo, investir em todas as áreas e, na verdade, as poucas realizações efetivas pouco dependeram da ação direta do próprio governo.

Essas "poucas realizações" originam-se, principalmente, de políticas específicas do governo federal, como as vinculadas ao Sistema Único de Saúde, e não conformam, em consonância com a visão de Hirschman, uma combinação de recursos locais, com base em uma determinada estratégia regional, que redundam em um círculo virtuoso. Além disso, o processo de decadência e erosão econômico-social no Rio de Janeiro já teria feito com que (na linha de Putnam de que a história moldaria as instituições e as instituições moldariam a política), na cultura institucional do Rio de Janeiro, a política de clientela, que, por definição, seria fragmentária e não favoreceria a elaboração de estratégias, já tivesse ganhado uma importante relevância e viesse, a partir de determinado ponto, a hegemonizar o governo Moreira. Segundo Cunha (idem, p.14):

> O atual governo não enfrentou este problema. Ao contrário, após uma tentativa de estruturar administrativamente o setor público estadual, os projetos foram sendo abandonados, tendo o governo decidido que 'chegava de tecnicismo' e que era 'necessário politizar a administração'.

Para a historiadora Marly Silva da Motta, autora de várias obras sobre o Rio de Janeiro, a memória de capitalidade[9] é o elemento fundamental da identidade política do Rio de Janeiro no correr do século XX e mantém-se até os dias atuais. Tendo sido sede da Corte portuguesa, Município Neutro do Império e Distrito Federal no período republicano, a cidade, no seu entender, constituiu-se historicamente como a cidade-capital da nação brasileira, cumprindo a função de representar a unidade e a síntese da nação.

---

9   Os conceitos de signos capitalinos, capitalidade e cidade-capital são bastante trabalhados por Marly Silva da Motta, quando, com base na formulação teórica de Giulio Argan – arquiteto, historiador da arte, prefeito comunista de Roma (1976-1979) –, define as cidades-capitais como "o lugar da política e da cultura, como núcleo da sociabilidade intelectual e da produção simbólica, representando, cada uma a sua maneira, o papel de foco da civilização, núcleo da modernidade, teatro do poder e lugar de memória" (Motta, 2001, p. 24).

Outro elemento fundamental para entender a história política e a construção da identidade dessa região seria o fato de, desde o Império, se procurar organizar a capital a fim de evitar ao máximo o provincianismo e a política local na Corte, tendo como referência a forma de organização de Washington, como será detalhado no Capítulo 2.

Dessa forma, ainda nos primeiros anos da República, seria instituída a Lei Orgânica do Distrito Federal, definindo-se, em 20 de setembro de 1892, que o prefeito seria nomeado pelo Presidente da República e que, além disso, a Câmara Municipal não teria poder de análise dos vetos do prefeito às leis municipais, cabendo essa função ao Senado Federal. Paralelamente, determinava-se que a capital elegeria senadores e deputados federais, estrutura mantida, em grandes linhas, pela nova edição da Lei Orgânica do Distrito Federal, instituída após a Constituição de 1946. Segundo Motta (2001, p. 46):

> Com tutela federal, bancada estadual e administração municipal, a capital republicana transformou-se em uma entidade política e jurídica original no quadro federativo brasileiro; originalidade que se configurou tanto na constituição de uma identidade política gravada pela ambigüidade, quanto na formação de um *campo político*[10] marcado pela fragmentação. Senão vejamos: o Distrito Federal, como os outros estados, elegia os representantes para o Congresso Nacional (3 senadores e 10 deputados) e para Câmara Municipal (27 intendentes). Já o prefeito e o chefe-de-polícia eram indicados pelo Presidente da República, enquanto cabia ao Senado, e não à Câmara Municipal, a apreciação dos vetos do prefeito.
>
> Essa fragmentação característica do campo político carioca, pontuado por disputa em várias esferas – Presidente da República, prefeito, senadores, deputados, intendentes – não levou, a meu ver, à despolitização

---

10 A autora utiliza a expressão "campo político" no sentido que lhe atribui Pierre Bourdieu (1989, p. 164): "O lugar em que se geram, na concorrência entre os agentes em que se acham envolvidos, produtos políticos, problemas, programas, análises, comentários, conceitos, acontecimentos..."

da cidade. Ao contrário. No Rio de Janeiro, havia excesso de política. Fazia-se política no Catete, no Congresso, na Prefeitura, no Conselho Municipal. Fazia-se política nos sindicatos, nos partidos, nos clubes. E fazia-se política nas ruas.

A história política de capitalidade dessa região e a forma como se deu sua conformação político-organizacional deram origem a duas lógicas de atuação política: uma, bastante focada nas questões nacionais, radicalizada e personalista, que ocorreria principalmente nas eleições para o Senado e a Câmara Federal, e outra, mais fragmentada, com práticas políticas baseadas na interdependência pessoal e sustentadas por redes clientelistas de bases locais.

Assim, após a transferência da capital para Brasília, surgiram e competiram no campo político do Rio de Janeiro dois políticos com diversas particularidades: Carlos Lacerda, com característica marcadamente nacional, e Chagas Freitas, com característica marcadamente localista. Segundo a autora, Lacerda, que assumiu o primeiro governo estadual na ex-capital e se candidataria à Presidência da República em 1965, não buscou uma forma de consolidação da política regional no novo estado, o que facilitaria a obtenção de hegemonia política por Chagas Freitas, com sua visão localista e clientelista, no final dos anos 1960, auxiliado pelo regime militar.

Em seu ensaio Sistemas Locais de Inovação: o Caso do Rio de Janeiro, o economista Luiz Martins de Melo (apud Cassiolato & Lastres, 1999) ressalta que o "acentuado caráter político e institucional de sua dinâmica econômica" fez com que o Rio de Janeiro, como ex-capital e sede de grandes empresas estatais e privadas, prescindisse historicamente de uma estratégia regional de desenvolvimento. Utilizando-se do instrumental teórico de Cristopher Freeman − sistemas de inovação −, da noção de Hirschman e Moulaert sobre a importância da elaboração de uma estratégia com base no aprendizado da história regional e de uma adequada combinação dos recursos disponíveis, Melo defende que, um conjunto de iniciativas integradas dote o Rio de Janeiro, "pela primeira vez em sua história, de uma estratégia regional de inserção na economia nacional e internacional" (idem, p. 296).

Numa linha de análise bastante próxima à cepalina, João Paulo de Almeida Magalhães e Sulamis Dain também referendam a idéia de que, no período posterior a 1960, não existiriam, no Rio de Janeiro, estratégias consistentes de desenvolvimento regional, ressaltando a ausência de políticas setoriais consistentes que utilizassem as potencialidades e vantagens comparativas disponíveis. Essas políticas, segundo os autores, deveriam ser realizadas pelo governo regional e, também, por uma mobilização local que atraísse a participação do governo federal, o que não teria ocorrido, principalmente pela falta de uma identidade regional, em virtude da continuada predominância da cultura de capital.

Dessa forma, estão também esses autores referendando a idéia de que teriam inexistido, no período pós-1960, na história do Rio de Janeiro, estratégias consistentes de desenvolvimento regional. O que nas palavras de Luiz Roberto Cunha, é assim descrito:

> Entendo que o ponto principal a ser enfocado, para tentar responder a estas questões, é que durante pelo menos os cinco últimos governos, e estamos falando dos últimos 20 anos, faltou um projeto para o Estado do Rio de Janeiro.

Ao analisar sua situação econômica e propor políticas para a cidade do Rio de Janeiro, quando da transferência da capital e criação do Estado da Guanabara, João Paulo de Almeida Magalhães utiliza como referencial teórico, além das matrizes keynesiana e cepalina, a Teoria de Base Exportadora e, dentro da concepção keynesiana, as formulações desenvolvidas por François Perroux, ao analisar, na segunda metade dos anos 1960, em vários trabalhos,[11] a evolução da economia carioca e da Velha Província e suas perspectivas e propor formas de intervenção do Estado que possibilitariam a reversão da perda de participação relativa da economia da Guanabara e, também, a maior dinamização da região fluminense.

Baseado em pesquisas realizadas, no decorrer do ano de 1961, por uma equipe de geógrafos orientada pelo professor Michel Rochefort, da Universidade de Estraburgo, o estudo *Rio de Janeiro e sua região* busca definir a área de influência geoeconômica da região metropolitana da Guanabara. A geógrafa Lysia Bernardes, coordenadora e autora das conclusões finais desse trabalho, publicado em 1964, entende que, com o processo de urbanização e desenvolvimento capitalista, existiriam territórios que crescentemente viriam polarizando a vida econômico-social de uma determinada região.

Em linha com os conceitos de *rendimentos crescentes* e *forças centrípetas* formulados por Paul Krugman, Bernardes (1964, p. 5) postula que essa polarização se daria pela influência desses territórios como "centro de distribuição de mercadorias ou de comercialização dos produtos regionais, mercado consumidor de alimentos e de matérias-primas, como centro de comunicações, financeiro, cultural ou médico-sanitário". Assim, para ela, as *regiões polarizadas* ou *regiões urbanas* "são forjadas em decorrência de sua gravitação em torno de um centro. Sua unidade reside nessa dependência comum face à mesma cidade, a qual, favorecida por fatores vários, tornar-se-ia o verdadeiro foco da vida regional". Portanto, sendo uma *região metropolitana* o elemento em torno do qual se organizariam as regiões, para compreendê-la, seria necessário não só estudá-la, mas estudar também sua área de influência.

---

11 Os trabalhos de João Paulo de Almeida Magalhães sobre o Rio de Janeiro foram realizados diretamente por ele, por meio de sua empresa Astel Assessores Técnicos (sob sua coordenação) ou de órgãos de estudo da representação patronal da Guanabara e, posteriormente, Estado do Rio de Janeiro. Veja Astel (1967); Federação das Indústrias do Estado da Guanabara; Centro Industrial do Rio de Janeiro (1969). Magalhães, In: Guanabara (1970). Magalhães, In: Amado (1970, p. 61-131).

Em uma atitude simpática à idéia fusionista, Lysia Bernardes (idem, p. 4) afirma que:

> ...não sendo capital de um grande estado, como a cidade de São Paulo, que tem dentro da mesma unidade política de que é cabeça uma boa parte da rede urbana a ela subordinada, ...vê agravados muitos de seus problemas, por essa divisão de influência, mesmo a mais imediata, entre estados diferentes. É bastante expressivo o fato de o próprio espaço urbano da metrópole hoje se estender às áreas limítrofes do estado do Rio de Janeiro, no qual se situam até mesmo as fontes abastecedoras de água e energia da grande aglomeração. Nenhum plano urbanístico de conjunto pode desprezar este fato e a grande aglomeração do Rio de Janeiro deveria ser sempre considerada como um todo.

Ao realizar a análise proposta, Lysia Bernardes (idem, pp. 14 e 17) divide a área de influência urbana da cidade em a *grande região do Rio de Janeiro,* que abrangeria quase todo o chamado Leste Meridional – todo o Estado do Rio de Janeiro, o Espírito Santo, a maior parte de Minas Gerais e certas porções da Bahia, bem como o vale médio do Paraíba do Sul, em São Paulo, além, naturalmente, do próprio Estado da Guanabara – e a *pequena região do Rio de Janeiro*, que congregaria basicamente a Velha Província, onde essa influência se faria evidente "pela mais estreita e mais completa vinculação à metrópole, nos mais diversos setores da vida regional". A pesquisa, assevera a autora, demonstrou cabalmente essa dependência em relação à metrópole carioca, como mercado consumidor quase exclusivo dos produtos da região, centro abastecedor dos artigos mais variados e foco de sua vida econômica e financeira: "Para o Rio de Janeiro e do Rio de Janeiro vive a maior parte da região."

Para essa autora, uma determinada região urbana poderia se compor de um núcleo central e subcentros que poderiam ser organizados de forma hierárquica. Na grande região de influência do Rio de

Janeiro poderiam ser incluídas como verdadeiras capitais regionais, vinculadas a essa cidade pela influência que exerceriam em sub-regiões do território em exame, as regiões de Belo Horizonte, Juiz de Fora, Vitória, Governador Valadares, Vitória da Conquista e Montes Claros.

Ela observa que Belo Horizonte obviamente se destaca, mas não poderia, ainda, ser considerada uma *metrópole* polarizadora regional, tendo em vista a dependência que ainda apresentaria, do ponto de vista econômico, social e cultural, da cidade do Rio de Janeiro e de seu porto. No entanto, tendo em vista a perda crescente de centralidade do comércio de cabotagem e a ampliação do rodoviarismo no País – que, em Minas Gerais, apresenta uma pontuação especial em razão das políticas regionais que ocorrem com a finalidade de dar centralidade à Belo Horizonte –, esta região urbana tenderia a se desgarrar a curto prazo da cidade do Rio de Janeiro, transformando-se em uma verdadeira metrópole.

O trabalho dos geógrafos indica que, em conseqüência da grande força polarizadora exercida pela área metropolitana da Guanabara, no pequeno território do Rio de Janeiro não existiriam capitais regionais de primeira grandeza. Em meu entendimento, isso também se deve ao fato de não haver surgido, após a crise da cafeicultura no antigo Estado do Rio, nenhum fator dinamizador relevante em sua economia, nem por meio do mercado, nem por meio de políticas indutoras.

Para Lysia Bernardes, nos anos 1960, as cidades da Baixada Fluminense, incluindo os municípios de Nova Iguaçu e Duque de Caxias – mais complexos pela presença de indústrias –, não passariam, de cidades-dormitório, ao passo que Niterói, "em última análise, [não passaria de] um complemento da aglomeração carioca, no setor oriental da Guanabara" (idem, p. 31).

Volta Redonda, por seu turno, não se apresentaria como centro polarizador regional, como conceituado no trabalho de Lysia Bernardes, apesar da presença nesse território da Companhia Siderúrgica Nacional. O mesmo ocorreria com o município de Resende, cuja importância à época estaria fundamentalmente ligada ao fato de abrigar a Academia Militar das Agulhas Negras (Aman). Petrópolis tampouco poderia ser apontada como um núcleo polarizador relevante, porque sua esfera de ação pouco se estenderia para além de suas fronteiras e quase a totalidade de sua produção se destinaria à aglomeração carioca.

> Comparando-se Campos a Juiz de Fora, situada à distância correspondente em relação à metrópole, observa-se que a cidade mineira, apesar de manter, de longa data, ligações diretas fáceis com o Rio, consolidou sua posição de capital regional, ao contrário da primeira. Observa-se então como são variados os fatores que atuam na expansão da influência regional de um centro. Com efeito, permanecendo antes de tudo como a cabeça de populoso município, cuja economia continuaria a girar em torno da agroindústria do açúcar, a cidade de Campos não diversificou suficientemente as suas atividades, não desenvolveu certos ramos industriais voltados para os mercados consumidores regionais, não assumiu, plenamente, o comando da vida econômica de toda a sua região (idem, p.36).

REESTRUTURAÇÃO PRODUTIVA E DESENVOLVIMENTO LOCAL

Em texto denominado *A terceira revolução industrial e tecnológica: as grandes tendências de mudança*, Luciano Coutinho, da Unicamp, analisa o crescimento virtuoso da economia mundial no período entre 1983 e 1990 e o atribui a uma onda de inovações baseadas na microeletrônica. Um novo paradigma tecnológico teria se configurado quando da formação de um "poderoso *cluster* de inovações" com ampla penetração, direta ou indiretamente utilizadas em todos os setores da economia. Isso teria ocorrido pelo peso crescente e estimulante do complexo eletrônico nas principais economias capitalistas, a partir de meados dos anos 1970, ganhando notável expressão quantitativa e, em muitos casos, superando o carro-chefe no padrão tecnológico anterior, o complexo automotriz.

> A eletrônica substituiria, então, a eletromecânica, como base da automação. Microprocessadores ou computadores dedicados passariam a guiar os sistemas de máquinas ou partes deles. Nos anos 1980, a rápida difusão dessas formas de automação programada prepararia o terreno para a emergência de sistemas integrados de automação flexível, que, segundo o autor, permitiram o surgimento do que ele chama, de forma bastante precisa, *customização em massa*.
>
> ...os sistemas flexíveis de automação tornam cada vez mais relevante a capacidade de coordenação entre o fluxo do processo fabril, o marketing, a comercialização, as finanças, o desenho e o desenvolvimento e, além disso, tenderão a tornar ainda mais complexos os processos de interação, de um lado, com os fornecedores para os sistemas do tipo *kan-ban* e *just-in-time* e, de outro lado, com as redes de distribuição (Coutinho, 1992, p. 75).

Especialista em desenvolvimento regional e tecnologia da informação da Universidade de Berkeley, Anna Lee Saxenian (2000) aborda, no estudo *The limits of autarky: regional networks and industrial adaptation in Silicon Valley and Route 128,* no contexto da reestruturação produtiva antes descrito, as causas que teriam levado as regiões econômicas norte-americanas do Vale do Silício e da Rodovia 128 a trilhar rotas divergentes de desenvolvimento a partir dos anos 1980, apresentando, a primeira, grande dinamismo econômico, e a segunda, um processo de estagnação, apesar de ambas terem se desenvolvido a partir dos gastos militares do pós-guerra e da pesquisa universitária.

Segundo Saxenian, a diferença estaria no fato de a Rodovia 128 estruturar-se de forma ainda bastante *fordista*, verticalizada, sem dar conta dos complexos processos de interação surgidos com base no novo paradigma tecnológico abordado por Luciano Coutinho, enquanto a produção do Vale do Silício repousaria sobre um sistema industrial regional em rede que valoriza a aprendizagem e o ajustamento mútuo entre produtores especializados e um conjunto de tecnologias conexas. A densidade das relações sociais e o caráter aberto do mercado de trabalho da região encorajam o espírito empreendedor e de experimentação. As firmas concorrem intensamente, ao mesmo tempo em que aprendem umas com as outras sobre os mercados e as tecnologias sempre em mutação, graças aos sistemas de comunicação informais e práticas de colaboração. A estrutura, relativamente livre, das equipes encoraja uma comunicação horizontal entre as divisões no interior das firmas e com os fornecedores externos e os clientes. Assim, em um sistema em rede, as funções intrafirmas são definidas de maneira mais vaga, e as fronteiras entre firmas e instituições locais (como as associações de comércio e as universidades) são porosas (idem, p. 126).

Saxenian propõe que a análise do desenvolvimento econômico de um território utilize o conceito de *redes*, em vez dos conceitos de *economias internas e externas* às empresas, que habitualmente trabalham com a hipótese de que a firma é uma unidade de produção com fronteiras claramente definidas.

No seu entender, longe de serem insensíveis a seu ambiente, as empresas estão inseridas em redes de relações sociais e institucionais simultaneamente condicionantes e condicionadas por suas estratégias e estruturas.

A perspectiva das redes permite lançar luz sobre as relações históricas que existem entre a organização interna das firmas, de um lado, e de suas relações recíprocas, de outro, aquilo que as liga às estruturas sociais e às instituições de suas localidades (idem, pp. 125 e 126).

Adotando o mesmo conceito de *rede*, os pesquisadores franceses Danièle Leborgne e Alain Lipietz (1994) afirmam que, no contexto da reestruturação produtiva, surgem estratégias de inserção defensiva, por eles denominadas *quase-integração vertical*, e estratégias de inserção ofensiva, denominadas *quase-integração horizontal*. Na primeira, predominaria

> a subordinação dos subcontratados (pouca iniciativa, pouca investigação aplicada da sua parte). Nesta, os blocos sociais dirigentes praticam uma flexibilidade defensiva, privilegiando a desregulação da relação salarial, o agravamento do fosso entre "conceptores" e "executantes", as formas mais pobres da subcontratação e a formação de áreas urbanas estreitamente especializadas, em coexistência com algumas metrópoles onde as atividades terciárias superiores estão opostas aos pequenos ofícios de serviços sem proteção social. [Na *quase-integração horizontal*,] pelo contrário, as empresas especializadas dominam o desenvolvimento do seu saber particular e estabelecem relações de parceria com as empresas contratantes. Os blocos sociais dirigentes praticam uma flexibilidade ofensiva, em graus diversos, deixando de lado uma fração mais ou menos vasta da sociedade, e aceitam um novo compromisso nos locais de trabalho, trocando a implicação dos assalariados na luta pela qualidade e pela produtividade por diversas garantias e vantagens sociais. Nesse contexto, organizam-se parcerias entre empresas, sindicatos, instituições escolares e administrações locais e o reforço das relações entre as empresas permite a consolidação de áreas urbanas que formam sistemas produtivos maleáveis e diversificados (Leborgne e Lipietz, 1994, pp. 233 e 239).

Leborgne e Lipietz ressaltam, também, que, dentro da estratégia de flexibilização ofensiva, existiriam o modelo híbrido, com implicação individual dos trabalhadores (modelo californiano), e aquilo que denominam *grupo dos modelos kalmarianos*, em que a implicação seria coletiva, como ocorreria, por exemplo, na Suécia.

Além de utilizarem um conceito de *redes* similar ao de Saxenian, esses autores trabalham também com a idéia de que haveria, no atual paradigma tecnológico, uma possibilidade de correlação positiva entre horizontalidade, civismo, melhor distribuição de renda e dinamismo econômico.

José E. Cassiolato e Helena Maria Martins Lastres (2001), pesquisadores da Universidade Federal do Rio de Janeiro (UFRJ), empregam os conceitos de *aglomerações produtivas locais* e *sistemas produtivos locais*, procurando formas que alcancem a maior dinamização econômica de regiões localizadas em países em desenvolvimento.

Nas *aglomerações produtivas locais*, as empresas estariam apenas reunidas geograficamente e se aproveitariam somente de simples economias de aglomeração, como as relacionadas à existência de mão-de-obra disponível. No entanto, impulsionadas por ações deliberadas de políticas públicas e privadas, essas aglomerações poderiam evoluir em direção a arranjos e sistemas produtivos locais, por meio de sistemas de *governança*. Para isso, haveria duas formas possíveis: na primeira, ocorreria apenas uma especialização da produção, com reestruturação das empresas e organizações locais, mas se mantendo essencialmente a mesma forma de organização da produção e padrão de relações interfirmas. Na segunda, no entanto, ocorreria a

> diversificação em produtos (e "setores") diferentes, com as empresas e organizações locais reorganizando a produção, estabelecendo novas relações com as firmas, instituições locais etc. e, principalmente, incorporando na sua área geográfica atividades produtivas "para frente" e "para trás" (Cassiolato & Lastres, 2001, p. 46).

A projeção dos autores é de que, nessa segunda forma de evolução, as ligações interfirmas (verticais e horizontais) se tornam mais intensas e surgirá o desenvolvimento de um sistema de firmas mais completo se desenvolve. As empresas individual e coletivamente avançam em direção à produção de bens mais complexos tecnologicamente graças ao estabelecimento da rede de relações técnicas e econômicas. Neste caso, a implicação mais importante refere-se à necessidade de uma coordenação multiorganizacional da formação de capacitações que, evidentemente, adquirem importância crítica. É neste último caso que políticas públicas e privadas podem exercer um papel mais efetivo na dinamização das aglomerações e na sua transformação em efetivos sistemas produtivos. Estas não se referem apenas às políticas diretamente voltadas para o estabelecimento de cooperações em nível local, considerando-se, inclusive, o desenvolvimento de novas formas institucionais. Devem, porém, incluir propostas que enfrentem a questão das formas de coordenação das cadeias produtivas. Como a conseqüência inevitável dos resultados neste tipo de estratégia é a competitividade passar do âmbito dos mercados locais ao interno e, finalmente, ao mercado internacional, as propostas de política devem estar preparadas para se defrontar com questões ligadas à governança global das atividades produtivas. Existirão situações em que a única maneira de se alcançarem os resultados será através da internacionalização das empresas do sistema local (idem, p. 47).

A análise de Cassiolato & Lastres mostra que a questão *competitividade-cooperação*, já identificada por Hirschman no final dos anos 1950, somente viria a ser amplificada a partir do processo de mudança do paradigma tecnológico e que, ao contrário do pensamento liberal hegemônico que ocorre no Brasil em especial a partir dos anos 1990, a questão da cooperação entre o público e o privado e de estratégias de desenvolvimento local e regional ganhariam maior relevância.

RIO DE JANEIRO: REESTRUTURAÇÃO PRODUTIVA E DESENVOLVIMENTO LOCAL

Em exposição realizada para alunos de Economia da UFRJ, em agosto de 2000, César Maia, economista, então candidato a governador e atual prefeito do Rio de Janeiro, constrói seu discurso baseado na noção de um novo paradigma tecnológico e da amplificação fundamental da capacidade de ação da escala local pública com relação às escalas regional e nacional. Maia afirma que a situação econômica da região fluminense continuaria em um processo de decadência, operando, no entanto, com um enclave tradicional, a Petrobras, que seria a responsável pelas estatísticas que apontariam um crescimento superior à medida nacional para a indústria como um todo.

No seu entender, a lógica da globalização seria a lógica da inovação como rotina, e a globalização aconteceria a partir de espaços regionais com características que permitiriam a promoção do desenvolvimento sustentado com base nessa lógica. No entanto, para ele, as elites do Rio de Janeiro estariam muito distantes dessa discussão, pois continuariam a atribuir os problemas regionais à memória de Corte, à falta de bairrismo, de políticos que defendam a região e de representação regional na defesa dos interesses próprios, e, a cada vez que se conseguisse atrair com incentivos fiscais uma ou outra empresa para a região, isso seria tratado como dinamismo da economia.

Portanto, no mundo de hoje, um gestor municipal teria uma outra amplitude para assumir a promoção de políticas de desenvolvimento e reverter a desintegração e a carência de dinamismo econômico, uma vez que a articulação da esfera pública à privada e a conseqüente geração de um ambiente propício à inovação e ao desenvolvimento econômico-social caberiam ao poder local, ficando somente a política monetária e o equilíbrio fiscal a cargo do poder nacional.

Mesmo comparada às formulações de Frank Moulaert e Lipietz, que concordam com a ampliação da importância da escala local, esta visão sobreestima a escala local no contexto da reestruturação produtiva.

Raphael de Almeida Magalhães (2001), vice-governador da Guanabara no governo Lacerda, analisando a evolução histórica da região que hoje abrange o atual Estado do Rio de Janeiro, aponta que essa região teria a sua dinâmica institucional vinculada à história de capital da República. Em uma linha próxima à de Paul Krugman, afirma que, a partir da transferência da capital para Brasília, seria iniciado um processo de erosão social não revertido até a década de 1990.

Com base na noção de *espaço de fluxos,* e não com a de *espaço territorial,* ele sugere a busca de um projeto de revigoramento da região a partir do desenvolvimento desta como *hub* (concentração) *de telecomunicações, hub de logística, hub de energia* e *hub de turismo.*

Tal proposição estaria em consonância com a historicidade e as características dessa região. No caso das telecomunicações, por estarem aqui instaladas as principais empresas do setor e a região ser o centro do sistema de comunicações nacional e de sua articulação com a rede internacional e por sediar as principais empresas do setor. Com relação ao *hub de logística,* o porto de Sepetiba é considerado pelo autor

> uma oportunidade única e decisiva para o futuro do país. Sepetiba é o único porto na costa sul-americana, por sua configuração física, pela possibilidade de abrigar navios de grande calado, cercado por uma considerável área plana desocupada para servir de retroárea portuária, em condições de permitir a manipulação eficiente de grande volume de contêiner. Por isso, Sepetiba deve ser concebido como um grande terminal de contêineres, com investimentos relativamente modestos, apoiado, ademais, numa adequada articulação rodo-ferro-portuária, que poderá, também, operar um eficiente terminal de grãos e minério (Magalhães, 2001, p. 13).

O *hub de energia* estaria justificado pelo fato de o Rio de Janeiro ser um *hub* natural de gás e óleo, sede da Agência Nacional do Petróleo (ANP) e centro de administração de cargas do sistema hidrelétrico integrado, sob coordenação da Eletrobrás, por intermédio de Furnas. Quanto ao *hub de turismo*, a potencialidade da região decorreria da existência de um centro de transferência de logística e telecomunicações e de suas características naturais e culturais.

A proposta de Almeida Magalhães parece ter consonância com a formulação de Cassiolato quanto a sistemas produtivos locais que buscam a diversificação, as políticas devendo estar articuladas com o desenvolvimento de novas formas institucionais e com questões ligadas à governança global das atividades produtivas.

CAPÍTULO 2

**Cidade do Rio de Janeiro:
história de capitalidade
e articulações
com a Velha Província**

> O resgate da história do Rio é a visita da unidade nacional brasileira... Curiosamente a prosperidade do interior fluminense, que havia lastreado, no século anterior, a construção da unidade nacional, serviu, ao atrofiar-se no século XX, para dissolver qualquer provincianismo do Rio, possibilitando que todo o País aceitasse ser, pelo imaginário, a retroárea da metrópole (Lessa, 2000, pp. 12 e 13).

Neste capítulo, veremos como a cidade do Rio de Janeiro constitui-se historicamente, do ponto de vista econômico, social e institucional, e suas articulações econômicas com a Velha Província.[1] Utilizarei as análises realizadas por Carlos Lessa e pelo Núcleo de Memória Política Carioca e Fluminense do CPDOC/FGV[2] – em especial os trabalhos de Marly Silva da Motta e Américo Freire –, com o objetivo de observar, por meio desses autores, como se forma o *Rio nacional*.

---

1   O antigo Estado do Rio, também denominado por muitos Velha Província, tem sua economia bastante articulada à cidade do Rio de Janeiro e ao fato de ali estar a capital federal. Isso pode ser observado, por exemplo, nos trabalhos de Lessa (2000), Magalhães (1969) e Bernardes (1964).

2   O Núcleo de Memória Política Carioca e Fluminense surge em maio de 1997, por meio de convênio entre o Centro de Pesquisa e Documentação de História Contemporânea do Brasil (CPDOC), a Fundação Getulio Vargas (FGV) e a Assembléia Legislativa do Estado do Rio de Janeiro (Alerj), e tem como objetivo "construir um centro permanente de produção e de referência documental sobre a história política contemporânea da cidade e do Estado do Rio de Janeiro" (Motta, 2001, p. 11).

Américo Freire e Marly Silva da Motta apresentam a idéia de que, ao se construir a estrutura político-institucional do Distrito Federal (DF) brasileiro, a Constituição da República de 1891 teria buscado mantê-lo como um espaço fundamentalmente nacional, nos moldes da Carta Constitucional norte-americana em relação à capital norte-americana.

Nos Estados Unidos, conforme pontuam Madison e Hamilton em *Os artigos federalistas*, ao se discutir e organizar a Constituição daquela nação – transformando os EUA de confederação em federação e formando, ao mesmo tempo, institucionalmente o território americano –, teria se obtido a consolidação desse estado nacional – região essa que, antes, era apenas um conglomerado de territórios onde o espaço nacional não detinha quase nenhuma esfera de poder efetivo. Desse modo, nesse processo, ao se organizar a capital, teria se buscado que esta representasse fundamentalmente uma esfera da nova nacionalidade, sem nenhuma lógica institucional local importante e sem representar nenhuma forma de privilégio para qualquer uma das unidades federativas da confederação antes vigente.

Assim, procurando seguir o padrão de Washington, ao iniciar-se a República brasileira se consolidaria uma definição constitucional para sua capital com espaço mínimo para o jogo político local[3] e uma interferência bastante intensa da esfera nacional, principalmente pelo definido no processo constituinte de 1891, na Lei Orgânica do Distrito Federal de 1892, na Constituição de 1946 e na nova Legisla-

---

3 Os autores do Núcleo de Memória Política Carioca e Fluminense analisam a definição da antiga capital como um espaço principalmente nacional, mas não deixam de pontuar o jogo político que ocorre com freqüência na cidade do Rio de Janeiro, na medida em que grupos locais brigam pela autonomia da política na região e conseguem, em alguns períodos, ganhar maior relevância, como no período de Pedro Ernesto – prefeito do Distrito Federal de 1931 a 1936, um dos líderes da defesa da autonomia política para a região, tendo até mesmo participado, em 1933, da criação do Partido Autonomista, o qual obtém hegemonia política no período de 1933 a 1936. Sobre o assunto, veja, por exemplo, *Rio de Janeiro: uma cidade na história*, de Marieta de Moraes Ferreira, *Três faces da cidade: um estudo sobre a institucionalização e a dinâmica do campo político carioca (1889-1969)*, de Américo Freire e Carlos Eduardo Sarmento ou, ainda, *O Rio de Janeiro como hospedaria do poder central: luta autonomista – elite política e identidade carioca (1955-60)*, de Mônica Piccolo de Almeida, no qual a autora aborda as lutas autonomistas ocorridas entre 1955 e 1960.

ção Orgânica do Distrito Federal, de 1948. Ficaria estabelecido que o prefeito do Distrito Federal não seria eleito, como nas demais municipalidades, e, sim, nomeado pelo presidente da República, enquanto a Câmara dos Vereadores estaria alijada da prerrogativa de analisar vetos do prefeito às leis por ela estabelecidas, ao contrário do que vigia nas demais legislações locais. Na capital, quando o prefeito vetasse alguma lei votada na Câmara local, tal veto seria analisado pelo Senado Federal. Isso faria com que, na cidade do Rio de Janeiro, a política viesse a ter pouca autonomia e houvesse dificuldade na organização de uma lógica institucional local, por sua imbricação com a esfera federal.[4] Tal fato ocorreria, em grande medida, de forma fisiológica e clientelista, como podemos observar pelo depoimento de Erasmo Martins Pedro:[5]

> O prefeito tinha 15 dias para sancionar uma lei depois que esta passava pela Câmara de Vereadores. Se vetasse, o veto não retornava à Câmara, ia para o Senado, o único que podia derrubá-lo. Portanto, a articulação da Câmara Municipal com o Senado era uma articulação chave. Tanto que alguns vereadores entravam em acordo com os senadores e apresentavam determinados projetos meio absurdos que obrigavam o prefeito a vetar. O veto ia, então, para o Senado, e lá sua manutenção era negociada. Essa negociação, muitas vezes, era a oportunidade para a distribuição de cargos e empregos. ...A grande parte dos bons cargos

---

4   Nesse período, todas as municipalidades têm poder distintamente menor do que o existente nos dias atuais (*site* oficial do Instituto Brasileiro de Administração Municipal (IBAM) [abril, 2003]: <http://www.ibam.org.br>). No entanto, no cenário da época, a possibilidade de construção de uma lógica política local no Distrito Federal é ainda mais limitada do que em outras localidades.

5   Erasmo Martins Pedro é um dos organizadores do Partido Social Democrático (PSD) no Distrito Federal. Veio, ainda jovem, a apoiar a candidatura de Dutra, por ser aquela que lhe concederia maior espaço político. Advogado, em 1958 elege-se vereador do DF. Em 1960, é nomeado secretário do Interior e Justiça pelo governador provisório da Guanabara Sette Câmara, por indicação da Câmara de Vereadores do DF e, a partir de 1962, torna-se conselheiro do Tribunal de Contas do Estado. Ligado a Juscelino Kubitschek, e tendo sido por este designado consultor jurídico da Novacap, participa da coordenação da campanha JK/65. Em 1966, elege-se deputado federal pela Guanabara e, nesse mandato, passa a integrar o grupo de Chagas Freitas no MDB carioca e, em 1970, elege-se indiretamente o seu vice no governo da Guanabara. Exerce novo mandato na Câmara, de 1975 a 1979, quando é nomeado por Chagas secretário da Justiça de seu segundo governo (Abreu, 2001, v. IV, pp. 4.481 e 4.482).

– Delegacia Fiscal, Tabelionato e cartórios do antigo Distrito Federal – eram ocupados por filhos dos senadores ou parentes dos senadores (Motta, 1998, p. 61).

Na verdade, conforme assinalado por Américo Freire, Marly Silva da Motta e Carlos Lessa, o viés centralizador da organização institucional da capital já era observado desde a chegada de D. João VI e, posteriormente, com a Independência, sendo que, nesta, o modelo já seria o de Washington.

Esse processo apresentaria, também, um momento extremamente importante, na separação da capital da província fluminense, com a criação do Município Neutro em 1834,[6] e o entendimento de que a capital deveria manter-se politicamente neutralizada, conforme bem demarcado por Carlos Lessa (2000, pp. 187 e 188) na seguinte passagem:

> Para a federação sonhada pela República, o Rio como Município Neutro era perfeito para a transmutação em Distrito Federal. Desde 1834, a cidade estava separada da província fluminense. A capital para a República deveria manter-se politicamente neutralizada. O prefeito, escolhido pelo presidente e submetido a aprovação pelo Senado, não é o chefe do poder executivo, independente de aprovação local. É um alto funcionário de confiança do presidente que pode demiti-lo *ad nutum*. ...O Rio seria o "fórum asséptico", guardião e depositário do pacto oligárquico, o lugar de construção do marco zero da República e a moldura para dignificar a Presidência.

---

6 O processo de criação do Município Neutro e a transformação de seu nome para Distrito Federal são apresentados por Herculano Mathias, ex-diretor da Divisão de Documentação e Divulgação do Museu Histórico Nacional, da seguinte forma: "Após a abdicação de D. Pedro I, em 1o de abril de 1831, foi votada uma lei, em 12 de agosto de 1834 (período das regências), com o nome de Ato Adicional. O Ato ordenou que fossem separados da província a cidade do Rio de Janeiro e terras mais próximas. Criou-se, então, o Município Neutro" (Mathias, 1976, p. 33). Em 15 de novembro de 1889, com a Proclamação da República, o Município Neutro, onde estava localizada a cidade do Rio de Janeiro, teve seu nome mudado para Distrito Federal, mantendo-se separado da Velha Província.

Marly Silva da Motta, por sua vez, destaca que, no processo de normatização imediatamente posterior à Independência, a imposição, pelo Ato Adicional de 1834, de um modelo centralizador foi um dos elementos fundamentais da construção da cidade-capital brasileira, marcando, ao mesmo tempo, sua diferenciação em relação aos outros municípios e sua subordinação ao governo central.

Dessa forma, tendo em vista a construção institucional da capital, em especial na Proclamação da República, surgiriam, na cidade do Rio de Janeiro, conforme se pode deduzir dos trabalhos de Marly Silva da Motta (1998; 1999; 2000; 2001), duas lógicas políticas. Uma primeira, na qual os atores apresentariam preocupações com traços marcadamente nacionais. Uma segunda, localista e fragmentária, representando principalmente interesses específicos de bairros e sindicatos classistas. Além disso, a antiga capital apresentaria um modelo político-institucional bastante ambíguo pela tentativa do poder central de tentar neutralizar o jogo político local e pela capacidade de interferência dos poderes legislativo e executivo federais, conforme antes assinalado. É importante, ainda, ressaltar que se, de um lado, não é possível eleger o prefeito e a Câmara de Vereadores está destituída do poder de veto, de outro, os habitantes dessa cidade podem eleger deputados federais e senadores, o que gera ambigüidades, amplia o espaço de jogo político nacional na região e, entendo, contribui para a fragmentação do jogo local.

Nesse sentido, é interessante observar a análise do historiador José Murilo de Carvalho em *Os bestializados: o Rio de Janeiro e a República que não foi*. Para ele, o Rio de Janeiro dos primeiros anos da República, sendo a maior cidade do Brasil e capital política e administrativa, poderia ser "o melhor terreno para o desenvolvimento da cidadania".

No entanto, a forma como se deu a construção político-institucional do Distrito Federal impediu esse tipo de contribuição, segundo esse historiador:

No que se refere à representação municipal, [teria esta ficado solta], sem ter que prestar contas a um eleitorado autêntico. A conseqüência foi que se abriu por este modo o campo para arranjos particularistas, para barganhas pessoais, para o *tribofe*, para a corrupção. E então fechou-se o círculo: a preocupação em limitar a participação, em controlar o mundo da desordem, acabou por levar a absorção perversa desse mundo na política (Carvalho, 2001, pp. 37 e 38).

É curioso notar que, se, de um lado, a tentativa de despolitização da capital, com a ausência, por exemplo, de eleições para prefeito, amesquinha o jogo local, de outro lado, a imbricação da política local com a federal, até mesmo pela presença da máquina pública federal, acaba concedendo maior poder, do ponto de vista clientelístico, aos vereadores, conforme ressalta Erasmo Martins Pedro (apud Motta, 1998, pp. 59 e 60):

A Câmara do Distrito Federal tinha funções muito mais importantes do que uma Câmara Municipal. Hoje, se o vereador faz uma indicação, o secretário responde se quiser. Naquela época não: se o vereador fazia uma indicação para calçar uma rua, a rua tinha que ser calçada, porque o prefeito ficava dependente de apoio político. Nenhum prefeito podia sobreviver se não tivesse o apoio do Legislativo.

Como previsível, a tentativa de transformar o Rio de Janeiro em um espaço asséptico e apolítico não dá resultado. Ao contrário de uma neutralização, o que ocorre, pela transferência, em grande medida, do poder local ao presidente da República, é um "não-arranjo institucional local" harmônico e a transferência de questões, e mesmo de pressões, normalmente relativas ao jogo local.

Isso fica bastante claro na observação do jornalista Cláudio Bojunga (2000) quando analisa as reflexões de Juscelino Kubitschek sobre as características do jogo político no Distrito Federal, no quadro de suas preocupações com a necessidade de criação de Brasília e da transferência da capital:

> [Juscelino] não tinha nada de pessoal contra o Rio. Era mesmo deslumbrado pela ex-capital. Sua alma festeira sentia-se em casa no clima risonho e irreverente da cidade. Mas ela sufocava o Executivo: os problemas locais engoliam as questões nacionais, as mazelas estaduais e municipais contaminavam a ordem federal, forçando o presidente da República a se comportar como um super prefeito.[7]

A lógica nacional seria fruto não só da organização institucional formal desenhada para a capital do País, a partir de sua independência, e reforçada após a República, mas também, conforme observado por Carlos Lessa, da construção histórica da região como porto e fortificação militar, centro de logística nacional e centro cultural do Brasil, tendo perdido, em sua área de influência econômica (Velha Província), a única base regional relevante, a partir da agonia do complexo cafeeiro fluminense.

Ainda segundo Lessa (2000, p. 68), para a construção histórica da cidade do Rio de Janeiro, e do território que configura a atual região fluminense, a existência da Baía de Guanabara, com seu aspecto geográfico de "cofre-forte militar-naval" – servindo, portanto, como um elemento decisivo de defesa da nova Colônia – teria sido fundamental para a decisão de Portugal de ocupá-la, constituindo-a como centro militar, porto e eixo de logística, e para sua consolidação, no correr do tempo, como cidade-capital.

---

7   A transferência da capital ocorreria com base em uma decisão geopolítica de levar o desenvolvimento, até então bastante concentrado no litoral, para o interior. É interessante observar que, ao contrário da opinião freqüente de que, do ponto de vista político, a transferência da capital apresentaria um viés conservador de Juscelino, que desejaria fugir às pressões existentes na cidade do Rio de Janeiro, Cláudio Bojunga aponta que a construção institucional "torta" dessa região levaria à ambigüidade, à transferência de problemas locais para o Presidente e à existência de um jogo extremamente golpista.

Os ciclos da prata e do ouro teriam sido momentos iniciais decisivos para a configuração da região como eixo de logística, já que era o seu porto que articulava essas atividades com o mundo exterior. O interesse de Portugal pela prata devia-se ao fato de que, naquele período, ela era a moeda de troca para o comércio europeu com o Oriente. Uma vez que, naquele momento, o mercado consumidor do Oriente não apresentava, de maneira geral, maior interesse pelos produtos ocidentais, a prata seria fundamental para o comércio de especiarias com as Índias – então, apreciadas na Europa. Assim, para equilibrar a conta de comércio entre Europa e Oriente, seriam necessárias pesadas transferências de prata e ouro.

Lessa afirma que, inicialmente, Portugal obtinha a prata em pequena monta na Alemanha e em sua feitoria japonesa de Nagasaki, feitoria essa crítica para a economia mercantil portuguesa. A partir da segunda metade do século XVI, as reservas portuguesas passam a ser abastecidas com a prata obtida mediante o contrabando de produtos e escravos para a região da Prata do Peru, atingida pelos "fundos do seu quintal", o Rio da Prata, e a cidade do Rio de Janeiro funciona, então, como base para essa atividade. A escolha de Portugal de utilizar o Rio de Janeiro como nó logístico teria sido determinada pelas vantagens da rota Rio–África em relação à rota Nordeste–África. Assim, o Rio de Janeiro passaria a ser um entreposto entre duas rotas. A primeira ligaria a cidade à Europa, Ásia e África, para a exportação de produtos como açúcar, tabaco e farinha de mandioca e a importação de especiarias das Índias, produtos europeus e, sobretudo, escravos africanos. A segunda rota uniria o Rio de Janeiro à América Espanhola e ao Rio da Prata, para o contrabando de escravos e mercadorias em troca da prata peruana.

Portanto, desde o início, o Rio de Janeiro sediaria atividades que o ligariam ao mundo exterior e a outras regiões brasileiras. Ainda segundo Lessa (idem, p. 33), "o Rio, antes de ser um centro com vida urbana, já [seria] urbano por suas articulações externas. O porto [seria] o principal equipamento e razão de ser da Vila".

Dessa forma, esse autor considera que o Rio de Janeiro, mesmo antes do Ciclo do Ouro e de tornar-se a capital, por sua origem de porto e fortificação militar, assumiu um papel central no território brasileiro.

Com relação à influência do porto sobre a Velha Província, Lessa (idem, p. 61) afirma:

> O Rio de Janeiro, apesar de seu lento crescimento urbano, dinamizou a região vizinha desde a sua fundação. As atividades econômicas regionais surgiram a partir da cidade. O engenho açucareiro fluminense foi um desdobramento comercial e financeiro do capital mercantil ligado ao comércio com a região do Prata e com a África. No século XIX, a plantação cafeeira tem um capítulo inicial essencialmente urbano.

Aqui, assinala-se um aspecto destacado também por outros autores: o fato de o dinamismo econômico da região fluminense derivar em especial da cidade do Rio de Janeiro, desde a sua fundação. Conforme veremos nos trabalhos de Lessa, Lysia Bernardes e João Paulo de Almeida Magalhães – este último formulando com grande centralidade a visão da Fiega e, mesmo posteriormente, da Firjan,[8] da segunda metade dos anos 1960 até os anos 1980.[9]

A riqueza gerada a partir do comércio com o Rio da Prata é sucedida pelo comércio com Minas Gerais, o que reafirmaria as

---

8   A representação patronal da cidade do Rio de Janeiro faz-se a partir de 27 de novembro de 1937 chamando-se Federação dos Sindicatos Industriais do Distrito Federal (FSIDF), recebendo, posteriormente, as denominações Federação das Indústrias do Rio de Janeiro (Firj), Federação das Indústrias do Distrito Federal (FIDF) e, a partir da criação do Estado da Guanabara em 1960, Federação das Indústrias do Estado da Guanabara (Fiega). Com a fusão, a representação patronal do antigo Estado do Rio, Federação das Indústrias do Estado do Rio de Janeiro (Fierj), une-se à Fiega, passando a denominar-se Federação das Indústrias do Estado do Rio de Janeiro (Firjan). (Abreu, 2001, v. II, p. 2.116).

9   A fragilidade institucional da região destaca-se, entre outros aspectos, pelo fato de a representação patronal da indústria ser a única instituição que, ainda que de forma pouco orgânica e pouco expressiva socialmente, apresenta-se permanentemente no debate sobre os rumos das economias carioca e fluminense, desde o final dos anos 1950 – por exemplo, com o primeiro documento analítico sobre a fusão, elaborado pelo sociólogo Paulo Assis Ribeiro em 1959, por solicitação do órgão de representação da indústria na cidade do Rio de Janeiro – até os anos 1980. A partir dos anos 1990, começa a haver alguma amplificação do debate e a surgirem núcleos em outras instituições que se propõem realizar o mesmo, como o Núcleo de Memória Política Carioca e Fluminense. FGV.

tendências dos dois séculos anteriores e faria com que a região se mantivesse como eixo logístico. Lessa (idem, p. 44) assevera que, no século XVIII, de 1736 a 1810, o porto do Rio de Janeiro recebeu 580 mil escravos, um número cerca de 18 vezes maior que o da população carioca em 1730, que era de cerca de 30 mil habitantes. Na mesma ocasião, 17 navios dedicados exclusivamente ao tráfico negreiro estavam registrados no porto da cidade.

A centralidade do Rio acentuou-se também pelo fato de, paralelamente ao comércio exterior – sua principal atividade –, ter-se desenvolvido, durante o século XVIII, o comércio colonial de cabotagem, que trocava escravos por fumo baiano e carne-seca e banha do sul do País. Com o Planalto Central, o Rio articula-se como praça atacadista, vendendo escravos, alimentos e manufaturas importadas e recebendo pagamento em ouro e diamantes. Em suma, no dizer de Lessa (idem, ibidem), "o Rio colonial foi o epicentro desta complexa rede de relações comerciais. Era uma vila modesta, em termos demográficos, porém uma forte praça comercial e marítima".

No decorrer desse processo histórico, o posicionamento assumido pela região e a necessidade da Coroa de um maior controle sobre a riqueza gerada em Minas Gerais fariam com que, em 1763, a capital fosse transferida de Salvador para o Rio de Janeiro e a Corte de D. João VI ali se instalasse após sua vinda para o Brasil em 1808, implantando, segundo Lessa (idem, p. 63), "os signos capitalinos" na cidade. Com a chegada da Corte, a cidade teria recebido "um choque autônomo 'keynesiano',[10] um presente de Napoleão: a Família Real e mais 15 mil portugueses. Essa incorporação acontece numa vila colonial com população estimada entre 43 e 50 mil pessoas" (idem, p. 77).

---

10 O "choque autônomo keynesiano" vem a ser a expressão usada pelos economistas quando ocorre uma "injeção" de gasto em determinada economia, dinamizando-a.

Ao lado disso, D. João VI agregaria institucionalização formal e informal à vida colonial com a criação de tribunais, conselhos, câmaras etc. Autorizaria, também, "a instalação de atividades inerentes à capital de um Reino: Junta de Comércio, o complexo Poder Judiciário, os cursos de Direito e a Intendência Geral da Corte, encarregada da ordem, do policiamento e das obras públicas da cidade" (idem, p.77). Além disso, instalaria o primeiro Banco do Brasil e a Real Biblioteca de Língua Portuguesa, atual Biblioteca Nacional, promovendo o surgimento de um grande número de livrarias na cidade, apoiaria o estudo formal das Belas Artes, a vinda da comissão francesa em 1816, que divulgaria o neoclassicismo, e a realização de recitais de música erudita e peças teatrais. Paralelamente, com o movimento diário do porto, o Rio de Janeiro incorporava influências culturais e hábitos europeus.

Nesse processo histórico, a capitalidade da cidade do Rio de Janeiro ia sendo construída e, em alguma medida, também a da região do antigo Estado do Rio, cuja economia era fortemente influenciada pelos investimentos do governo federal e pela articulação com a estrutura produtiva da capital.

Segundo Marieta Ferreira (1991), a influência da capital federal também se faria sentir sobre a política na Velha Província, onde parte significativa da liderança constituída no correr da primeira República revelaria traços eminentemente nacionais. Entendo que esse processo prossegue até os anos 1950, apresentando o antigo Estado do Rio de Janeiro líderes como Prado Kelly, figura de proa da UDN; Raul Fernandes, ministro do governo Dutra; e os Macedo Soares (José Eduardo de Macedo Soares, importante intelectual e político daquele estado, proprietário de um jornal denominado Diário Carioca, e Edmundo de Macedo Soares, membro da Comissão de Estudos que propõe a criação da Companhia Siderúrgica Nacional (CSN), ministro da Viação, em 1946, governador do antigo Estado do Rio de Janeiro, de 1947 a 1951, presidente da Confederação Nacional da Indústria (CNI), entre 1964 e

1968, e ministro da Indústria e Comércio, de 1967 a 1969),[11] sofrendo, também, a política do antigo Estado do Rio importante influência da mídia da capital federal.

De acordo com Marieta, esse processo de nacionalização da liderança política do antigo Estado do Rio de Janeiro dificultaria até a articulação de um projeto econômico-social estratégico alternativo depois da crise da cafeicultura fluminense, tendo em vista as diferenças culturais e de visão entre as elites econômicas desse estado e seus líderes políticos.

A importância dessa questão é pontuada por Otávio Soares Dulci, em *Política e recuperação econômica em Minas Gerais*, quando cita – ao analisar as estratégias e políticas regionais articuladas em Minas Gerais nos anos 1940 e 1950, buscando a modernização e recuperação econômica – que, para a formulação, início e construção de uma estratégia econômica, seria necessária a existência de uma "pactação" no âmbito de um espaço subnacional.

Tal processo de organização do Rio de Janeiro como eixo de logística e da construção dos "signos capitalinos" fica claro na seguinte passagem de Lessa (2000, p. 125):

> Com o controle fiscal das minas e a posição forte e crescente no núcleo de tráfico negreiro, deriva-se e reforça-se a hegemonia do Rio. Na segunda metade do século XVIII, os traficantes do Rio têm o controle do negócio. Na cidade – epicentro de um sistema de articulação e distribuição –, tendem a concentrar-se a renda e os serviços mais avançados. No interior da cidade, há sempre a diversificação das atividades produtivas. Nela se robustecem os trabalhos logísticos. Nela desenvolvem-se e localizam-se os serviços para o conjunto das cidades integradas na rede. Estrutura-se a presença do artesanato sofisticado e surge

---

11 Veja Abreu (2001. v. V, pp. 5.511 e 5.527).

uma poeira de ensaios manufatureiros. Na medida em que progride o crescimento urbano, a troca mercantil se amplifica, prossegue a diferenciação dos processos de divisão do trabalho. ...A cidade pôde crescer e não ser sede de processo de industrialização. Ao se constituir no coração de uma rede, ela promove e intermedeia transações e acumula ganhos mercantis.

Parece-me que, neste ponto, Lessa procura realçar que o fato mais importante para o entendimento da evolução da cidade do Rio de Janeiro e da região fluminense não seria a sua liderança no processo industrial brasileiro, até 1920,[12] nem o fato de ter-se mantido na segunda posição até os anos 1960, mas, sim, de ter sido, desde sua origem, porto, centro de logística e de articulação política e cultural nacional. Segundo ele, a produção cafeeira, e mesmo a açucareira, no antigo Estado do Rio era um desdobramento do agente mercantil e constituía a retaguarda mediata do porto.

A centralidade do Rio se consolidaria no decorrer do século XIX e início do século XX, não só como capital do Império e, posteriormente, da República, mas também pelo desenvolvimento do complexo cafeeiro nessa região – que iniciaria a sua plantação no atual município do Rio de Janeiro e surgiria a partir do processo de acumulação mercantil existente na cidade.

Assim, seria um equívoco atribuir a esses dois produtos, sobretudo ao café, a indução dinâmica do Rio nos seus períodos áureos:

A relação ...é inversa. O café não surgiu apenas fisicamente no interior do Rio. Foi financiado pelo capital mercantil do grosso comércio do Rio e deu continuidade à sua prosperidade. A cidade explica o prodígio do café escravo (Lessa, 2000, p.128).

---

12 O Distrito Federal possui, em 1907, em torno de 30% da produção industrial brasileira, contra uma participação do RJ de 7,6% e de SP de 15,9%. Já em 1919, a participação do DF é de 20,8%, de SP, de 31,5% e do RJ, de 7,4% (Cano, 1998, p. 310)

Como mencionado, a centralidade cultural do Rio em relação ao País seria consolidada com a vinda da Família Real e, até os anos 1920, a cidade seguiria os padrões europeus sem criticá-los:

> ...a pedanteria francófila no Rio de Janeiro, na primeira metade do século XIX, é impressionante: anúncio de jóia perdida no Teatro São Pedro em francês, aulas de literatura francesa, professores de piano, violino, flauta, harpa, esgrima, equitação, tudo em francês. O pão francês de trigo surge na cidade nessa época e substitui as broas de mandioca, milho e aipim. Em 1816, já havia no Rio seis padarias francesas (idem, p.92).

Esse cenário de mimetismo começaria a alterar-se a partir do início do século XX, fortemente estimulado pela eficiência do Barão do Rio Branco no exercício da diplomacia.[13]

Tal processo se auto-reforçaria, promovendo a auto-estima, pela comparação entre a situação brasileira e a desintegração de impérios – como o Austro-Húngaro e o Otomano, a Rússia (em plena guerra civil) e a Alemanha prostrada do pós-guerra. Enquanto tais nações buscavam penosamente a superação da destruição em massa de suas juventudes, decorrente do conflito mundial, o Brasil apresentava-se como um país de acertada política internacional, até mesmo alinhado aos vencedores do conflito – por ter declarado guerra ao Império Alemão em 27 de outubro de 1917 –, mas sem, contudo, chegar a participar efetivamente deste.[14]

---

13 José Maria da Silva Paranhos Júnior, o Barão do Rio Branco, político, diplomata e historiador fluminense (1845-1912), recebe o título quando, entre 1893 e 1900, é designado pelo governo federal para resolver as disputas com o Uruguai e a França pelos territórios de Sete Povos das Missões e do Amapá, respectivamente, áreas nas quais o governo brasileiro vem garantir o seu domínio. Em 1902, Rio Branco assume o Ministério das Relações Exteriores (1902-1912) e, entre as importantes ações de sua chancelaria, destaca-se a incorporação do Acre – originalmente parte da Bolívia – ao território brasileiro.

14 O governo brasileiro mantém, inicialmente, uma posição de neutralidade na Primeira Guerra Mundial. Rompe, porém, relações diplomáticas com a Alemanha quando, em 3 de abril de 1917, navios de guerra alemães afundam uma embarcação nacional no Canal da Mancha. Em maio de 1917, novo ataque alemão põe a pique outra embarcação brasileira, no norte da França, do que decorre o fim da neutralidade brasileira na Guerra, com a encampação dos navios alemães aportados no País. O estado de guerra entre Brasil e Alemanha é proclamado pelo presidente *(continua)*

Concomitantemente, surgiriam na literatura, nas primeiras décadas do século XX, autores como Euclides da Cunha (*Os sertões,* 1902), Monteiro Lobato (*Urupês,* 1918), Oswald de Andrade (*Manifesto Pau-Brasil,* 1924), Mário de Andrade (*Macunaíma,* 1928), Jorge Amado (*O país do carnaval,* 1931), Gilberto Freyre (*Casa-grande e senzala,* 1933), Sérgio Buarque de Holanda (*Raízes do Brasil,* 1936), Roberto Simonsen (*História econômica do Brasil,* 1937) e Graciliano Ramos (*Vidas secas,* 1938), promovendo grande valorização da cultura nacional e regional. No mesmo período, figurariam também expressões críticas a um "falso nacionalismo", como a Semana de Arte Moderna, reunindo escritores, artistas plásticos e músicos brasileiros durante três dias no Teatro Municipal de São Paulo, para apresentar trabalhos de vanguarda e lançar o Movimento Antropofágico, que propunha "a devoração cultural" das técnicas importadas, para reelaborá-las, com autonomia, e convertê-las em produto de exportação.

Nesse curso, Lessa vê a cidade do Rio de Janeiro exercendo um papel de síntese cultural, constituindo-se também no palco central para movimentos políticos modernizadores, como o tenentista,[15] marcados pela defesa de reformas políticas, sociais e econômicas no País, e a Revolução de 1930, cujo desfecho põe fim à República Velha, conduzindo o gaúcho Getulio Vargas ao poder.

Assim, a cidade do Rio de Janeiro, apesar de perder, no início do século XX, a hegemonia industrial para São Paulo, parecia, na primeira metade desse século, "ter assinado um pacto com a eterna prosperidade" (Lessa, 2000, p. 238).

A proximidade com o poder e a condição de centro cultural do País, em um período de ocorrência de elevadas taxas de cresci-

---

(continuação) Venceslau Brás, em outubro do mesmo ano, após um terceiro ataque marítimo a navios brasileiros, dessa vez em mares da Espanha. Soldados chegam a partir do País para reforçar tropas aliadas na costa africana, mas são informados sobre o fim do conflito em 11 de novembro de 1918. Sobre o tema, veja o *Catálogo* da Exposição Cronologia da República, montada no Museu da República, no Rio de Janeiro, desde 2002.

15 Entre as revoltas articuladas a partir de insurreições tenentistas, no período, destacam-se o Levante do Forte de Copacabana (1922) e a Coluna Prestes (1924).

mento na economia brasileira, fariam com que a cidade continuasse a constituir-se em um pólo concentrador de serviços sofisticados, *locus* central do sistema financeiro nacional, principal sede das grandes empresas instaladas em território nacional e porta de entrada privilegiada para a expressiva maioria dos visitantes do País.

A cidade registraria, ainda, segundo Lessa, contínuas e crescentes injeções de gasto público, e o antigo Estado do Rio, a Velha Província, prosseguiria destino de investimentos para criação de empresas, como a CSN, a Fábrica Nacional de Motores, a Companhia Nacional de Álcalis e a Refinaria Duque de Caxias (Reduc).

Isso faria com que a região como um todo, principalmente até 1960, viesse a derivar o seu dinamismo econômico do processo que vinha ocorrendo na economia brasileira, de sua centralidade histórica e do fato de ser o núcleo do poder nacional, não havendo, em sua base econômica, setores importantes que competissem com os de outras regiões, o que teria facilitado até mesmo a transformação da cidade do Rio de Janeiro em um local querido de referência para todos os brasileiros, como se pode deduzir da análise de Lessa em *Rio de todos os Brasis*.

Desse modo, apesar de a cidade, e também o antigo Estado do Rio, vir perdendo a partir de 1880 a centralidade econômica e industrial e de o Distrito Federal ter perdido a liderança industrial já em 1919 – mesmo somando-se a sua produção com a existente no antigo Estado do Rio (veja Tabela 1) –, a cidade do Rio de Janeiro, e mesmo a região como um todo, manteria seu dinamismo econômico-social, não apresentando até os anos 1960 uma taxa de crescimento do PIB muito diferente da existente para o Brasil e demais regiões, excetuando-se São Paulo, líder do processo de desenvolvimento econômico nacional no correr do século XX. Isso pode ser constatado, por exemplo, na Tabela 2, reproduzida da obra de Carlos Pacheco (1996, p. 69) sobre o desenvolvimento regional brasileiro, em que é exibida a taxa de crescimento econômico das principais regiões brasileiras nos anos 1950.

A cidade e o Estado do Rio de Janeiro continuavam a ser receptáculos de investimentos públicos e privados, sediando, por exemplo, o núcleo central de empresas multinacionais instaladas no Brasil, em especial a partir do início do século XX, e as empresas estatais que surgem nos anos 1940, 1950 e 1960, como a Companhia Nacional de Álcalis, a CSN, o BNDE, a Vale do Rio Doce, Petrobras, Reduc, BNH e Embratel. Além disso, como centro cultural, a cidade era berço de movimentos inovadores como o cinema de chanchada, o Cinema Novo, a Bossa Nova e o CPC[16] da UNE, entre outros. Assim, em consonância com a visão de *círculo virtuoso* de Albert Hirschman, o espaço que compõe o atual território fluminense como um todo, principalmente a cidade do Rio de Janeiro, manteria até os anos 1960 um processo sinérgico, como sede de poder e principal espaço de articulação econômica, política e cultural da nação, beneficiando-se do crescimento da economia brasileira entre os anos 1930 e 1960 e mesmo no correr dos anos 1960 e 1970.

Embora nos anos 1960 e 1970, a economia da região começasse a enfrentar a perda de seu *fundamental estruturante*, três fatores principais fazem com que os problemas advindos da perda da capital e da indefinição de uma estratégia adequada para o enfrentamento dessa questão fiquem disfarçados: os investimentos federais realizados na cidade nos anos 1960, com a criação de organizações como a Embratel e o BNH; a demora da efetiva transferência da capital para Brasília; e o dinamismo da economia brasileira nesse período, sobretudo durante o chamado "milagre econômico", quando, entre 1968 e 1973, ocorrem taxas de crescimento anual da economia acima da média histórica brasileira no século XX. Lessa (2000, pp. 248 e 349) examina a questão:

---

16 Criado na Guanabara, em 1962, pela União Nacional dos Estudantes (UNE) com alguns intelectuais de esquerda, o Centro Popular de Cultura (CPC) visava à propagação de uma arte engajada, com viés popular e revolucionário. O projeto acaba estimulando a criação de centros similares em outros estados brasileiros, mas todos são fechados com o golpe militar de 1964. Veja Abreu (2001, V. II, pp. 1.317 e 1.3180.

O dinamismo da economia brasileira durante os anos 1970 disfarçou problemas estruturais do Rio de Janeiro. O crescimento do emprego e da renda da população do Rio foi acompanhado por alguma ampliação das atividades industriais e até por uma notável expansão em alguns setores (como a construção naval). Entretanto, o incremento da cidade, ao mesmo tempo em que transmitia a sensação de prosperidade, aprofundava problemas estruturais subjacentes.

Esses "problemas estruturais" transparecem com exatidão quando vemos que, entre 1970 e 2000, a região carioca e fluminense apresenta a pior taxa de dinamismo econômico entre todas as unidades da Federação, seja em relação à evolução do PIB ou do setor industrial (Tabelas 5 e 6).

De acordo com o que podemos concluir das análises aqui relacionadas e utilizando-me do conceito de "marco institucional" de Douglass North, essa região se construiria como um espaço eminentemente nacional, sendo "natural" que a política nela viesse a se dar hegemonicamente nessa lógica e que, aqui, fossem eleitas figuras que simbolizassem esse espaço de disputa, independentemente de onde anteriormente vivessem e/ou atuassem politicamente. Isso permaneceria, mesmo após a mudança da capital, e faria com que – inicialmente no Distrito Federal e depois na Guanabara e mesmo no Estado do Rio de Janeiro – viessem a se candidatar políticos das mais variadas procedências e que estariam vocalizando sobretudo visões relativas às políticas nacionais.

Assim, a eleição para representantes do Distrito Federal no Senado, em 1958, polarizou-se entre um político mineiro de realce nacional, Afonso Arinos, então deputado federal pela UDN de Minas Gerais, e Lutero Vargas, gaúcho e representante do getulismo; em 1962, na já então Guanabara, entre os quatro candidatos concorrentes estavam Aurélio Vianna, deputado federal por Alagoas, e Juracy Magalhães, governador da Bahia e figura de proa da política nacional pela UDN. Da mesma forma, nas eleições para deputado federal de 1962, o grande destaque foi a candidatura de Leonel de Moura Brizola, então governador do Rio Grande do Sul, que se candidatava pela Guanabara para fortalecer o PTB nacional e obteria em torno de um quarto do total de votos do novo estado (269.384 votos).[17] Vinte anos depois, em 1982, ao retornar do exílio, Leonel Brizola viria a eleger-se governador do Estado do Rio de Janeiro, o que mostra a força das permanências históricas no contexto de um determinado marco institucional.

A questão da manutenção da cidade do Rio de Janeiro como espaço nacional permanece na memória e na identidade política da região, conforme assinala Marly Silva da Motta (2001, p. 17): "a memória da capitalidade, ou seja, da função de representar a unidade e a síntese da Nação, é ainda hoje o elemento fundamental da identidade política do Rio de Janeiro".

A lógica localista surge como conseqüência da forma como se dá a institucionalização formal do antigo Distrito Federal e da história e características do desenvolvimento econômico-social da cidade do Rio de Janeiro. Do ponto de vista da institucionalização formal da cidade do Rio de Janeiro, a imbricação já mencionada entre o local e o nacional, bem como o pouco poder local existente, faz com que esse tipo de espaço sofra um processo de diminuição social de sua importância e, entendo, facilita a fragmentação existente na sua representação, relativamente à representação nas eleições para o Senado e a Câmara dos Deputados, no antigo Distrito Federal, marcadas por um debate polarizado, ideológico e fundamentalmente nacional, o que faria até com que, segundo Marly Silva da Motta (2000, p. 26):

---

17 É interessante ressaltar a afirmação de Loretti, em entrevista ao CPDOC (Farias, 2001, p. 119), de que Brizola, ao eleger-se deputado federal pela Guanabara, em 1962, 'mergulhou fundo na política nacional". Um quadro relativo ao total de votos por deputado eleito para a bancada federal da Guanabara em 1962 pode ser verificado no livro de Marly Silva da Motta (2001, pp. 286 e 2870.

Como resultado dessa peculiar estruturação do campo político carioca, o PSD, principal partido político em nível nacional, acabou relegado a uma posição secundária no Distrito Federal, especialmente na sua representação federal, a qual sofria mais duramente os efeitos da "grande radicalização na cidade", como bem percebe Erasmo Martins Pedro.

Essa dicotomia entre as duas lógicas é identificada pela autora, quando, por exemplo, analisa o jogo político e a composição partidária da Câmara dos Deputados (eleições federais), a partir das eleições de 1945, 1950, 1954 e 1958, e o jogo político e a composição partidária da Câmara de Vereadores (eleições locais), a partir das eleições de 1947, 1950, 1954 e 1958, como se observa nos quadros a seguir.

QUADRO 1.1

COMPOSIÇÃO PARTIDÁRIA DA BANCADA DO RIO DE JANEIRO – DF NA CÂMARA DOS DEPUTADOS (1945-1958).

Partidos	1945	1950	1954	1958
PTB	9	8	6	5
UDN	3	4	6*	6
PCB	3	-	-	-
PSD	2	3	2	2**
PSP	-	1	2	4
PRT	-	1	1	-
PDC	-	-	-	-
TOTAL	17	17	17	17

Fonte: Picaluga (1980a: 190-198). In Motta (2000, p. 24).
* Aliança Popular (UDN, PR e PL).
** Aliança Democrática Nacionalista (PSD, PSB, PRT, PR, PTN e PL).

Quadro 1.2
Composição da Câmara de Vereadores do Rio de Janeiro – DF (1947-1958).

Partidos	1947	1950	1954	1958
PTB	9	15	9	7
UDN	9	10	9	8
PCB	18	-	-	-
PSD	6*	7	7	7
PSP	-	5	6	5
PRT	-	3	2	4
PR	5	3	5	4
PTN	1	1	2	3
PRP	1	1	1	1
PSB	1**	1	2	4
PDC	-	2	3	2
PST	-	1	2	2
POT	-	1	-	-
PL	-	-	2	3
MTR	-	-	-	-
TOTAL	50	50	50	50

Fonte: Picaluga (1980a: 191-200). In Motta (2000, p. 24).
* Aliança Trabalhista Democrática (PSD e PDC).
** Esquerda Democrática.

Marly Silva da Motta (2000, p. 25) julga que a maior fragmentação no jogo local poderia ser detectada pela menor polarização entre a UDN e o PTB e, também, pelo maior número de partidos existentes na eleição para a Câmara dos Vereadores.

Tal fato pode ser explicado, em larga medida, pelo peso que tinha no legislativo municipal a representação de interesses localizados em torno de estruturas sindicais-corporativas (funcionários das empresas do estado, por exemplo) e de certas regiões da cidade (o então chamado 'sertão carioca', entre outras), formando o que se pode chamar de eleitorado cativo, que vota em determinados candidatos independentemente de filiação partidária ou corrente ideológica.

Além do pouco poder na esfera local, também devemos lembrar que a forma como se constrói a lógica política nesse âmbito deriva do fato de os interesses econômico-culturais da região serem discutidos e resolvidos na escala de poder nacional, e não local. Isso, porque a centralidade econômica da cidade do Rio de Janeiro está fincada no setor terciário, como sede de empresas privadas nacionais e multinacionais, estatais, setor financeiro, da principal Bolsa de Valores na ocasião, sede do poder federal e principal centro cultural nacional. Assim, as questões de maior relevância, tanto para o poder econômico na região como para a maior parte da sociedade (por exemplo, quanto à questão do emprego), resolvem-se no jogo nacional, sendo, portanto, "natural" que o foco de atenção, sob o aspecto da vida cotidiana, além da cultural, centre-se nessa escala.

Ainda com relação à marcada dicotomia entre as lógicas local e federal no antigo Distrito Federal e na nascente Guanabara, como fruto de sua história econômico-social e institucional, é de interesse a seguinte análise da autora:

> O estatuto político-jurídico que foi conferido a sua capital pela República [em 1892, e confirmado em sua regra básica pela Lei Orgânica aprovada em 15 de janeiro de 1948] tanto lhe atribuiu funções de sede do governo federal quanto a transformou no espaço de representação política da população carioca. Com tutela federal, bancada estadual e administração municipal, o Rio de Janeiro-DF transformou-se em uma entidade política e jurídica original no quadro federativo brasileiro.

Essa originalidade se configurou, por um lado, na constituição de uma identidade política ambígua, já que dividida entre esferas dicotômicas de atuação e de inserção no quadro federativo: federal x local, autonomia x intervenção, política x administração. Por outro lado, estruturou-se um campo político aberto e fragmentado: o Distrito Federal, como os outros estados, elegia representantes para o Congresso Nacional e para a Câmara Municipal, enquanto o prefeito e o chefe de polícia eram indicados pelo presidente da República. Ao Senado, e não à Câmara Municipal, cabia a apreciação dos vetos do prefeito.

Como resultado desse desenho político e institucional, que transformou a capital republicana em espaço de representação ao mesmo tempo do nacional e do local, seu campo político se constituiu com uma dupla face. Na "frente", encontravam-se as atribuições de uma cidade-capital, a qual, na condição de agente da centralização e de baluarte da unidade nacional, deveria se manter distante do localismo, do caciquismo e do provincianismo. No "verso", como decorrência da politização local, pontuada por disputas entre as várias esferas do poder, localizavam-se as práticas políticas baseadas em relações de interdependência pessoal e sustentadas por redes clientelistas de bases locais. Essa dualidade, como veremos, refletir-se-ia tanto na dinâmica eleitoral – mais polarizada nas eleições para o Senado e para a Câmara dos Deputados, e mais fragmentada para o legislativo local – quanto na emergência de lideranças políticas, carismáticas, radicais e de âmbito nacional, como Carlos Lacerda, e discretas, clientelistas e locais, como Chagas Freitas (Motta, 2000, pp. 14 e 15).

Ainda segundo a autora, os anos entre 1960 e 1974 seriam particularmente densos no que é hoje núcleo central da região fluminense, não só porque nesse período se consolidariam "as duas correntes mais importantes da política carioca, o lacerdismo e o chaguismo – que se tornariam referências paradigmáticas de concepções e padrões de atuação na política da cidade" (idem, p. 13), como também porque

> a percepção de que nesse passado se encontram os principais referenciais de sua cultura política[18] faz com que, apesar de passadas mais de duas décadas, a memória da experiência da Guanabara continue ocupando espaço no debate eleitoral ocorrido na cidade do Rio de Janeiro, especialmente por ocasião das eleições municipais (idem, pp. 13 e 14).

Em meu entendimento, essa trajetória faz com que na história política e na cultura carioca, e mesmo fluminense, as lógicas nacional e local apareçam bastante separadas e, ao mesmo tempo, imbricadas, sendo que a primeira de forma cada vez mais inorgânica e a segunda, mais hegemônica.

---

18 Marly Silva da Motta trabalha o conceito de cultura política "como um sistema de representações que, fundado sobre determinada visão de mundo e leitura do passado histórico, e expresso através de discursos, símbolos e rituais, orienta e define formas e padrões de atuação política" (Motta, 2000, p.13). A autora extrai esse conceito das seguintes publicações de Serge Berstein: *L'historien et la culture politique. Vingtnème Siècle - Revue d' Historie. Paris (35), Juil. /Septe. 1992*, e *La culture politique. IN Rioux, Jean-Pierre & Sirinelli, Jean-François (dirs.). Pour une historie culturele. Paris, Seuil, 1997*.

CAPÍTULO 3

O Distrito Federal e a construção da nova institucionalidade

> Os estudos políticos que fazem referência à dinâmica do processo social no antigo Distrito Federal e ex-Estado da Guanabara o fazem em geral de passagem, no bojo da análise da política nacional (Picaluga, 1980, p. 14).

No período entre 1960 e 1970, governam a recém-criada Guanabara: Sette Câmara, governador provisório entre abril a dezembro de 1960;[1] Carlos Lacerda, de 1960 a 1965; e Francisco Negrão de Lima, de 1965 a 1971.

No interregno entre a votação da Lei 2.874, de 19 de setembro de 1956, que dispõe sobre a mudança da capital, e a posse do governo provisório de Sette Câmara, em 21 de abril de 1960, ocorre um debate sobre os rumos dos territórios carioca e fluminense e sua institucionalidade, tendo em vista a transferência da capital para o Planalto Central.

Na verdade, esse debate ganha espaço social a partir de 1958, quando cariocas e fluminenses se dão conta de que dessa vez, após

---

1 Sette Câmara é indicado governador provisório da Guanabara pelo presidente Juscelino Kubitschek, tendo seu nome aprovado pelo Senado Federal em abril de 1960, tendo em vista ter ocorrido um interregno institucional da transferência da capital em 21 de abril de 1960 à eleição e posse de Carlos Lacerda em dezembro de 1960. Realiza, quando assume, uma consulta a diversos setores da sociedade civil – por meio de suas instituições, como associações de bairros, sindicatos classistas etc. –, que resulta em um detalhado documento de 457 páginas, denominado *Subsídios para análise e planejamento da ação administrativa*, publicado em 1960 pelo Departamento de Imprensa Nacional.

a previsão desde a Constituição de 1891, a transferência da capital, com a construção de Brasília iniciada em 1957, seria para valer, ganhando corpo na mídia, por exemplo, com o ciclo de debates O que Será do Rio?, organizado pelo jornal Correio da Manhã, e com discussões que começam a ganhar espaço no Congresso Nacional por meio de uma Comissão Mista criada em 1958 visando organizar a institucionalidade da nova capital e também os rumos da futura ex-capital federal.

A descrença da opinião pública quanto à efetividade da construção de Brasília pode até, conforme analisado em entrevista a mim concedida por Luiz Alberto Bahia,[2] ter facilitado a aprovação da citada Lei 2.874, porque a UDN teria acreditado que, votando a legislação que viabilizaria Brasília e não vindo Juscelino Kubitschek a efetivá-la, isso poderia desmoralizá-lo.

Com relação ao assunto, não devemos deixar de considerar, porém, o lembrado por Marly Silva da Motta (1997, v.4, p.153), de que, no momento da votação da lei que normatiza a transferência da capital, existiria uma certa descompressão da polarização política, tendo em vista o namoro então existente entre a UDN e o PSD, visando construir para as eleições de 1960 uma candidatura de "união nacional" em torno da figura de Juracy Magalhães.

Podemos confirmar a avaliação relativa à descrença quanto à real efetivação de Brasília, por exemplo, com base no artigo de 29 de dezembro de 1956 da Tribuna da Imprensa, principal porta-voz na mídia do pensamento lacerdista e udenista na época, intitulado "A Mentira Carioca de 1956", no qual argumenta-se que a construção da nova capital não deveria ser levada a sério, sendo que o próprio presidente da Novacap – empresa responsável pela construção de Brasília –, Israel Pinheiro, teria declarado que não se mudaria para Brasília (Motta, 2001, p. 66).

---

2 Veja Silva (2004, Anexo B).

Outro forte indicador da descrença pública é a votação da Emenda Constitucional n. 2, aprovada em 3 de julho de 1956, proposta pelo senador carioca Mozart do Lago, do Partido Social Progressista (PSP). A emenda criava eleições diretas para prefeito do Distrito Federal em 1960, quando, teoricamente, a transferência da capital já estaria ocorrendo.

Por outro lado, também acredito que esta descrença esteja presente em documento intitulado *Operação Guanabara* e apresentado por Araújo Cavalcanti, em reunião na Câmara de Vereadores, em 9 de abril de 1956, por ocasião do II Congresso Pró-Autonomia e Reivindicações do Povo Carioca, no qual ele propõe um desenvolvimento planificado para o Distrito Federal, sob a forma de um anteprojeto de lei. Tal proposta é reproduzida pela Revista do Serviço Público,[3] porque, segundo o editorial que a precede, o documento teria consubstanciado, em caráter pioneiro, a

> formulação de um conjunto de soluções arrojadas para os problemas de governo e administração do então Distrito Federal e da União. ...O planejamento da Operação Guanabara correspondia às exigências políticas e técnicas de preparação do terreno, e elaboração de uma política de desenvolvimento global do então Distrito Federal, tendo em vista o advento de uma nova unidade federativa (Cavalcanti, 1961, p. 9).

Esse pioneirismo, segundo a mesma publicação, também poderia ser observado no fato de que, em 1956, os debates sobre a transferência da capital ainda não apresentariam destaque, conforme já citado, sendo que a revista ressalta que a criação de Brasília teria ocorrido "com surpreendente presteza ...e em meio a dificuldades aparentemente insuperáveis" (idem, p. 6).

---

3 Governo e administração do Estado da Guanabara. *Revista do Serviço Público*, Rio de Janeiro, jan./mar. 1961.

Nessa proposta – na qual ele sintetiza, conforme veremos detalhadamente no Capítulo 4, um conjunto de ações bastante parecido com o que viria a ser a política de governo de Carlos Lacerda, e mesmo de Negrão de Lima –, a questão da descrença com relação à transferência da capital, ao menos na data prevista, me parece estar presente. Isso, porque contém uma primeira parte que se desenvolveria em cinco anos e teria "como finalidade primordial a destinação de preparar o advento de uma política de emancipação global e desenvolvimento planificado para a mais nova unidade da federação brasileira" (idem, Apresentação).

Como essa proposta seria viabilizada por um anteprojeto de lei a ser votado, na melhor das hipóteses, no correr do ano de 1956 e implantado, como política, a partir de 1957, a primeira parte da Operação Guanabara viria concluir-se cinco anos mais tarde, ou seja, ao fim de 1961. Dessa forma, a parte preparatória ao advento da nova unidade federativa terminaria em torno de dois anos após a data prevista para a criação do Estado da Guanabara (EGB).

Além disso, o autor apresenta como pressuposto praticamente imprescindível para o sucesso do projeto a existência de autonomia, eleição e mandato definido para o prefeito do Distrito Federal, de maneira que pudesse levar à frente uma empreitada de prazo maior, o que, de acordo com Araújo Cavalcanti, não viria sendo possível para os prefeitos nomeados demissíveis *ad nutum* e cujos mandatos viriam tendo duração em torno de 18 meses.[4] Tendo em vista que a Emenda Constitucional n. 2 previa a eleição do prefeito do Distrito Federal para 1960, é possível subentender que o autor estaria trabalhando até com a hipótese de que a primeira fase da Operação Guanabara somente teria

---

4 O relacionamento entre a falta de autonomia do prefeito, as deficiências de infra-estrutura na cidade do Rio de Janeiro e os curtos e incertos mandatos do principal gestor local são apontados, também, em uma série de depoimentos, como os constantes no conjunto de matérias sobre os rumos da capital denominado *O que Será do Rio?*, que veremos a seguir, e os colhidos por Sette Câmara, também analisados ao longo deste trabalho.

se iniciado em 1960, com a eleição do prefeito e a criação da nova unidade federativa somente ocorrendo em meados dessa década.

Assim, embora Marly Silva da Motta (1997, v.4, p. 146-174) aponte que a Operação Guanabara teria como "meta preferencial" a antecipação da transferência da capital e a transformação do Distrito Federal em Estado da Guanabara, prevista pelo artigo 4º das Disposições Transitórias da Constituição de 1946, podemos notar, com base no texto de Araújo, outras interpretações, o que revela a dubiedade presente na questão da transferência e seus prazos.

Na verdade, a Emenda Constitucional n. 2 apresenta dubiedades, tanto por prever uma eleição direta para o Distrito Federal em 1960, quando teoricamente já existiria a Guanabara, como também por definir em seu texto que haveria eleições coincidentes para vereadores, prefeito e presidente da República, quando, de fato, segundo outra legislação vigente, os vereadores eleitos em 1958 estariam na metade de seu mandato.

Então, considerando-se a dubiedade assinalada, os políticos da região teriam tentado manter a bandeira autonomista, procurando até mesmo a antecipação das eleições para prefeito previstas pela Emenda para 1960, como assinala Araújo Cavalcanti e, também, Erasmo Martins Pedro, membro da comissão que organiza o documento *Operação Guanabara* e então vereador pelo PSD no Distrito Federal, em entrevista concedida ao CPDoc:

> – O senhor teve uma participação destacada no II Congresso Pró-Autonomia, tendo feito parte do grupo de trabalho que, em 1956, redigiu o documento "Operação Guanabara". Qual foi a importância desse documento?
>
> – Nós, os autonomistas, discordávamos de que o orçamento fosse sempre iniciativa do prefeito nomeado, sem ouvir as forças políticas locais. Imaginem que até mesmo a lei orçamentária podia ser sujeita a ve-

to e ir para o Senado. Fui um dos autores desse documento chamado "Operação Guanabara", em que se apresentava um planejamento para o futuro da cidade do Rio de Janeiro. O nome Guanabara já era uma perspectiva da criação do Estado da Guanabara, uma vez que se avizinhava essa questão de o Distrito Federal se transformar em estado da Federação. Juscelino era um homem muito inteligente e aproveitou para adiar o debate: não adiantava dar autonomia logo, porque ela viria completa com a transformação do Distrito Federal em estado (Motta, 1998, p. 65).

Segundo Marly Silva da Motta, os debates sobre os rumos das regiões carioca e fluminense após a transferência da capital, que ganham corpo a partir de 1958, começam, então, a ocupar um espaço significativo nos principais jornais do Rio, como o Correio da Manhã, Jornal do Brasil e a Tribuna da Imprensa, contrários à construção de Brasília, e nos jornais favoráveis a ela, Última Hora, claramente no campo governista, e Jornal do Commercio, cujo proprietário era San Tiago Dantas, intelectual e deputado federal pelo PTB de Minas Gerais.

A discussão apresenta como um de seus marcos a série de matérias O que Será do Rio?, organizada pelo Correio da Manhã, um dos jornais mais influentes do País na época,[5] e publicada entre os meses de julho e agosto de 1958.[6]

Reunindo 33 reportagens, com opiniões de figuras expressivas da cidade do Rio de Janeiro e da Velha Província – cientistas sociais, deputados, ex-prefeitos e empresários, entre outros –, a série discute os possíveis rumos econômico-sociais dos territórios carioca e

---

5 Sobre a hierarquia dos jornais do Rio na década de 1950, o jornalista Villas-Boas Corrêa afirma, em depoimento ao CPDOC: "Se vocês quiserem uma hierarquia, é o seguinte: havia mais ou menos 17, 18 jornais no Rio. Certamente, disparado, o Correio da Manhã era o mais importante, com mais peso político; o Diário de Notícias era o segundo, pela respeitabilidade, era um jornal mais duro, menos malicioso" (Ferreira, 1998, p.45).

6 Veja a transcrição das matérias de O que Será do Rio? em Silva (2004, Anexo).

fluminense após a transferência da capital e as alternativas institucionais existentes. Entre essas, apresenta-se a possibilidade de fusão entre a Velha Província e a região carioca, a criação do Estado da Guanabara e propostas de menor repercussão, como a manutenção desse espaço como um segundo Distrito Federal, ao menos por um período adicional de dez a 15 anos.

Os discursos dos defensores da fusão e da criação do novo Estado da Guanabara seguem linhas de raciocínio e argumentações bastante diversas, apresentando, no entanto, uma preocupação marcante com a precariedade das informações, análises e propostas relativas à nova institucionalidade.

Essa preocupação é destacada em texto editorial do Correio da Manhã de 20 de agosto de 1958, que procura sintetizar os debates até então:

> Embora a alguns se afigure viável financeiramente, a instituição do Estado da Guanabara ...é na verdade problemática e entre as apreensões que suscita a muitos [está a de] emergir no caos completo, principalmente se a sua criação não se transferir para daqui a anos, procedendo-se previamente a estudos aprofundados e decididos com vista a conferir uma estrutura realista ao novo estado.

No mesmo sentido, apresenta-se o depoimento do geógrafo Pedro Geiger, em matéria do Correio da Manhã, de 20 de julho de 1958, que expressa a preocupação com a necessidade de criação de uma comissão de técnicos para estudar a fusão do Estado do Rio com o Distrito Federal, conforme transcrevemos a seguir:

> Enquanto não houver uma comissão de economistas, sociólogos, geógrafos, técnicos em administração e juristas constituída especificamente para estudar o assunto em profundidade, será deveras difícil dizer algo

de concreto sobre ele – declarou-nos o geógrafo Pedro Geiger, com análises exaustivas sobre a Baixada Fluminense e problemas de vizinhança entre o Estado do Rio e a metrópole carioca, quando lhe levamos a questão do futuro do Distrito Federal em face de seu programa e aprazada transferência para Brasília.

Como sublinhado na edição de 20 de agosto de 1958 do mesmo jornal, a tese da fusão tem a preferência da maioria dos entrevistados em sua série de reportagens sobre o tema:

> De certo modo não deixou de surpreender a quantidade e a qualidade de pontos de vistas favoráveis à fusão, já que a criação pura e simples da "Guanabara" é o que está previsto na Carta Constitucional.[7]

Inicialmente, entre os argumentos em defesa da fusão, podemos citar o fato de que, historicamente, a região carioca e fluminense compõe um único espaço do ponto de vista institucional, desde 1565, quando teria sido instituída a Capitania Real, até a criação do Município Neutro, em 1834, que separa institucionalmente a cidade do Rio de Janeiro da Velha Província.

Outro argumento apresentado é o pequeno território do então Distrito Federal, o que traria dificuldades relativas à geração de energia, produção agrícola e abastecimento e falta de terrenos para indústrias de maior porte – que já viriam liderando o processo industrial brasileiro nos anos 1950. Essa posição, conforme veremos a seguir, é amplamente divulgada pela Federação das Indústrias do antigo Distrito Federal e, depois, pela Federação das Indústrias do Estado da Guanabara, como sua principal linha de argumentação relativamente à defesa da fusão.

---

7 A tese de criação do Estado da Guanabara quando da transferência da capital é prevista nas constituições de 1891, 1934 e 1946, sendo omissa com relação à transferência da capital a Constituição "Polaca" de 1937.

A fusão também é defendida com base na idéia de que a unificação da estrutura de administração pública propiciaria ganhos de escala e economia de recursos. Defensores da fusão alegavam que a criação do território fluminense poria fim ao "privilégio" do antigo Distrito Federal de valer-se de tributos estaduais e municipais para uma única área urbana, dando margem a gastos supérfluos, com finalidades clientelistas e eleitorais.

Em depoimento ao Correio da Manhã, publicado em 19 de julho de 1958, o geógrafo e geólogo Alberto Ribeiro Lamego[8] observa que, apesar de a região encontrar-se extremamente carente em infra-estrutura e serviços públicos, cerca de 90% do orçamento eram empregados em despesas de pessoal.

A deficiência da infra-estrutura e dos serviços públicos do Distrito Federal é também fartamente mencionada nos depoimentos colhidos em consulta à sociedade civil realizada por Sette Câmara ao tornar-se governador provisório da Guanabara. A consulta visava à elaboração de uma agenda e uma proposta de desenvolvimento econômico-social para o novo espaço institucional. A agenda que surge como resultado dessa consulta coincidirá fundamentalmente com as políticas e prioridades dos governos Carlos Lacerda e Negrão de Lima.

Do ponto de vista político-fiscal, contrapondo-se às preocupações existentes na Velha Província com uma possível concentração de recursos na capital do novo estado, caso houvesse a fusão, apresenta-se o argumento de que isso não deveria ocorrer porque haveria pressões para investimentos mais eqüitativos, via representação parlamentar e social.

Nessa mesma linha de raciocínio, o Diretório Regional de Geografia do Rio de Janeiro,[9] o professor Diogo Lordelo de Me-

---

8   Autor das obras *Setores da evolução da economia fluminense* e *O homem e a Guanabara*, que, segundo o Correio da Manhã, teriam se transformado em clássicos.

9   Depoimento publicado na edição de 30 de julho de 1958 do Correio da Manhã.

lo[10] e o geógrafo Fábio de Macedo Soares Guimarães[11] ponderam que o município de São Paulo, com três milhões de habitantes, vinha sobrevivendo somente com recursos tributários municipais e, segundo Diogo Lordelo, com um orçamento três vezes menor.

O inter-relacionamento entre as cidades organizadas no entorno da Baía de Guanabara e na Baixada Fluminense também é utilizado como argumento na discussão, apontando-se as sinergias entre as atividades industriais e agrícolas dos dois territórios. O mesmo raciocínio é desenvolvido por João Paulo de Almeida Magalhães em documento da Fiega (Fiega/Cirj,1969), elaborado em 1969, no qual propõe a fusão.

Nessa mesma linha de análise, coloca-se o peso que a nova região teria no cenário da Federação, por sua importância territorial, econômica, cultural e demográfica. Nesse sentido, trabalham-se argumentos específicos de defesa da fusão focados na idéia de capitalidade, destacando-se desde a possibilidade de articulação das características econômicas e culturais "nacionais" cariocas com um *hinterland* (território do antigo estado do Rio), o que poderia gerar uma potente unidade da Federação, até argumentos curiosos como os que apresentam a idéia de que os habitantes cariocas, depois da importância alcançada, não se conformariam em ser mais uma unidade federativa de tamanho diminuto, ou que, tendo em vista a fama que o nome "Rio de Janeiro" teria alcançado, não faria sentido criar um novo estado chamado Guanabara, sendo melhor a fusão, mantendo-se o nome Rio de Janeiro para o novo estado.

Apresenta-se, também, o argumento de que, na Constituição do Estado do Rio de Janeiro, estaria previsto que, na transferência da capital, haveria a fusão dos dois territórios. Daí podermos supor que, ao menos no momento em que foi votada essa Constituição, existiria a maioria

---

10 Professor de Administração Municipal da Escola Brasileira de Administração Pública da Fundação Getulio Vargas e diretor-adjunto do Instituto Brasileiro de Administração Municipal (Ibam) em depoimento publicado na edição de 23 de julho de 1958 do Correio da Manhã.

11 Em depoimento publicado na edição de 3 de agosto de 1958 do Correio da Manhã.

favorável à fusão na Velha Província, alimentando uma idéia contrária à existente nos dias atuais de que, do ponto de vista político, naquela região, sempre ocorrera um pensamento majoritariamente crítico à fusão.[12]

Quanto à inscrição da criação do Estado da Guanabara (EGB) nas constituições, respectivamente, de 1891, 1934 e 1946, sustenta-se que – conforme apresentado pelo general Segadas Vianna no Correio da Manhã – teria se colocado a instituição do Estado da Guanabara, quando da criação do espaço no Planalto Central, muito mais pela ligeireza e descrença com que a hipótese de transferência da capital seria tratada do que por uma análise de que, para o futuro e o desenvolvimento desses dois espaços, seria melhor a existência institucionalizada de dois territórios. Parece-me interessante reproduzir a seguinte passagem de seu depoimento:

> Quanto ao Congresso, a explicação de haver introduzido tal dispositivo de 34 e 46 prende-se a duas razões que não mais existem na atualidade. A primeira é que naquelas épocas ninguém acreditava na mudança da capital, já preconizada na Constituição de 91 ao proclamar a República. A segunda é que não parecia conveniente perder o apoio de alguns políticos interessados, fluminenses e cariocas, com discussões acaloradas relativas a um dispositivo que parecia inócuo, diante de outros assuntos mais importantes e de interesse coletivo, prolongando assim, sem proveito imediato, o prazo para a feitura da lei básica.[13]

Do ponto de vista dos defensores da criação do Estado da Guanabara, podemos apresentar, inicialmente, a alegação de defesa da manutenção do preceito constitucional das constituições de 1891, 1934

---

12 Além disso, ao contrário da memória atual de que nunca teria existido maioria política na cidade do Rio de Janeiro, pró-fusão, podemos detectar, pela dissertação de mestrado de Mônica Piccolo Almeida (1996, p.186), que foi apresentada, na Câmara de Vereadores do Distrito Federal, em 1956, uma Moção de apoio à fusão assinada por quase todos os líderes de partidos.

13 Depoimento publicado na edição de 24 de julho de 1958 do Correio da Manhã.

e 1946, que previam a criação do estado quando ocorresse a transferência da capital federal para Brasília.

Outro argumento adotado por esses defensores é o de que o antigo Distrito Federal já viria gastando uma parcela significativa de sua receita tributária com o funcionalismo existente, gasto este que teria de ser arcado pela nova unidade federativa, caso ocorresse a fusão. Dessa forma, a cidade do Rio de Janeiro perderia parte dos impostos estaduais arrecadados pelo Distrito Federal – sobretudo o Imposto sobre Vendas e Consignações (IVC) –, que seriam aplicados no novo estado como um todo, gerando, assim, uma situação de extrema dificuldade na Belacap.

Existem também argumentos que partem do mesmo fato antes citado, de que a estrutura administrativa do antigo Distrito Federal estaria bastante precária, mas que, por serem oriundos da Velha Província, preocupam-se, ao contrário, com uma possível transferência de recursos obtidos no antigo Estado do Rio de Janeiro (ERJ) pela força política que passaria a existir na cidade do Rio de Janeiro, caso fosse criado o novo ERJ. É curioso assinalar a existência, no final dos anos 1950, de argumentos que aparentemente indicam a maior precariedade da máquina carioca em relação à fluminense. Debate totalmente invertido quanto à análise que se faz no período pós-1974, sobretudo a partir dos anos 1980.

O geógrafo Fábio de Macedo Soares Guimarães, defensor da fusão, comenta em seu depoimento ao Correio da Manhã, publicado em 3 de agosto de 1958:

> O curioso é que, parece, ambas as partes estão com medo uma da outra. Há cariocas que receiam prejuízo para a cidade e fluminenses que temem justamente o inverso. Com a fusão só há três hipóteses a considerar-se, do ponto de vista financeiro: 1. Somente a cidade do Rio de Janeiro lucrará; 2. Somente o estado do Rio de Janeiro lucrará; 3. Ambas as unidades lucrarão.

A quarta hipótese, a de que ambas as unidades tenham prejuízo financeiro, é a única inadmissível, pois que um só aparelhamento político-administrativo custará menos do que dois. Há, no entanto, assustados de ambos os lados, o que indica claramente não estar o assunto satisfatoriamente estudado.

Mas nem tudo se pode resumir nessa contabilidade um tanto mesquinha. Muito mais importante é o aspecto propriamente econômico (e não meramente financeiro). Pergunta mais relevante se poderá fazer: o que favorecerá mais o desenvolvimento econômico das duas unidades?

Entre os defensores da criação do Estado da Guanabara, apresenta-se ainda a idéia de que, para que houvesse sinergias econômicas entre o novo estado da Guanabara e a área geoeconômica do território fluminense, não seria necessária a criação de um único estado.

Outra linha de argumentação advogava que, em vez de se criarem estados maiores por meio de fusões, seria recomendável rever a divisão político-administrativa do Brasil, procurando-se evitar que continuassem a haver unidades da Federação com grande predominância territorial, política, econômica e social sobre as demais.

Havia também os que defendiam a criação do Estado da Guanabara com base na história de capitalidade deste território. Em seu depoimento ao Correio da Manhã de 22 de julho de 1958, o engenheiro Paulo Novaes ressalta a importância e a particularidade da organização cultural e política do Rio e afirma que as dificuldades administrativas que ocorreriam nas gestões do antigo Distrito Federal decorreriam em especial de como ele se organizava institucionalmente, o que poderia ser superado pelo arranjo autônomo da nova unidade federativa.

Na mesma linha, o sociólogo José Arthur Rios, que posteriormente trabalharia no governo de Carlos Lacerda, argumenta em seu depoimento ao Correio da Manhã de 6 de agosto de 1958:

Quer queiram, quer não, os mineiros que agora "opressivamente" nos governam e os fluminenses que hospedamos cordialmente, mas que ainda não nos governam, o Rio de Janeiro através de sua história, graças ao seu desenvolvimento social, por ter sido a Corte e depois a capital republicana, possui características psicológicas que devem ser preservadas, que enriquecem a cultura nacional e que perderia se fossem diluídas numa coisa que não existe, a mentalidade fluminense.

Rios afirma também, no mesmo depoimento, que, com a criação do Estado da Guanabara, a região não perderia as funções de grande cidade que vinha exercendo.

Não acreditamos, sequer, que venha a sofrer diminuição no ritmo de crescimento de sua população. Desejaríamos que isto sucedesse, mas a simples transferência da capital não parece modificar os fatores de crescimento atuais de nossa metrópole, nem o sentido geral do processo de urbanização.

Os partidários do Estado da Guanabara preocupavam-se também com uma possível perda de expressão por parte dos habitantes da Velha Província, tornando-se a região uma *zona norte do futuro estado*.[14] Isto porque, caso fosse criado o Estado do Rio de Janeiro, nele predominariam os interesses existentes no então Distrito Federal, dado que seus grupos políticos estariam mais bem-organizados.

Há ainda os que sugerem opções à criação do Estado da Guanabara e à fusão, como o adiamento da transferência da capital e a criação de um segundo Distrito Federal no território carioca, ao menos por um prazo provisório. Entre eles estava o advogado Thomas Leonardos.

---

14 Entrevista com Edgard Teixeira Leite, membro do Conselho Nacional de Economia, Correio da Manhã, O que Será do Rio?, 31 de julho a 14 de agosto de 1958.

...ninguém de bom senso pode acreditar que a mudança da capital da República para Brasília possa, na realidade, se completar integralmente na data fixada em lei, ou seja, em 21 de abril de 1960. Haverá, sem dúvida, a mudança simbólica, se tal data não for adiada. Talvez, mesmo, ocorra a transferência dos três poderes da República, com órgãos básicos da estrutura financeira do País: Ministério da Fazenda, Banco do Brasil etc. Levar, porém, toda a administração federal do Rio de Janeiro para Brasília, em tão curto espaço de tempo, seria lançar o país ao caos financeiro e à confusão administrativa.[15]

Dessa forma, e tendo em vista os argumentos da capitalidade da região, Leonardos faz, ainda, no mesmo depoimento, a seguinte afirmação:

Por outro lado, a cidade do Rio de Janeiro já tomou feição tão particular – pelo fato de ter sido a capital do Império e de continuar sendo a capital da República – dentro da Federação brasileira, que ela hoje se distingue, claramente, não só da Velha Província fluminense como dos demais estados da União. Seria lançar confusão sobre confusão pretender anexá-la simplesmente ao Rio de Janeiro.

....

Durante muitos anos, ainda, os serviços federais do País, em sua maioria, terão que continuar sediados aqui e, assim, nada mais natural, nem mais lógico, nem mais certo, que o Rio continue sendo um segundo Distrito Federal do Brasil, até que, sem atropelos, sem desequilíbrios e sem abalos, a administração pública vá paulatinamente transportando-se para o Planalto, num período, digamos, de 10 a 15 anos.

---

15 Depoimento publicado na edição de 15 de agosto de 1958 do Correio da Manhã.

O debate, que em 1958 ganhou os jornais, estendeu-se para a tribuna parlamentar nos anos seguintes. Ao analisar as visões dos parlamentares, Marly da Silva Motta observa, entre outros aspectos, que, tal qual as perspectivas dos atores sociais divulgadas pela mídia e apresentadas de forma organizada na série do Correio da Manhã, as opiniões do Legislativo também tinham pouca consistência, pois se baseavam em pressupostos bastante pontuais, sem construir uma clara visão hegemônica social, ou mesmo partidária, sobre o futuro dos territórios carioca e fluminense após a mudança da capital. Segundo Motta (1997, v.4, p.196), isso decorreria, em parte, da dificuldade de se formar uma visão alternativa sobre a complexa questão que era definir qual "identidade política deveria ser adotada pela 'grande capital do Império e da República'." Por outro lado, a ausência de uma formulação clara e consistente adviria da imbricação e da ambigüidade da organização político-institucional do Distrito Federal.[16]

Segundo Motta (idem, p. 166): "Tal como nos debates em 1958, foi ao sabor de avaliações pontuais que os políticos se definiram em favor de uma ou outra solução para o futuro do Rio de Janeiro".

Esse aspecto tem uma relevância fundamental, o que pode ser constatado, por exemplo, em Dulci (1999), no qual o autor estuda a política mineira no período de 1946–60 e argumenta, conforme destaca José Murilo de Carvalho na Apresentação, que Minas teria atravessado, a partir dos anos 1940, um processo de recuperação econômica relativamente a São Paulo, "em que o fator decisivo é a capacidade política das elites periféricas [com respeito ao centro econômico brasileiro instalado em São Paulo] de se unirem em torno da formulação e da implementação do projeto de desenvolvimento".

---

16 Na interpretação da autora, a ênfase recai sobre a dificuldade de definir a nova identidade da cidade-capital e na imbricada e ambígua organização político-institucional do Distrito Federal. Diferentemente, desejamos aqui enfatizar a precariedade do debate, no que tange aos temas locais, pela forma como se constróem hegemonicamente os interesses econômicos, políticos e sociais da cidade do Rio de Janeiro e pela forma como se normatiza a política local.

Marly Motta entende, no entanto, que poderíamos analisar o debate na mídia e o debate parlamentar pelos seguintes parâmetros: a história de capitalidade da cidade do Rio de Janeiro – elemento fundamental do debate, tendo em vista o passado de cidade-capital do Rio de Janeiro –, levantada tanto por defensores da criação da Guanabara quanto por defensores da fusão ou por aqueles que sustentavam a existência de um segundo Distrito Federal; a luta autonomista que havia na cidade; os interesses eleitorais de curto prazo dos parlamentares de cada partido, tendo em vista sobretudo as avaliações sobre seus possíveis posicionamentos e resultados em termos de espaço político-eleitoral em relação às possíveis alternativas institucionais; e a forma ambígua e incompleta como se dá a construção da institucionalidade local carioca.

Os defensores da transformação do então Distrito Federal em Estado da Guanabara vêem na questão da capitalidade razão para defender a singularidade da transformação da cidade do Rio de Janeiro em *cidade-estado*, considerando-se a particularidade de sua trajetória, ao passo que, os defensores da fusão julgam que a história de capitalidade indicaria como caminho a criação de um poderoso estado, que unisse as características cariocas ao seu *hinterland*.

> Alguns postulavam que a capital do novo estado fosse deslocada para cidades próximas ao centro geográfico fluminense, como Petrópolis ou Friburgo. Entre eles, estava o geógrafo fluminense Alberto Lamego, que em seu depoimento ao Correio da Manhã defendia a idéia, argumentando: "Continuaria o Rio como o grande centro comercial que já é, e se evitariam maiores agitações políticas aqui. Pois não é esse um dos motivos para a transferência para Brasília?"(Motta, 1997, v. 4, p. 159).

Nesse caso, de acordo também com outras análises de personagens do antigo Estado do Rio, articula-se a análise da história de capitalidade e importância da cidade do Rio de Janeiro à proposta da fusão e à preocupação com um possível "esmagamento" da Velha Província.

Já para os cariocas que defendem a fusão pela ótica da capitalidade, o apelo seria "conceder a uma grande capital um território condizente com a sua elevada classe" (idem, p.161).

Segundo Marly Motta (idem, p. 151), os políticos cariocas estariam muito mais preocupados com a defesa da autonomia do território do que com a "ameaça" de perda da capital. Argumentariam que o Rio de Janeiro não perderia, com a transferência da capital, a sua centralidade e continuaria a ser o cérebro e o coração do País, deixando, apenas, de ser o Distrito Federal, "função que só lhe teria trazido 'dissabores'", tendo em vista a intervenção aqui existente.

A essa idéia parece-me que subjazia a percepção, muito presente na região, de que o Rio de Janeiro continuaria sendo a *capital de fato*, e, portanto, a transferência só lhe traria benefícios, pois ganharia autonomia mantendo a capitalidade.

As visões e propostas construídas com base nos interesses eleitorais e nos arranjos políticos poderiam ser observadas, por exemplo, no fato de o então deputado federal por Minas Gerais Afonso Arinos ter proposto a fusão como reação à articulação entre o PTB do antigo Estado do Rio e a UDN para as eleições de 1958. Os partidos que eram, tradicionalmente, ferrenhos adversários, naquele momento travavam uma batalha pela eleição para o Senado do Distrito Federal por meio das candidaturas do próprio Afonso Arinos (UDN) e de Lutero Vargas (PTB), este simbolizando o trabalhismo e o getulismo.

No mesmo sentido, é interessante notar que Carlos Lacerda (1978, p. 235), que viria a eleger-se governador da Guanabara em 1960, posiciona-se naquele momento contrário à fusão, apesar de, posteriormente, em um depoimento analítico, citá-la com simpatia:

> A fusão é uma velha idéia que propus quando era governador. Propus que os dois governadores, o do Estado do Rio e o da Guanabara, renunciassem e houvesse uma nova eleição para um estado reunido.

Da mesma forma, José Gomes Talarico, personagem da política carioca, proporia a criação de um segundo Distrito Federal, tendo em vista a sua interação com a máquina pública da capital. Já no PTB do Distrito Federal, Talarico se posicionaria contra a fusão proposta por Afonso Arinos. No entanto, Marly Motta (1997, v. 4, pp. 155 e 156) frisa:

> Nem a tendência de apoio à fusão manifestada em determinados setores udenistas do Distrito Federal e do Estado do Rio, nem a franca simpatia dos petebistas pela Guanabara significariam que o debate sobre o futuro da cidade do Rio de Janeiro tivesse sido polarizado entre estas duas correntes – UDN/fusão X PTB/Guanabara. Isto, porque, embora os interesses políticos mais imediatos tivessem esse papel polarizador, o ponto central que comandou a discussão sobre o futuro do Rio de Janeiro foi o lugar a ser ocupado na Federação pela centenária capital. Ou seja, o X do problema, capaz de dividir petebistas e udenistas, defensores da fusão e "guanabarinos", era descobrir que identidade política deveria ser adotada pela "grande capital do Império e da República".

Ainda segundo Marly Motta, o último parâmetro a ser pontuado no debate do final dos anos 1950 sobre os rumos do antigo DF derivaria da forma ambígua e incompleta como fora construída a institucionalidade local carioca, o que contribuiria para que os rumos da região que deixaria de ser capital – conforme previsto em lei, a partir de 21 de abril de 1960 – estivessem extremamente indefinidos até às vésperas da mudança. A decisão institucional formal só se daria pela Lei

3.752, de 14 de março de 1960, conhecida como Lei San Tiago Dantas,[17] no mês anterior à mudança do Congresso Nacional para Brasília. Marly Motta (1997, v. 4, p. 153) pontua que, segundo o alerta de Lopo Coelho, deputado carioca do Partido Social Democrático, essa região "boiaria no ar", pela ainda indefinição no primeiro trimestre de 1960:

> O futuro da então capital federal, "caixa de ressonância" das questões nacionais, com a população alfabetizada e concentrada no meio urbano, representando um dos mais expressivos contingentes eleitorais do país, envolvia uma intrincada rede de interesses político-partidários que, como ficou evidente nas eleições de 1958, partia do nível federal e se irradiava pelas estruturas estadual e local.

Assim, a inexistência de uma legislação que tornasse possível definir com exatidão a situação desse território após a transferência da capital pode ser atribuída, em parte, aos impasses, incertezas e interesses políticos que qualquer mudança atravessa – sobretudo em um momento em que se redefine um novo papel institucional formal da "grande capital do Império e da República" – e ao já ressaltado caráter ambíguo da identidade política da capital republicana.

O editorial do Correio da Manhã de 6 de abril de 1960 apresenta uma boa visão do clima de apreensão que vigorava a apenas duas semanas de a cidade do Rio de Janeiro deixar de ser a capital:

> Separa-se a União do Rio, mas em que estado civil fica o Rio? Divorciado, desquitado, apenas abandonado, depois de dois séculos de ligação legal, deixando aqui essa incerteza de autonomia, fusão, intervenção.

---

17 É curioso assinalar que San Tiago Dantas é o autor não só da lei que cria a Guanabara, mas, também, por solicitação de Juscelino Kubitschek, da proposta básica da Lei 2.874, de 19 de setembro de 1956, que viabiliza a concretização de Brasília. (Kubitschek, 1976, v.3, pp. 80 e 81).

Marly Motta descreve a indefinição legal que reinou até o início dos anos 1960:

> Além da vaga indicação constitucional de que, após a transferência da capital, o Rio de Janeiro deveria se transformar no Estado da Guanabara, não havia nenhuma outra definição quanto ao futuro ordenamento desse espaço. ...Os dois textos legais que tratavam do tema – a Constituição de 1946, indicando a criação do estado da Guanabara, e a Emenda n. 2, prevendo eleição direta para a Prefeitura do Rio em 1960, pecavam pela excessiva generalidade.

De 1958 a 1960, verificaram-se duas tentativas de definir a nova institucionalidade da cidade do Rio de Janeiro. A primeira tentativa ocorreu em 1958, a partir de uma Comissão Mista criada pelo Congresso Nacional para detalhar a institucionalidade formal da nova capital e, também, a institucionalidade formal da futura ex-capital federal. Os aspectos relativos ao primeiro tema foram equacionados na legislação votada em maio de 1959, mas a Comissão, cujo relator era o senador Jefferson Aguiar, não chegou a equacionar as questões relativas ao Rio. A segunda tentativa acontece com a emenda constitucional apresentada pelo deputado federal Menezes Côrtes, a qual não chega a entrar em votação.[18]

É nesse ambiente de incertezas que o deputado federal San Tiago Dantas (PTB-MG), na sessão de 22 de fevereiro de 1960, nos es-

---

18 Segundo Motta (2000), essa emenda propunha a confirmação da criação do Estado da Guanabara e a realização de um plebiscito na Guanabara e no Estado do Rio de Janeiro, em 1960, para consultar os eleitores sobre a hipótese da fusão. O plebiscito coincidiria com o momento da eleição direta do governo dessa nova unidade federativa e, caso a proposta saísse vitoriosa, haveria, em 1962, eleições para o governo da nova unidade federativa. De acordo com a autora, tal proposição, que inicialmente contaria com ampla maioria do Congresso – tendo sido apresentada pelo então vice-líder da UDN, Menezes Côrtes, com aval do presidente nacional do PSD, Ernani do Amaral Peixoto – não obteve êxito, a partir da oposição apresentada pelo deputado federal pessedista Nelson Carneiro. A Emenda, cuja aceitação se devia somente à premência de uma definição e à possibilidade de caos e de intervenção federal na nova unidade, a partir da transferência em 21 de abril de 1960, passa a sofrer forte contestação e a não obter *quorum* para votação.

tertores da transferência, apresenta um substitutivo, com base em vários projetos anteriores, propondo a criação do Estado da Guanabara. O substitutivo é aprovado na madrugada de 12 de abril de 1960, às vésperas da mudança do Congresso e da capital para Brasília.

Com relação às precariedades, incertezas e dubiedades existentes na região do Rio de Janeiro, quando se trata de discussões locais, é interessante também anotar o depoimento de Lacerda (1978, p. 235), já no final dos anos 1970:

> Aliás, foi uma fusão muito malfeita! Custou tanto para ser feita que pensei que se estivesse gastando esse tempo para aperfeiçoá-la. Mas, ao contrário, levaram tanto tempo que não pensaram nisso. De repente, fizeram-na tal qual tinham feito a mudança da capital, de forma inteiramente improvisada e por isso até agora não conseguiram realizá-la.

Ou, ainda, a análise realizada por Arnaldo Niskier, no final dos anos 1960:[19]

> Durante quase dois séculos, a história do Rio se confundiu muitas vezes com a história do Brasil. A vivência dos problemas nacionais reduziu a pálidos reflexos os problemas locais. Depois da mudança da capital para o Planalto, o povo carioca descobriu que só conhecia de si mesmo e de sua cidade a visão do turista apressado (Guanabara, 1970, p.15).

---

19 Arnaldo Niskier, como secretário de Ciência e Tecnologia do Estado da Guanabara no governo Negrão de Lima – com base na criação do que seria, segundo esse autor, a primeira Secretaria Estadual de Ciência e Tecnologia da América Latina – organiza uma comissão denominada Comissão do Ano 2000, que se estabelece em janeiro de 1969 e tem por objetivo realizar prospecções sobre como seria a cidade do Rio de Janeiro em 2000 e definir uma estratégia de desenvolvimento para a mesma.

Ou seja, é nesse ambiente de *Rio nacional* e precariedade quanto ao debate e à definição de estratégias locais que se inicia o processo de formulação e construção do recém-definido Estado da Guanabara, com o governo provisório de Sette Câmara e também dos governos seguintes, como veremos nos próximos capítulos.

CAPÍTULO 4

Governos Sette Câmara e Lacerda: visões e estratégias (1960–65)

21 de abril de 1960. Na Casa de Saúde Maria de Nazaré, antiga Casa da Mãe Pobre, no Riachuelo, nascia José Luiz, filho de Maria do Carmo Miranda Sena. Nascia junto com o vigésimo segundo estado do Brasil, num dia de outono, por entre o badalar de sinos, o espocar de foguetes, o soar das buzinas, no momento em que a Guanabara iniciava a sua história. As palavras do governador Sette Câmara eram de júbilo: "Cidade maravilhosa, coração e cérebro do Brasil, terra de adoção de todos os brasileiros, cujo progresso é uma condição do próprio desenvolvimento nacional."[1]

A Lei San Tiago Dantas, votada em 12 de abril de 1960, confirma a criação da Guanabara, de acordo com o estabelecido no artigo 4 das disposições transitórias da Constituição de 1946, e prevê a eleição do governador do novo estado para 3 de outubro de 1960. Para o interregno entre a transferência da capital e a posse do novo governador em dezembro de 1960, Juscelino Kubitschek nomeia como

---

1 Em "Dez anos de um quatrocentão." *O Globo*. Rio de Janeiro, 20 abr. 1970, p. 3.

governador provisório o diplomata Sette Câmara, então chefe da Casa Civil de seu governo.

É curioso notar que, entre as razões apresentadas pelo Presidente da República para a escolha de Sette Câmara, retorna a idéia do Rio asséptico e nacional:

> Diante das múltiplas reivindicações, quer do PSD, quer do PTB e, mesmo, do PR – as organizações que me apoiavam –, decidi tomar a atitude que mais convinha aos cariocas: escolher um governador apolítico, inteiramente desvinculado dos interesses em jogo, e pessoa da minha mais absoluta confiança. O escolhido foi o então Ministro José Sette Câmara, chefe da Casa Civil da Presidência (Kubitschek, 1976).

O processo de mudança da capital e o governo provisório de Sette Câmara ocorrem em um cenário que, sob o aspecto econômico, apontava para uma aceleração da perda de posição relativa da economia carioca, especialmente de sua indústria,[2] cuja participação na indústria nacional cai de 15,16% para 13,78%, entre 1950 e 1955, e de 13,78% para 9,66%, entre 1955 e 1960 (veja Tabela 3 no Anexo). Essa perda devia-se, sobretudo, à forma como ocorrera o desenvolvimento capitalista industrial brasileiro do ponto de vista territorial, desde a implantação do complexo cafeeiro em São Paulo; às políticas governamentais federais de fomento à indústria desenvolvidas nos anos 1950, que beneficiam principalmente a economia paulista; e, também, ao fato de que a frente de expansão que se estabelece para a indústria brasileira naquele momento estava vinculada principalmente ao setor de bens de consumo durável, cuja relevância na estrutura industrial carioca era pequena (Motta, 2001, p.236; Magalhães apud Amado, 1970, p.79).

---

2 Fatores bastante focados, como o crescimento do setor metalúrgico no Estado do Rio, a partir da instalação e consolidação da CSN em Volta Redonda, nos anos 1940 e 1950, e o crescimento do setor químico, nos anos 1960, com a instalação da Reduc, fazem com que a indústria da Velha Província, ao contrário da carioca, cresça acima da média nacional, nos anos 1940, 1950 e 1960 (veja Tabela 10 no Anexo).

A Guanabara, portanto, encontra-se em uma posição de acentuada perda de participação na indústria nacional em um momento em que as políticas e atenções estavam voltadas para o desenvolvimento desse setor, tanto no plano nacional – pelos motivos apontados no parágrafo anterior – como no plano internacional – por estarmos em plena Segunda Revolução Industrial e pelo fato de as políticas regionais, derivadas das idéias de autores como Hirschman, Myrdall e principalmente Perroux,[3] estarem focadas no setor secundário.

Segundo todos os depoimentos analisados, do ponto de vista administrativo, a máquina pública local encontrava-se em situação de grande fragilidade gerencial, com graves problemas de infra-estrutura física, por causa do acelerado e desordenado crescimento urbano, como relatava Sette Câmara:

> A deterioração geral das condições de vida urbana, a notória deficiência de seus serviços básicos indicavam à administração provisória a conveniência de atacar de imediato, em diferentes frentes de trabalho, obras de emergência urgentemente reclamadas pela cidade. Crescendo num ritmo de expansão imobiliária desordenado, que procura acompanhar o vigoroso aumento populacional, o antigo Distrito Federal descurou visivelmente de seu planejamento urbanístico, da modernização dos seus serviços de utilidade pública, vivendo numa crise permanente no que toca aos seus transportes coletivos, ao abastecimento de água, à energia elétrica e telefones, à rede urbana e suburbana de esgotos, atrasada de quase cem anos, à pavimentação de suas artérias, à produtividade de sua máquina pública.[4]

---

3 Veja o Capítulo 1.

4 Edição de 1º de dezembro de 1960 do Correio da Manhã, p.3. Esse depoimento faz parte do Fórum Paulo de Frontin, organizado em 1960, pela Associação Comercial [da cidade] do Rio de Janeiro e pelo Correio da Manhã, para discutir a situação, as perspectivas e as políticas para a região.

Além do crescimento acelerado que a capital do País sofria, seja pela elevada taxa de natalidade do período, seja pelas taxas de crescimento da economia brasileira e pelos movimentos migratórios então existentes,[5] era apresentada à época a questão da falta de continuidade administrativa pela ausência de autonomia e mandatos curtos e incertos de seus gestores e, também, pelo forte clientelismo existente no jogo local.[6]

É nesse cenário que se inicia o governo provisório de Sette Câmara, com vigência para o período de abril a dezembro de 1960, realizando, como uma política de curto prazo, uma série de ações emergenciais. Por outro lado, procurando organizar estrategicamente o novo estado, Sette Câmara constrói uma proposta de políticas e de estrutura administrativa que, sugere, sejam implementadas pelos poderes executivo e legislativo estaduais a serem eleitos em dezembro de 1960. Empreende, também, uma consulta à sociedade civil sobre as perspectivas para a cidade após a mudança da capital e as estratégias que poderiam ser implantadas. Os resultados da consulta são consubstanciados no documento "Subsídios para análise e planejamento da ação administrativa", publicado em 1960 pelo Departamento de Imprensa Nacional.

José Sette Câmara abre esse documento analítico e de consulta colocando as dificuldades decorrentes da pequena extensão territorial do novo estado, às quais, segundo ele, sobrepunha-se uma

> elevada percentagem de superfícies onduladas e montanhosas, além da existência de outros acidentes geográficos como amplas lagoas, e da

---

5   A Guanabara apresentava, na década de 1940, de acordo com a Tabela 11 (Anexo), um crescimento populacional 34% acima do que ocorre para o Brasil como um todo. Nos anos 1950, o crescimento demográfico da Guanabara já era próximo à média brasileira e, nos anos 1960, ligeiramente inferior ao nacional. No entanto, o antigo Estado do Rio, que nos anos 1940 mostrava um crescimento populacional ligeiramente inferior ao da Guanabara, passou a apresentar, nos anos 1950-60, um crescimento, em relação ao total Brasil, 33% superior nos anos 1950 e 25% nos anos 1960. Podemos deduzir que, a partir da década de 1950, o antigo Estado do Rio mostrava uma taxa elevada de crescimento populacional, tendo em vista a população que migrou atrás de emprego, sobretudo no mercado carioca, e que, apesar de morar no antigo ERJ, trabalhava e se utilizava bastante dos equipamentos urbanos da cidade do Rio de Janeiro.

6   Sobre o tema, verifique a série do Correio da Manhã "O que será do Rio?"; Cavalcanti (1961) e Fórum Paulo de Frontin (1960).

ponderável imobilização de terrenos em bases militares,[7] circunstâncias que, em conjunto, reduzem a área remanescente utilizada a quase a quarta parte do total (Câmara, 1960, p. 7).

Somadas as dificuldades territoriais, econômicas e administrativas e as advindas da transferência da capital, o antigo Distrito Federal teria ficado em condições de sobrevivência e expansão aparentemente difíceis. No entanto, nas palavras de Sette Câmara, a posição oceânica da região, seu parque industrial "apreciável", disponibilidades de mão-de-obra "razoáveis" e "belezas naturais dificilmente encontradas em outras partes do mundo" indicavam a solução natural para os problemas econômico-financeiros do estado: "ampliação das atividades portuárias, desenvolvimento industrial e incremento do turismo" (idem, ibidem).

A agenda proposta naquele documento coincidia fundamentalmente com a formulada por Araújo Cavalcanti no documento *Operação Guanabara*, e oferecia, como tema básico de ações, a realização de investimentos na região, visando solucionar os problemas de abastecimento de água, telefonia e infra-estrutura viária, em um momento de grande ampliação e consolidação da indústria automobilística no País. Além disso, propunha investimentos em educação e saúde e na reestruturação do setor público local e de sua máquina arrecadadora.

Do ponto de vista econômico, a agenda centrava-se, basicamente, na criação de uma zona franca no Porto do Rio, ainda com importante participação no comércio de cabotagem e mesmo de longo curso (comércio exterior),[8] e em uma política de indução industrial,

---

7 Segundo dados extraídos pelo Correio da Manhã, de 1º de dezembro de 1960, do Fórum Paulo de Frontin, metade do território da Guanabara pertenceria às Forças Armadas (Correio da Manhã, 1º de dezembro de 1960, p.30).

8 Segundo Lessa (2000), Bernardes (1964) e Magalhães (1969), um dos fatores da queda da participação da economia carioca no total brasileiro seria a perda de relevância do comércio de cabotagem no País, *vis-à-vis* o transporte rodoviário. A questão da importância do Rio de Janeiro como eixo de logística comercial, que se articula ao transporte marítimo, é abordada por Lacerda ao citar a cidade como um "grande empório" (Guanabara, 1965, p. 104).

focada principalmente em zonas ou distritos industriais, sendo que, na consulta que Sette Câmara faz às instituições da sociedade, é citada como exemplo, várias vezes, a cidade industrial de Belo Horizonte, criada no governo de Benedito Valadares e que teria sido viabilizada por Juscelino Kubitschek (1976, pp. 273 e 274) quando governador do Estado de Minas Gerais, no período 1951-55.

Em 18 de abril de 1956, já como Presidente da República, Juscelino, ao comentar uma visita à cidade, revela a importância que dava ao projeto de viabilização da cidade industrial de Belo Horizonte

> Ali [eu] deveria presidir a uma solenidade de grande significação para mim: a inauguração das novas instalações da Companhia Siderúrgica Mannesmann.
>
> Essa empresa estabelecera-se em Minas por iniciativa minha. Quando governador do estado, decidi emprestar à cidade industrial, criada por Benedito Valadares, seu verdadeiro significado. Da cidade industrial, existia apenas o nome. Em pouco tempo, transformei o local. Importantes grupos econômicos ali instalaram suas fábricas. A Mannesmann fora das primeiras empresas a se transferirem para Minas Gerais. No governo do estado, acompanhei passo a passo a montagem da complicada maquinaria – as prensas gigantescas, as fornalhas imensas, os impressionantes altos fornos. E, como presidente da República, retornava a Belo Horizonte naquele momento para presidir a inauguração de novas instalações da grande siderúrgica (idem, p. 48).

Apesar do peso das atividades terciárias na região (algo em torno de 81%, conforme a Tabela 12 constante no Anexo), no documento de Sette Câmara, assim como no de Araújo Cavalcanti e mesmo na plataforma da campanha de Lacerda, a única proposta consistente para o setor de serviços é a organização de uma política de fomento ao turismo.

A tônica atribuída pela agenda ao setor industrial não se deve apenas ao momento nacional, à capacidade daquele setor de gerar sinergias com os serviços e o setor primário, conforme o conceito de *linkages* desenvolvido por Hirschman, nem somente à sua capacidade exportadora, em consonância com a Teoria de Base Exportadora, mas, também, à percepção dos industriais locais de que, pela falta de terrenos e infra-estrutura na cidade,[9] o setor estaria se transferindo para o antigo Estado do Rio, que crescia acima da média nacional.

Esta análise não atribui o peso devido ao processo em curso de desenvolvimento capitalista com centralidade em São Paulo e ao fato de que, nos anos 1950, o carro-chefe da industrialização se dá por meio da indústria de bens de consumo durável, em especial o complexo metal-mecânico, eletroeletrônico e da indústria de base, com menor presença relativa na Guanabara. Não considera, ainda, o fato de que, se a indústria no antigo Estado do Rio apresenta um crescimento nos anos 1940 e 1950 acima da média nacional e apresenta, ainda, um bom desempenho na primeira metade dos anos 1960 (veja as Tabelas 3 e 10 no Anexo), isso ocorre fundamentalmente pelos investimentos estatais realizados pelo governo central, como a criação da CSN e da Reduc.

Na Tabela 10 (veja Anexo), observamos que, ao excluirmos o setor metalúrgico dos resultados das décadas de 1940 e 1950, o crescimento da indústria do antigo Estado do Rio de Janeiro cai para percentuais inferiores ao da média nacional. Portanto, a conclusão de que a Velha Província estaria crescendo acima da média nacional por dispor de terrenos e que bastaria à Guanabara ofertá-los em condições para uso industrial, para estancar a suposta "sangria", desconsiderava os fatores antes mencionados e o fato de a migração de indústrias para o antigo Estado do Rio não apresentar peso significativo, como demonstraremos detalhadamente no Capítulo 6.

---

9   Sobre este assunto, veja Ribeiro (1959); Astel (1967); Astel (1969); Câmara (1960).

É nesse quadro de grande centralidade na proposição de políticas para a indústria bastante focadas na questão de terrenos e infra-estrutura e de pobreza, do ponto de vista analítico e de construção de massa crítica sobre a história e situação desse território – conforme demarcado por Arnaldo Niskier quando diz que, no concernente ao conhecimento sobre a realidade local, o carioca não passava de um turista apressado (Guanabara, 1970, p. 15) – que se processam a campanha eleitoral para governador da Guanabara e as propostas do candidato eleito Carlos Lacerda.

Carlos Lacerda, que lança sua candidatura na convenção da UDN de 30 de julho de 1960, tem toda a sua vida política, como jornalista e parlamentar, construída na cidade do Rio de Janeiro. Membro de uma família com relevante atuação no Distrito Federal e no antigo Estado do Rio, é filho de Maurício de Lacerda, importante político na primeira República, deputado federal pela Velha Província de 1912 a 1920; revolucionário em 1922 e 1924; novamente deputado federal, pelo Distrito Federal; outra vez revolucionário em 1930; membro da Aliança Nacional Libertadora (ANL); e acusado de envolvimento no levante comunista de 1935 (Abreu, 2001, v. III, p. 2.479).

O futuro governador da Guanabara também é neto de Sebastião Eurico Gonçalves de Lacerda, nascido em Vassouras, província do Rio de Janeiro, vereador, deputado estadual, deputado federal e secretário de estado de vários governos,[10] ministro da Viação e Obras Públicas de Prudente de Moraes e ministro do Supremo Tribunal Federal;[11] e sobrinho de dois líderes do Partido Comunista Brasileiro: Fernando e Paulo Lacerda.

---

10 Sebastião Lacerda é secretário da Agricultura no governo de José Tomás da Porciúncula (1892-1894); secretário do Interior e Justiça do estado, em 1896, no governo de Maurício de Abreu (1894-1897); e secretário-geral do Estado, em 1911, no governo de Francisco Oliveira Botelho (1910-1914). Veja *site* da Galeria dos Ministros do Supremo Tribunal Federal – República <www.stf.gov.br/institucional/ministros/republica.asp?cod_min=56> de 7 de agosto de 2003).

11 Veja Abreu (2001, v. 3, p. 2.479) e *site* da Galeria dos Ministros do Supremo Tribunal Federal da República <www.stf.gov.br/institucional/ministros/republica.asp?cod_min=56> de 7 de agosto de 2003.

Ainda jovem, no início de 1934, Lacerda atua como líder emergente no campo da esquerda, aproximando-se da Federação da Juventude Comunista, órgão do PCB. Em 1935, participa do grupo articulador da ANL. O *Dicionário histórico-biográfico brasileiro* do CPDoc da Fundação Getulio Vargas relata a participação do jovem Lacerda em ato público promovido pela ANL no dia 5 de julho daquele ano:

> ...contrariando a decisão majoritária do diretório nacional da organização, ...lê um manifesto redigido por Prestes, no qual o povo era exortado, em tom insurrecional, à luta pelo poder. ...No dia 11 de julho, o presidente Vargas decretou o fechamento da ANL, ...situada no Distrito Federal (Abreu, 2001, v. III, p. 2.979).

Lacerda inicia sua carreira como jornalista, no Distrito Federal, em 1929, escrevendo artigos em uma seção do Diário de Notícias dirigida por Cecília Meireles. A partir de 1938, escreve artigos para a revista mensal Observador Econômico Financeiro. É precisamente um desses artigos que detona seu rompimento com os comunistas, em 1939.[12] Também nesse período, trabalha como jornalista na revista Diretrizes, de Samuel Wainer. Anos mais tarde, Wainer viria a ser seu renhido adversário como editor do jornal Última Hora, fundado em 1951 no Distrito Federal, com o estímulo de Getulio Vargas e com linha editorial próxima às visões da coligação PSD/PTB, hegemônica na política brasileira no correr dos anos 1950.

A partir do final dos anos 1940 e, principalmente, nos anos 1950, Carlos Lacerda consolida-se como principal líder civil nacional da UDN, atuando como jornalista e proprietário do jornal Tribuna da Imprensa, por ele criado em 1949[13] e, também, como político, eleito

---

12 Sobre este polêmico assunto, veja, entre outros, Abreu (2001, v. III) e Dulles (1992).

13 Nos anos 1940, Lacerda atua como jornalista no Correio da Manhã, escrevendo em uma coluna denominada "Na Tribuna da Imprensa". Segundo o *Dicionário histórico-biográfico brasileiro*, Lacerda é afastado do jornal "em *(continua)*

deputado federal com a maior soma de votos nas eleições de 1954 e 1958 (159.707 e 143.012 votos, respectivamente) (Dulles, 1992, v. 1, pp. 194 e 301).

Alcançada a liderança, transforma-se no principal personagem de oposição aos governos Vargas, Kubitschek e Goulart – que atuam basicamente no campo do PTB/PSD –, sendo até denominado "o demolidor de presidentes" (Mendonça, 2002) e apontado como o personagem central nos episódios que antecederam o suicídio de Getulio.

Ainda em janeiro de 1947, é o vereador mais votado do Distrito Federal, com 34.762 votos, e assume o mandato em março seguinte, tendo como uma de suas bandeiras a autonomia política para essa região. Visto que o Senado Federal manteve a intervenção federal na cidade e a lógica institucional anterior vigente, por meio da votação do Estatuto do Distrito Federal em 1947, Lacerda renuncia ao mandato em sinal de protesto, realizando, nessa ocasião,

> um discurso acusando o Senado de ter usurpado os poderes do povo e estabelecido uma verdadeira ditadura do presidente da República sobre o carioca, temendo a oposição no Rio de Janeiro (Abreu, 2001, v. III, p. 2.980).

No início de 1959, Lacerda passa a ser, no interior da UDN, o principal fiador da candidatura do ex-governador de São Paulo Jânio Quadros à Presidência da República nas eleições de outubro de 1960 e lança-se candidato a primeiro governador da Guanabara. Lacerda e Jânio são eleitos em 3 de outubro de 1960[14] e empossados, res-

---

(continuação) conseqüência da publicação de um artigo em que atacava a família Soares Sampaio, ligada por laços de amizade a Paulo Bittencourt, proprietário do jornal" (Abreu, 2001, v. 3, p. 2.980) e, em 1949, cria o jornal Tribuna da Imprensa, nome inspirado em sua coluna anterior.

14 Lacerda (UDN) é eleito em 1960 com 357.172 votos, que representam 35,7% do total de votos, disputando nessa eleição com Sérgio Magalhães (PTB), 334.007 votos e 33,4%, Tenório Cavalcanti (PST), 222.659 votos e 22,3% e Mendes de Morais (PSD), 51.269 votos e 5,1% (Motta, 2000, p. 36).

pectivamente, no governo da Guanabara, em 5 de dezembro de 1960, e na Presidência da República, em 31 de janeiro de 1961.

Logo no início do governo de Jânio – um dos interregnos em que o governador da unidade que se institucionalizava consegue bom entendimento com a esfera federal –, Lacerda obtém importantes acordos em reunião do presidente com os governadores no Palácio do Itamaraty, no Rio de Janeiro. Consegue, por exemplo, o compromisso do governo federal de solicitar, ao Banco Interamericano de Desenvolvimento (BID), prioridade para o empréstimo pleiteado pelo estado para as obras do Guandu e repasses, a fundo perdido, dos recursos relativos ao Fundo do Trigo obtidos pelo governo federal brasileiro ao governo norte-americano,[15] no âmbito do programa da Aliança para o Progresso (Abreu, 2001, v. I, p. 109-111).

No entanto, não se passa muito tempo até que as divergências com Jânio se iniciem. Em 24 de agosto de 1961, Lacerda denuncia, em pronunciamento na televisão carioca, uma conspiração arquitetada por Jânio Quadros e seu ministro da Justiça, Pedroso Horta, afirmando que fora sondado pelo último sobre a possibilidade de uma manobra política que permitisse ao governo estabelecer o estado de emergência.

Sobre o temperamento de Carlos Lacerda, os depoimentos de dois personagens da política brasileira ligados à UDN são esclarecedores. A visão de Dario de Almeida Magalhães – bastante próximo de Lacerda e presidente do Banco do Estado da Guanabara (BEG) em seu governo – é destacada pelo historiador José Honório Rodrigues na introdução da obra *Discursos parlamentares*, de Carlos Lacerda:

> Dario de Almeida Magalhães, figura exemplar pela integridade e inteligência, roubado à política pela advocacia, na excelente magistral entre-

---

15 Sobre esse assunto, veja Motta (2000; 2001).

vista dada a O Estado de São Paulo e publicada em A História Vivida,[16] ao ser interrogado como interpretava o fenômeno Carlos Lacerda, respondeu que Carlos "era uma natureza vulcânica, um passional, com as marcas e os estigmas do temperamental que o tornavam sobretudo instável. Não seria capaz de amor duradouro, mas também não era capaz de ódio. Agia por impulsos e arrebatamentos. Tinha um talento excepcionalmente poderoso, uma espantosa força vital. Reunia todas as qualidades para a liderança política de grande envergadura, mas, como lhe disse mais de uma vez, faltavam-lhe duas importantes: paciência e astúcia" (Lacerda, 1982).

Nos anos 1960, Afonso Arinos de Melo Franco, ministro das Relações Exteriores no governo de Jânio Quadros, representava dentro da UDN, uma visão política bastante distinta da de Lacerda. Seu depoimento é registrado no livro *Partidos políticos e classes sociais: a UDN na Guanabara*, de Izabel Fontenelle Picaluga:

> Em breve, Carlos Lacerda, que tão grande papel havia tido na candidatura de Jânio, surgia como porta-voz principal da resistência dentro da cidadela governista. O desdobramento habitual leva-o ao caminho que sempre tem seguido de investir contra os companheiros, quando não mais existem adversários (p. 139).

No dia seguinte à denúncia de Carlos Lacerda, Jânio renuncia, e a perspectiva da posse de João Goulart, o Jango, abre uma crise político-institucional.

No período presidencial de Jango, as relações entre o governo da Guanabara e o governo federal são de permanente embate. Em 1964, com o golpe militar e a ruptura institucional, Lacerda

---

16 Lourenço Dantas (coord). História Vivida (II). *O Estado de São Paulo*, 1981, p. 221-222.

mostra-se o principal líder civil e avaliza a escolha de Castello Branco como primeiro presidente do novo regime. No entanto, ainda naquele ano, passa a divergir do governo federal. As divergências se davam em duas frentes principais. Do ponto de vista econômico, a política restritiva implementada pelos ministros do Planejamento e da Fazenda, Roberto Campos e Otávio Gouveia de Bulhões,[17] atingia sobremaneira a Guanabara, cuja economia dependia em alto grau dos gastos públicos e cuja indústria estava voltada sobretudo para bens de consumo.[18] Do ponto de vista político, Lacerda acreditava que as eleições presidenciais, previstas para 1965, encontravam-se em risco.

Lacerda, portanto, lança-se candidato a governador, realiza sua campanha, governa e busca construir a nova institucionalidade do novo estado em um cenário de *Rio nacional*, com frágil debate sobre o território e a institucionalidade local e grande radicalização do processo político brasileiro.

No lançamento de sua candidatura, Lacerda, em seu discurso A Cidade Devastada e sua Reconstrução (1963, pp. 147-169), afirma que governaria a Guanabara com base em idéias que, no seu entendimento, constituíam o perfil doutrinário da UDN. Para traçar a proposta de governo, não precisaria mais que percorrer as linhas do programa nacional do partido que levavam a marca da sessão carioca. Nesse discurso, Lacerda procura realizar um contraponto ao campo do PTB/PSD, acusando esses partidos de praticarem políticas oligárquicas e clientelistas e com viés muito centralizador. Apresenta uma proposta de gestão autônoma e modernizadora da máquina pública local – após

---

17 Sobre as críticas de Carlos Lacerda à política econômica de Bulhões e Campos, podemos citar o seguinte depoimento de Mario Henrique Simonsen em Bulhões (1990, p. 220): "Este foi um período em que os membros do governo estavam à flor da pele com os ataques violentos dos órgãos de classe, da linha dura e, principalmente, do Carlos Lacerda, em cima da política econômica."

18 Segundo depoimento de Mario Henrique Simonsen, "o déficit público que em 1964 era de 4% do PIB reduziu-se a 1% do PIB em 1966" (Bulhões, 1990, p. 219-220). Além disso, de 1964 para 1965, o PIB carioca apresentou uma variação negativa em torno de 5,97% contra uma variação positiva da economia brasileira em torno de 0,19%. (Valores projetados com base em dados existentes na revista Conjuntura Econômica de outubro de 1969, com utilização do deflator implícito, disponível nas *Estatísticas Históricas do Brasil – IBGE*, 1990.)

anos de intervenção federal na região –, que teria, a partir de sua eleição, a marca da impessoalidade e da descentralização e que se basearia nos seguintes princípios:

> Luta contra o parasitismo em todas as classes: o especulador, o sinecurista, "o pelego"; fortalecimento dos grupos intermediários entre indivíduos e o Estado, notadamente: a família, cuja estabilidade moral, jurídica e econômica deve ser defendida, as igrejas e comunidades religiosas, cuja liberdade será assegurada, os sindicatos, autônomos e livres perante o poder público, abolindo o paternalismo patronal – direto ou indireto – e a ingerência político-partidária, as cooperativas, que deverão estender-se às zonas rurais, [e] toda sorte de associações de fins lícitos, sobretudo as que visem à educação, à defesa dos interesses coletivos e ascensão do homem à plenitude de seus direitos e responsabilidades (idem, p. 149).

Com base nesse discurso doutrinário, Lacerda faz uma colagem entre o que denomina de práticas clientelistas e populistas do campo do PTB e do PSD – que governam a República no correr dos anos 1950 – e a situação administrativo-gerencial e de infra-estrutura da cidade do Rio de Janeiro, reconhecidamente bastante frágil.

A percepção dessa fragilidade em que se encontraria a cidade carioca está bem presente, não só entre os formadores de opinião, como se vê na série O que Será do Rio? do Correio da Manhã, mas, também, na sociedade como um todo. No carnaval de 1954, a marchinha "Vagalume", sucesso de Vitor Simon e Fernando Martins, descrevia:

> Rio de Janeiro
> Cidade que nos seduz
> De dia falta água
> De noite falta luz.

Tendo em vista a preocupação com as deficiências de infra-estrutura da cidade, a fragilidade de sua máquina administrativa e a relação que se faz entre isso e a falta de autonomia na gestão local, a campanha de Lacerda enfatiza menos o seu tradicional discurso ideológico nacional e, mais, a possibilidade de a cidade do Rio de Janeiro, com uma gestão impessoal e modernizadora da UDN, vir a sofrer um processo de recuperação infra-estrutural e econômica que permitisse reafirmá-la nacionalmente.

O discurso modernizador, com ênfase na gestão, permitia que Lacerda realizasse um movimento duplo. De um lado, quebrava sua imagem de político exclusivamente polemista, "demolidor de presidentes", sem experiência administrativa nem preocupações locais, como se dizia à época. De outro lado, no mesmo movimento, contrapunha-se às políticas do PSD e do PTB, que, segundo a visão conservadora da UDN naquele momento, teriam gerado, pelas práticas populistas, um descalabro administrativo-financeiro no plano local e nacional, a aceleração inflacionária e a estagnação econômica.

Com esse discurso, Lacerda contrapõe-se, também, ao discurso de preocupações nacionais de Sérgio Magalhães, seu principal adversário, a quem acusava de ocupar-se "demais com o 'imperialismo americano' e de menos com a água que faltava nas torneiras cariocas" (Motta, 2003, p. 43). Marly Silva da Motta avalia:

> De fato, em seu primeiro discurso, no dia 9 de julho, Sérgio centrou fogo nas "mudanças estruturais", em especial na eliminação do subdesenvolvimento como principal plataforma de sua campanha. Bastante afinado com o modelo cepalino então em voga no pensamento nacionalista, Sérgio conferiu à industrialização um lugar preponderante em suas propostas de campanha, já que a considerava a alavanca mestra capaz de garantir o desenvolvimento do novo estado (idem, p. 3).

Pelos motivos expostos, Lacerda procurava colar sua campanha à de Jânio Quadros, que, com um discurso extremamente moralista, que enfatizava a "austeridade na gestão" e sua experiência pregressa como prefeito e governador, estava, segundo as pesquisas, mais bem posicionado no processo eleitoral.[19] Nesse processo, o candidato ao governo da Guanabara apresenta-se, ao mesmo tempo, como líder doutrinário e formulador de uma proposta efetiva de modernização e de gestão local, o que poderia levá-lo, inicialmente, ao governo do estado e, depois, em 1965, à Presidência da República, como contraponto a Juscelino Kubitschek, provável candidato.

Propõe, na Belacap cosmopolita, a realização de uma política de austeridade como alternativa às políticas de *descalabro administrativo-financeiro* que teriam gerado a Novacap, opondo políticas impessoais às clientelistas e corporativistas, que seriam hegemônicas no campo do PSD/PTB. Do ponto de vista da proposta de gestão e prioridades, Lacerda salienta a recuperação da infra-estrutura urbana, com acentuadas preocupações com a escassez de água e energia e com a organização do sistema viário e de circulação em uma cidade recortada por montanhas, em um momento em que se consolidam, na economia brasileira, a indústria de bens de consumo durável e o complexo metal-mecânico, este liderado pela indústria automobilística. Além disso, sua preocupação com a questão viária e dos transportes coletivos estava articulada à problemática das favelas,[20] porque a falta dessa estrutura agravaria a necessidade das parcelas de mais baixa renda de buscarem moradia próxima ao mercado de trabalho e ao centro urbano.[21]

---

19 Sobre a situação nas pesquisas eleitorais de 1960 e a colagem que Lacerda procura fazer de sua candidatura com a de Jânio Quadros, veja documentação existente no Memorial Carlos Lacerda – Universidade de Brasília.

20 Veja Lacerda (1963, p. 171).

21 É curioso notar que, apesar da grande relevância atribuída à remoção de favelas e à questão habitacional nas análises sobre o governo Lacerda, de acordo com dados do documento Mensagem á Assembléia Legislativa – Cinco Anos de Governo (Guanabara, 1965, p. 63), ao longo deste governo teriam sido entregues apenas cerca de 20 mil unidades, o que corresponderia ao déficit adicional de dois anos, não tendo sido enfrentado o déficit anterior estimado *(continua)*

Ou seja, propõe a recuperação e a renovação urbana da Belacap, em um momento em que a transformação de Brasília em capital de fato ainda se reveste, na sociedade, de uma extrema descrença,[22] como se observa no discurso proferido por Lacerda em 24 de novembro de 1962:

> O Brasil celebriza-se, neste momento, por ser a nação em que não há conseqüência para nada. Com o que acaba de ocorrer nestes dois anos, qualquer país organizado já se teria precipitado. Aqui, criamos a ilusão de que sairemos sempre por meio de uma nova panacéia, uma droga miraculosa, como a que nos vem oferecer o fazedor de planos que acaba de fechar a sua botica na Sudene para expor a panacéia miraculosa na drogaria de Brasília, ou melhor, aqui mesmo no Rio, neste Rio de Janeiro que continua a ser, modéstia à parte, a disfarçada capital do poder executivo nacional. Pois até a capital federal, neste momento, é uma impostura. Não passa de uma ficção constitucional (Lacerda, 1963, p. 36).

Do ponto de vista das políticas sociais, Lacerda, em seu discurso, dá ênfase à educação, retomando a idéia de que as propostas de políticas sociais já estariam presentes no programa nacional da UDN e que a gestão na Guanabara seria uma etapa para a plena realização deste programa quando da conquista do poder nacional.

> O título 4 do programa da UDN resume: "A Revolução pela Educação": "A UDN promoverá a revolução pela educação, preparando-se intensamente duas ou três gerações para o advento da automatização industrial, da mecanização agrícola e de suas conseqüências culturais" (idem, p. 150).

(continuação) no citado documento em 200 mil unidades habitacionais, e ainda teria havido uma ampliação do déficit habitacional no correr do governo Lacerda.

22 Sobre o assunto, veja, por exemplo, a entrevista de Luiz Alberto Bahia em Silva (2004, Anexo B).

Segundo Lacerda, para alcançar as metas propostas, seria importante "definir com precisão os objetivos a alcançar (água, transportes, esgotos, escolas, telefones etc.)" (idem, p. 153).

Além disso, para gerar recursos tributários, seria necessário, a par da modernização e moralização da máquina fiscal,[23] relançar a economia local. Lacerda compromete-se com a adoção de três medidas que considerava decisivas: a criação da Secretaria-Geral de Economia, a criação de um porto livre no Rio de Janeiro e o estabelecimento de condições favoráveis à fixação e à expansão industrial no estado.

Ou seja, para a recuperação da Belacap seria de fundamental importância redinamizar sua economia, que, para tanto, contaria com uma política estadual capitaneada por uma Secretaria-Geral de Economia, a ser criada, tendo como prioridades básicas a utilização do porto do Rio como porto livre e o estímulo à redinamização industrial, fundada, sobremaneira, na criação de zonas industriais. Sobre esse tema, parece-me importante destacar os seguintes três textos de seu discurso:

> Localizaram-se as indústrias de equipamento, como a de automóveis, principalmente no Estado de S. Paulo, onde se criaram condições que não foram criadas aqui precisamente por ser o Rio, então a capital administrativa do país, sem um governo autônomo. Interessado em demonstrar que o Brasil, governado do Rio, não tinha solução, o governo Kubitschek não somente não resolveu como agravou todos os problemas do Rio, que foi praticamente abandonado.
>
> ....
>
> Ativar o crescimento industrial do Estado é uma tônica do nosso governo para recuperarmos a Guanabara e dar-lhe um ritmo de largo crescimento.

---

23 Sobre esse assunto, veja, também, a preocupação com a simplificação e modernização da estrutura tributária e da máquina arrecadadora observada na consulta realizada por Sette Câmara.

> A criação da zona industrial se imporia para impedir o êxodo de indústrias para os vizinhos municípios fluminenses, em conseqüência de uma política tributária errada, de uma política financeira falsa e de uma política econômica inexistente, dos últimos governos que ainda se gabam de sua "experiência administrativa" (idem, p. 164).

Ou seja, a política econômica regional seria fundamentalmente industrial, baseada na criação de uma zona livre, de distritos industriais e de uma infra-estrutura urbana, conforme as propostas hegemônicas existentes na precária agenda carioca e fluminense.

Com relação ao porto, a proposta fundamental refere-se à criação de uma zona livre no porto do Rio de Janeiro, que possibilitasse maior flexibilidade para as indústrias já instaladas ou que viessem a se instalar, como também para uma política de comércio exterior. Tal política se daria, no caso do estímulo às exportações, pela isenção para matérias-primas importadas, que não seriam taxadas à medida que sofressem processos de transformação industrial e fossem reexportadas, e, também, pelo fato de que os produtos importados para uso interno, à proporção que fossem estocados na zona franca, pagariam impostos somente quando fossem usados para a produção destinada ao mercado regional ou nacional. Essa proposta apresenta-se já com força no levantamento realizado por Sette Câmara (1960), que chega a elaborar um projeto de lei relativo à questão.

Lacerda inicia seu governo com uma política de gestão articulada com a plataforma de campanha e com a agenda existente. Sua gestão baseia-se em especial na idéia de modernização e recuperação da Belacap–Cidade Maravilhosa. Termina seu mandato com dois documentos analíticos encaminhados à Assembléia Legislativa, relatando seus cinco anos de gestão, sendo que o mais detalhado deles é aberto com dois breves textos. O primeiro é "Rio – cidade destruída. Guanabara –

estado inviável...", em que procura enfatizar a situação encontrada, conforme relato constante na série O que Será do Rio? e no documento de Sette Câmara. No segundo – "O novo Rio. A nova Guanabara"[24] –, ele ressalta sua obra modernizadora.[25]

Seu governo apresenta como pontos centrais a recuperação da infra-estrutura urbana da cidade e a educação como elemento gerador de modernização,[26] sendo que os itens relativos a *saneamento do meio, urbanização, viação e comunicações* e *educação e cultura* representam cerca de 80% do total de investimentos realizados (Guanabara, 1965, p. 25).

Do ponto de vista das políticas de despesa e receita, para viabilizar a obra modernizadora proposta, Lacerda procura, por um lado, racionalizar a política de gastos e de gestão pública, realizando uma reforma administrativa, a partir da máquina herdada do antigo DF – por meio de proposta à Assembléia Legislativa, em 16 de junho de 1961, na qual constam a criação de novas secretarias e o estabelecimento de uma série de autarquias e sociedades de economia mista, que vêm a ser aprovadas com a Lei 263 de 24 de dezembro de 1962 – e uma política de pessoal que se basearia no mérito e na impessoalidade, realizando, também, uma série de concursos públicos.

Com relação à racionalização dos gastos, Raphael de Almeida Magalhães aponta que esse governo teria implantado uma política de maior controle dos preços pagos a empreiteiros e fornece-

---

24 Todo o tempo, Lacerda procura fazer com que a sua gestão seja um exemplo no plano nacional. Nesse sentido, é interessante assinalar o nome dado à rodoviária por ele construída e até hoje existente junto à porta de entrada da Avenida Brasil, Rodoviária Novo Rio. Essa obra é construída em um período de afirmação do rodoviarismo no Brasil, visando ser marcadamente mais moderna que a anterior e descongestionar o centro da cidade, o que vem a ser uma das marcas políticas da gestão de Lacerda.

25 Veja Guanabara (1965, Mensagem à Assembléia Legislativa).

26 A preocupação com a educação é central no discurso de Lacerda, que, como deputado federal, articulara no Congresso Nacional a Lei de Diretrizes e Bases da Educação, aprovada em 1961. Com relação a esse tema, a análise de seus discursos de campanha, transcritos em Lacerda (1963), mostra que sua linha de argumentação encontra pontos de contato com a atual teoria do capital humano capitaneada por Robert Lucas. (Sobre as teorias relativas ao crescimento endógeno e, em especial, a teoria do capital Humano de Robert Lucas, veja Vasquez Barquero, 1999).

dores em geral, nos processos de compra e contratação, e realizado pagamentos em dia, o que permitiria maior racionalidade.[27]

A política de mérito e impessoalidade, pela qual Lacerda procura contrapor-se às políticas do PSD/PTB, identificadas por ele como clientelistas e oligárquicas, chegaria a incluir o primeiro escalão de governo. Marly Silva da Motta (2001, p. 59) descreve essa prática acentuando que o secretariado de Lacerda não teria contado com nenhum nome de relevo na política.

Para Lacerda, do ponto de vista da gestão, o símbolo mais expressivo de sua obra modernizadora seria o Banco do Estado da Guanabara (BEG), organizado com base na lógica do mérito e da impessoalidade, com a exigência de que todos os seus servidores e dirigentes, exceto o presidente, fossem funcionários de carreira.

Sobre o BEG, que, quando herdado ao antigo Distrito Federal, era o 150º do País, Lacerda afirma:

> ...em 1960 era um banco desconhecido e desacreditado, dominado pela política. Não figurava entre os cem primeiros do Brasil e era, da Guanabara, o último. Hoje é o 8º banco do país e o primeiro da Guanabara, como é natural (Guanabara, 1965, p. 10).

Do ponto de vista do total de depósitos, Lacerda conseguiria uma ampliação de 34 vezes, no correr de seu governo (idem, p. 188), o que dará maior margem de manobra a sua política de crédito. Esse banco, com 7 agências em 1960, contaria com 38 agências em dezembro de 1965. Com relação ao crescimento de depósitos, é importante assinalar a mudança introduzida por Lacerda ao criar contas correntes para os servidores públicos e passar a realizar o pagamento por intermédio do BEG, em vez de efetuá-lo em dinheiro no local de trabalho.

---

27 Veja a entrevista completa em Silva (2004, Anexo B).

Além disso, segundo o depoimento de Raphael de Almeida Magalhães, como parte da modernização, o BEG foi o primeiro banco no País a instituir o cheque garantido, denominado *cheque verde*.

Com relação à política de pessoal, Lacerda convoca concursos públicos que adicionam em torno de 15 mil novos servidores ao estado. A discriminação dos cargos deixa clara a prioridade dada à área de educação.

Professor primário	6 986
Professor primário supletivo	361
Professor ensino técnico	595
Professor secundário	322
Guarda	3.239
Médico	12
Demais cargos	3 736
Total	15 851

Fonte: Guanabara (1965, p. 157).

Por outro lado, Lacerda busca ampliar a possibilidade de recursos, principalmente pela elevação do Imposto sobre Vendas e Consignações (IVC), a obtenção de recursos externos e a elevação da taxa sobre serviços de água e esgoto, que não era reajustada desde 1947 e apresentava um aumento, no início de sua gestão, em torno de 1.800%.[28] Dessa forma e com a racionalização e a modernização administrativa efetuada, teria conseguido reduzir o percentual do gasto com despesas correntes da máquina administrativa de 54%, no início do governo, para 14%, ao término deste (Guanabara, 1965, p. 8).

---

28 Aumento calculado com base em informações constantes em Guanabara (1965, p. 205). A majoração da taxa cobrada sobre os serviços de água e esgoto deve-se à necessidade de revisão de uma tarifa defasada e de obtenção de recursos para investimentos e, principalmente, de geração de recursos para viabilizar a contrapartida de 50% para obtenção de financiamento do BID para a obra do Guandu.

É interessante assinalar que Lacerda chega ao resultado acima ao retirar – em um dos seus quadros analíticos – das despesas correntes aquelas que se destinariam às atividades-fim, como gastos com saúde e educação. Esse trabalho permite distinguir com mais precisão o que seria gasto com atividade-meio daquelas que estariam beneficiando diretamente a população.

Isso possibilitaria, segundo seu depoimento, realizar até comparações entre gastos existentes com atividade-meio nos setores público e privado. Essa linha de análise pode ser verificada, por exemplo, no seguinte trecho de sua prestação de contas ao término do governo:

> Constata-se que a taxa de administração do estado é razoável e compatível com as taxas de grandes empresas. Seria de interesse a adoção de critério semelhante pelos demais estados e municípios do Brasil. Poder-se-ia, então, corrigir situações anômalas ou retificar críticas injustas à Administração Pública (idem, pp. 176 e 177).

Por causa da metodologia descrita, a "despesa com a máquina administrativa" representaria, no início de seu governo, apenas 54% e não os altos valores gastos com pessoal, que, conforme, por exemplo, o depoimento do geógrafo Alberto Ribeiro Lamego na série "O que será do Rio?", ocorreriam na prefeitura do Distrito Federal no final dos anos 1950.

Do ponto de vista da geração de receita, conforme já pontuado, Lacerda apresenta proposta na Assembléia Legislativa, ao contrário do veiculado na campanha (Lacerda, 1963, p. 165), de elevação da alíquota do IVC[29] – que teria uma significação superior a 80% no to-

---

29 É importante, no entanto, assinalar que, segundo dados existentes no documento Guanabara – Análise econômica: aspectos gerais, 1961–1965. Governo Carlos Lacerda. Mensagem à Assembléia Legislativa, no período 1961–1965, os estados de Minas Gerais, Rio de Janeiro e São Paulo também realizam majoração em suas alíquotas de IVC, sendo que o aumento ocorrido nesse período em Minas Gerais e no Rio de Janeiro é superior ao praticado no Estado *(continua)*

tal da arrecadação tributária (Guanabara, 1965, p. 152) – de 4% para 5%, passando a vigorar essa medida a partir do exercício de 1962.[30] Isso, aliado à política de modernização e racionalização da estrutura fazendária (idem, pp. 185, 186 e 187), vem gerar uma elevação real da receita tributária em torno de 30,5%, de 1961 para 1962, e de 50,3%[31] para o período 1960–65, conforme Tabela 13 (veja Anexo). Além disso, o governo obtém recursos externos que representariam, no período 1961–64, 15,37% do total de investimentos realizados.

Por último, mas não menos importante, superando a defasagem da taxa de água e esgoto, Lacerda aufere recursos equivalentes a algo em torno de 13% do total de gastos realizados em investimentos no período entre 1962 e 1965.[32]

Dessa forma, sobretudo em função do ganho tributário ocorrido, da elevação da taxa de água e esgoto, da modernização administrativa empreendida e dos recursos externos obtidos, Lacerda consegue realizar uma política de investimentos que significa 31,47% do total da despesa governamental realizada de 1961 a 1964, apresentando uma forte concentração no período 1962–64, como mostra a Tabela 14 (veja Anexo) (Guanabara, 1965, p. 224).[33]

Se os recursos externos têm uma significativa participação no total de investimentos do período Lacerda, sua empreendedora ges-

---

(continuação) da Guanabara, e, em São Paulo, em termos percentuais, a majoração tem a mesma magnitude da realizada pelo governo Carlos Lacerda, conforme podemos verificar pela Tabela 15 (veja Anexo).

30 A alteração da alíquota ocorre por meio da Lei 72, de 28 de novembro de 1961, e do Decreto 789, do governo do estado, de 28 de dezembro de 1961.

31 A importância da modernização da estrutura fazendária, do ponto de vista da geração de receita, pode ser deduzida do fato de a alíquota do IVC ter sido elevada em 25% e a receita deste tributo ter evoluído, em termos reais, entre 1960 e 1965, em torno de 50%, período em que, segundo dados existentes no Livro do Rio (Magalhães apud Amado, 1970, p. 122), a economia da Guanabara não apresentaria evolução positiva.

32 Dados calculados dividindo-se o total dos investimentos realizados para o período 1962–1965 citados em Guanabara (1965, p. 224) pelos valores da receita industrial (taxa de água e esgoto) para o mesmo período, mencionados em Guanabara (1966).

33 Em 1965, podemos supor que ocorra alguma retração nos gastos com investimento do governo do estado, tendo em vista a forma como a política restritiva do governo federal atinge a economia da Guanabara e a receita pública estadual. No entanto, os relatórios obtidos sobre a questão não chegam a atingir a evolução do último ano de governo. Dessa forma, não sendo essa questão essencial para o presente trabalho, não será aqui detalhada.

tão[34] – presente na memória carioca até os dias atuais[35] – centrou-se em três elementos-chave: a modernização e reestruturação administrativa; a elevação da alíquota do IVC e da taxa de água e esgoto; e a obtenção de recursos externos para investimentos. Assim, o resultado administrativo da gestão de Lacerda não pode ser atribuído somente à obtenção de recursos externos, como se subentende, por exemplo, na análise de Léo de Almeida Neves (2002), entre várias outras:

> Carlos Lacerda elegeu-se em 1960 governador do extinto Estado da Guanabara. ...Realizou fecunda administração, com apoio de empréstimos internacionais sob os auspícios de seus amigos norte-americanos (p. 299-300).

Além disso, a recém-criada Guanabara conta com: recursos federais que advêm da ajuda de três bilhões de cruzeiros, destinados por Juscelino Kubitschek à alavancagem da inauguração do novo estado em 1960; recursos previstos na Lei San Tiago Dantas, para pagamentos de serviços que, até 1960, eram feitos pela União e, a partir de então, são transferidos para a Guanabara; e investimentos do governo federal ao longo da gestão Lacerda. Segundo dados apresentados por Marly Silva da Motta (2001), esses investimentos federais tinham pequeno significado, o que não é de se estranhar considerando-se o quase permanente embate entre Lacerda e o governo federal.

Por último, é importante pontuar o recorrente tema na literatura de que a gestão de Lacerda teria sido bastante facilitada pela

---

34 Gaspari (2003) diz que "O Rio já foi governado por empreendedores como Carlos Lacerda, democratas como Negrão de Lima, homens probos como o almirante Faria Lima. Se hoje a sua política não é a mesma, a culpa não é só dos Garotinho. Infelizmente são deles o último ato e a conta". Ainda segundo Elio Gaspari, "Há estados onde os bandidos fogem dos quartéis pela porta da frente. Também há estados onde os presídios de segurança máxima recebem *pizza-delivery* e o secretário de estado visita delinquentes. Talvez haja estados onde a Secretaria de Fazenda tem um propinoduto que começa na Suíça, e a patuléia, por muito esperta, faz que não sabe onde termina. O que não há, nunca houve, foi um estado onde todas essas coisas acontecessem ao mesmo tempo, numa só administração".

35 Veja Trinta... Veja Rio, (1995, p. 6-14).

existência na Guanabara de recursos advindos de impostos estaduais e municipais, integralmente aplicados no mesmo território, e, também, da autonomia obtida para geri-los a partir de 1960.[36]

Com relação à questão da autonomia, obviamente, vem a ser uma vantagem tendo em vista a menor interferência da esfera federal e, em especial, do Senado,[37] tão presente na política carioca até o final dos anos 1950. Além disso, os prefeitos nomeados pelo Presidente da República no DF até 1960 são demissíveis *ad nutum* e, portanto, têm menos espaço para realizar uma adequada política fazendária, como também captação de recursos e investimentos a mais longo prazo.

No entanto, a vigência, nesse território, de impostos estaduais e municipais, já ocorre nas gestões dos prefeitos do antigo DF, não surgindo, portanto, na gestão Lacerda, nenhuma novidade legal que venha a beneficiá-lo, conforme, entendo, fica subentendido na literatura existente.

Acredito, porém, que seja pertinente a explicação de João Paulo de Almeida Magalhães de que este território, ao contrário dos demais estados que aplicam parte dos impostos recolhidos por seu núcleo central em todos os municípios – seja por motivos legais e/ou de política pública –, poderia vir a se beneficiar do fato de todos os impostos serem gastos na cidade/estado. Assim, essa região pode, a partir da obtenção de sua autonomia e em uma adequada gestão fiscal, vir a ter sua vida facilitada.[38]

No entanto, cabe ainda mencionar que, se toda a receita tributária advinda dos impostos estaduais poderia ser aplicada exclusivamente em seu núcleo central, a Guanabara apresenta, na gestão Lacerda, alíquotas de IVC – que significam cerca de 81% do total da arrecadação tributária da cidade/estado (Guanabara, 1965, p. 212-213) –

---

36 Sobre o assunto, veja, por exemplo, Lessa (2000, p. 354).

37 Veja a entrevista completa com Luiz Alberto Bahia em Silva (2004, Anexo B).

38 Entrevista com João Paulo de Almeida Magalhães por mim realizada em 25 de março de 2003.

inferiores às das demais unidades da Região Sudeste,[39] mesmo após as elevações da alíquota de 4% para 5%, de 1961 para 1962, e de 5% para 5,4%, de 1964 para 1965 (veja Tabela 15).[40]

Do ponto de vista econômico, a política de Lacerda encontra-se centrada sobretudo no fomento industrial – conforme proposto em sua campanha –, excetuando-se, relativamente ao setor serviços, a adoção de uma política explícita de desenvolvimento da atividade turística, apesar do significativo peso do setor terciário no total do PIB carioca.

A política focada no fomento ao setor secundário e na criação de distritos industriais ocorreria por meio da companhia de desenvolvimento industrial, Companhia Progresso do Estado da Guanabara (Copeg), cuja criação já fora proposta no governo provisório de Sette Câmara, que organizara um anteprojeto de sua constituição (Câmara, 1960), é instituída pela Lei 47, de 23 de outubro de 1961, no início do governo Lacerda. Os trabalhos da companhia, que, segundo Lacerda, tinha por objetivo "fortalecer o parque industrial do estado e através dele revitalizar sua economia" (Guanabara, 1970, p. 19), tiveram início em janeiro de 1962.

Acredito que o foco quase exclusivo da política econômica da Guanabara recém-criada no setor secundário, fundado na idéia de que o problema central seria a falta de terrenos e infra-estrutura, possa ser sintetizado no seguinte conjunto de fatores:

- estávamos no auge da segunda revolução industrial e das políticas de substituição de importação pregadas pela Cepal;
- o setor industrial tinha forte presença nos debates sobre os rumos econômicos, não só da cidade do Rio de Janeiro mas, também, do antigo Estado do Rio, como verificaremos ao examinar os documentos *Diagnóstico preliminar da Guanaba-*

---

39 Excetuando-se o Estado do Espírito Santo, cuja alíquota do IVC não se enconta descrita em Guanabara (1965).

40 Além disso, os dados apresentados em Guanabara (1965) mostram que as alíquotas dos demais impostos estaduais e municipais da Guanabara, via de regra, também eram menores do que aquelas das demais unidades federativas estaduais e municipais.

ra (Astel, 1967), *Mapa econômico da Guanabara* (Astel, 1969) e *Documento pró-fusão* (Astel, 1969) no Capítulo 6;

— os efeitos de encadeamento nos setores terciário e primário propiciados pelo setor industrial e sua potencialidade exportadora, gerando efeitos de renda para a região, conforme pontuado pela Teoria de Base Exportadora, base das análises e proposições de João Paulo de Almeida Magalhães (veja o Capítulo 1);

— a expressiva aceleração de perda de participação da indústria instalada na cidade do Rio de Janeiro relativamente à brasileira, nos anos 1950, mais notadamente na segunda metade dessa década;

— o equívoco ao se analisar que a aceleração da perda de participação relativa da indústria carioca nos anos 1950, com o aprofundamento da industrialização brasileira, seria causada principalmente pela falta de terrenos e infra-estrutura, apontando, para tanto, o fato de que a indústria no antigo Estado do Rio viria crescendo acima da média nacional e estariam ocorrendo transferências de indústrias do Estado da Guanabara para lá;

— a crença de que, apesar da mudança da capital, o Rio de Janeiro iria manter-se como centro político, econômico e cultural, e, portanto, continuaria a sediar empresas privadas, e mesmo públicas, tanto as já existentes como as que viessem a ser criadas;[41]

— o peso atribuído às possibilidades de uma política pública regional de fomento ao setor industrial sem se levar em consideração o processo histórico em curso e as vantagens locacionais existentes em cada região do território;[42]

---

41 Sobre o assunto, veja, por exemplo, Astel (1969, v.1).

42 Essa questão foi ressaltada por Delfim Netto em entrevista por mim realizada em outubro de 2003.

– o contraponto que, entendo, Lacerda quer realizar ao desenvolvimento industrial estabelecido centralmente em São Paulo, como também às políticas desenvolvidas por Juscelino Kubitschek não só na Presidência da República mas, principalmente, quando governador de Minas, pela ativação da cidade industrial de Belo Horizonte, criada por Benedito Valadares e presente na memória carioca, conforme depoimentos colhidos por Sette Câmara (1960).

Os equívocos dessa análise são bem pontuados por Lessa (2000, p. 347). Para ele, o diagnóstico do atraso industrial da Guanabara, no início dos anos 1960, havia atribuído singelamente a desvantagem carioca aos elevados preços dos terrenos industriais:

> Prevaleceu uma autoconfiança singela: a Guanabara entregue às suas próprias forças seria capaz de alavancar um desenvolvimento industrial que recuperasse o atraso em relação a São Paulo. Como instrumento para alavancar esta política industrial guanabarina, foi formulada a proposta de instalação de distritos industriais, com terrenos adequados e baratos, e criada uma companhia de fomento, a Copeg, inspirada no BNDE (idem, p. 348).

A idéia de que "a Guanabara entregue às próprias forças seria capaz de alavancar um desenvolvimento industrial que recuperasse o atraso em relação a São Paulo" – que permanece no governo seguinte, como veremos no próximo capítulo – pode ser identificada com clareza no documento elaborado pela empresa de consultoria Montor-Montreal para a Copeg, em 1967, visando à definição de propostas de desenvolvimento para a zona industrial de Santa Cruz:

> Desta forma, para neutralizar-se, pelo menos, esta queda que se registra em termos relativos e absolutos e, portanto, consolidar e fortalecer

o seu setor secundário, deverá caber às autoridades governamentais do estado em foco, as iniciativas de promover e fomentar o seu desenvolvimento industrial, de modo que, vitalizado, através de implantações, ampliações e dinamizações de núcleos e distritos industriais, consolide a sua estrutura e retorne a participar significativamente no cenário da indústria nacional (Montor, 1967, p. III-53).

A ação da Copeg como órgão central da política econômica no governo Lacerda se dá pela criação de distritos industriais – Santa Cruz e Avenida das Bandeiras (atual Avenida Brasil); pelo financiamento de capital fixo e capital de giro; e pelo suporte técnico ao desenvolvimento industrial do setor privado, visando atender, em especial, a pequenas e médias empresas. Propõe, ainda, um critério seletivo e indutor para os setores industriais de maior potencialidade, identificados com base em uma análise e um planejamento elaborados pelo estado. Isto, apesar de tratar-se de um governo eleito pela legenda da UDN, que teoricamente teria uma visão liberal da questão econômica, tendo em vista a valorização do planejamento existente nos anos 1950 e início dos 1960.

Com relação a uma definição de prioridades setoriais na política da Copeg, o estado não pôde realizá-la, tendo em vista o exposto abaixo:

> Não tendo encontrado uma Geografia Industrial da Guanabara que lhe permitisse conhecer minuciosamente o parque industrial existente, sua produção, a relação capital–produto, mão-de-obra ocupada, grau de obsolescência de máquinas e utensílios, e tantos outros dados e índices, decidiu a Companhia estudar os projetos sob todos os aspectos, procurando apurar, em cada um, o mérito individual. Felizmente, a Secretaria de Governo concluiu, no final desse período, o levantamento da Geografia Industrial do estado, o que possibilitará às futuras administra-

ções o estabelecimento de critérios válidos. Não obstante essa lacuna, nenhum grau de prejuízo quanto a utilidade e validade sofreram as aplicações feitas com base em estudos detalhados e proveitosos ainda que individuais (Guanabara, 1970, p. 49).

Do ponto de vista, ainda, da construção de uma política industrial, encontramos expostas no documento *Exposição preliminar sobre o desenvolvimento industrial da Guanabara* – elaborado pela equipe de Lacerda para subsidiá-lo na já citada reunião que Jânio Quadros teria, em agosto de 1961, com todos os governadores, a fim de articular a política federal com as políticas estaduais – as seguintes proposições:

– Criação de um grupo de trabalho permanente entre a COPEG e o Ministério da Indústria e Comércio, no sentido de atender a localização nas zonas industriais, de indústrias nacionais ou estrangeiras que no país se deseja estabelecer;
– Celebração de convênio ...[envolvendo] o estado (Secretaria de Economia) e a União (Ministério da Indústria e Comércio) ..., para construção, em área da zona industrial das Bandeiras, do Instituto Roberto Simonsen, Instituto de Pesquisas Tecnológicas-Industriais, Estudo de Produtividade, Administração Racional etc. (Guanabara, 1961, Exposição Preliminar, pp. 30 e 31).

Entretanto, essas duas proposições, que teriam contribuído para o enriquecimento da política industrial no governo Lacerda, não tiveram continuidade, e, pode-se deduzir que entre os motivos estava a rápida deterioração do relacionamento de Lacerda com o poder federal.

Lacerda propõe, ainda, especificamente, a criação de uma indústria de aço, por iniciativa do governo estadual, no território da Guanabara. Essa indústria, que vem a chamar-se Companhia Siderúrgica da Guanabara (Cosigua), ficaria situada dentro do distrito industrial de Santa Cruz e serviria como alavanca da revitalização do processo industrial no estado como indústria de base, podendo, também, realizar exportações pela baía de Sepetiba, próxima a Santa Cruz.

A Cosigua, cujo processo de organização tem início em 21 de novembro de 1961, somente começou a produzir na primeira metade dos anos 1970.[43] O vácuo entre a constituição dessa empresa, sua construção e entrada em produção para o mercado, explica-se pela oposição do governo federal à criação de uma siderúrgica, tendo em vista a perspectiva de excesso de oferta e, também, a dificuldade de relacionamento entre Lacerda e a esfera federal.[44]

Do início de seu funcionamento, em janeiro de 1962, até 1965, a Copeg recebe do governo do estado cerca de 10 bilhões de cruzeiros (Guanabara, 1965, p. 80), algo em torno de 2,2% do total de investimentos do governo Lacerda no mesmo período (idem, p. 25), para fins de financiamento de capital fixo e capital de giro ao setor industrial.[45]

Segundo Lacerda (idem, ibidem), para o período 1962–65,

> os financiamentos industriais já concedidos, ou seja, os destinados a promover a expansão da capacidade produtiva da pequena e média indústria, totalizaram cerca de 3,5 bilhões de cruzeiros, correspondendo a 97 projetos.

---

43 De acordo com informação obtida em 9 de setembro de 2003 no Centro de Memória da Gerdau, pelo *e-mail* memória@gerdau.com.br, o Grupo Gerdau adquiriu a Cosigua em janeiro de 1971, iniciando a produção em 19 de novembro de 1972.

44 Sobre o assunto, veja a citação de Lacerda sobre o relatório da empresa de consultoria Booz Allen, no qual estaria previsto "que ia haver uma crise de superprodução de aço no mundo e que, portanto, não convinha estimular a instalação de siderúrgicas no Brasil" (Lacerda,1978, p. 306 e Fiega/Cirj, 1969, v. 2, p. 160).Veja, também, relativamente à idéia da dificuldade de relacionamento, Lacerda (1978, p. 233).

45 Os dados relativos ao total de inversões na Copeg referem-se ao período de janeiro de 1962, quando começou a funcionar, até 1965. Já os dados relativos ao total de investimentos, obtidos por meio do citado documento, referem-se ao período 1961–64. Além disso, cabe pontuar que, aparentemente, na tabela sobre o total de investimentos não estão incluídas as inversões do governo na Copeg. No entanto, a comparação desses dados é válida para avaliarmos a ordem de grandeza e a importância relativa.

Comparando o total de financiamentos para expansão industrial, realizado por esse governo no período 1962–65, com a estimativa de inversão de capital realizada pelo setor industrial privado, que monta a um total em torno de 63,6 bilhões de cruzeiros para o período 1962–64,[46] detectamos que os financiamentos de capital fixo da Copeg, no período 1962–65, significam algo em torno de 5,5% do total do investimento privado no período 1962–64. Analisando a significação da Copeg no correr desse governo, do ponto de vista do financiamento do capital fixo ao setor industrial, deduzimos que não atinge montantes que viabilizem a proposição de "relançar" a economia industrial do estado.

Da mesma forma, levando-se em conta a quantidade de empresas atendidas – em torno de 97, conforme afirmado por Lacerda –, verificamos que o número atingido não tem grande significação relativamente ao total de empresas industriais no território – 5.328, segundo o Censo de 1960 –, principalmente quando se considera que o objetivo central era atingir pequenas e médias empresas. Com relação a esse assunto, não podemos deixar de considerar o fato de ser a Copeg uma empresa recém-constituída, ainda, portanto, em fase de consolidação. Do ponto de vista do financiamento de capital de giro às empresas, realiza um total em torno de 6,8 bilhões de cruzeiros, atendendo a 222 contratos assinados. Dessa forma, somando-se os empréstimos para capital fixo anteriormente assinalados e os financiamentos a capital de giro, chegamos ao valor total aproximado já descrito de 10 bilhões (idem, ibidem).

Visando concretizar a política de distritos industriais, Lacerda solicita,

---

46 Dados obtidos em documento da Montor, no Anexo I, quadro GB-24, cuja fonte é Coordenação de Planos e Orçamentos do governo da Guanabara.

em janeiro de 1962, à Agency For International Development (AID), do governo dos Estados Unidos da América do Norte, dentro do programa da Aliança para o Progresso, um pedido de financiamento de US$ 4 milhões[47] destinados à aquisição de terrenos em Santa Cruz e na Avenida das Bandeiras, pertencentes...aos institutos de Previdência e ministérios militares. Apesar do rápido andamento do projeto, que foi aprovado ao início de setembro do mesmo ano, não logrou o contrato a assinatura no exercício por retardamento de cobertura do governo federal, apesar de devidamente aprovado pelos órgãos competentes do próprio governo (idem, p. 36).

Considerando-se o permanente embate entre Lacerda e o poder central, tais financiamentos somente são autorizados pelo governo federal após o início do governo Castello Branco, em 16 de abril de 1964 – num dos raros interregnos de bom relacionamento entre Lacerda e a Presidência da República –, sendo a primeira parcela do recurso liberada em outubro de 1964.

Com essas dificuldades e visando iniciar imediatamente sua política de distritos industriais, Lacerda compra, das áreas já definidas, um total de 7.200.000 m^2 em Santa Cruz e 247.750 m^2 na Avenida das Bandeiras, com recursos orçamentários do próprio governo do estado, ainda no correr do exercício de 1962.

Com relação a esse assunto, é interessante notar que, de acordo com o documento "Exposição preliminar sobre o desenvolvimento industrial da Guanabara", a proposta inicialmente articulada pelo governo estadual seria criar distritos industriais na zona das Bandeiras (Avenida Brasil), com total de 29 milhões de metros quadrados e, em Santa Cruz, com total de 36 milhões de metros quadrados. Esses

---

47 Estes dados correspondem a um valor, em moeda nacional, de cerca de 1.200 milhões de cruzeiros, a preço de janeiro de 1962, segundo a taxa do dólar médio de 31 de janeiro de 1962, obtida no Jornal do Commercio (Biblioteca Nacional).

terrenos seriam quase todos obtidos por meio da cessão de áreas do governo federal.

Nesse documento, afirma-se, ainda, que seria "inteiramente inviável o estabelecimento das zonas industriais de Bandeiras e Santa Cruz sem a cessão à Copeg de alguns dos terrenos federais daquelas zonas" (Guanabara, 1961, p. 30).

Assim, Lacerda, a princípio, tenta obter a cessão de terrenos federais. Depois, possivelmente em função da renúncia de Jânio e da ascensão de Jango, parte para a estratégia de viabilização das zonas industriais por meio da obtenção de recursos externos e da compra de áreas particulares e do governo federal. Como não consegue a autorização imediata do governo federal para adquirir tais recursos, procede, então, à compra, com recursos próprios do governo do estado, de áreas que correspondem a apenas 0,8% da inicialmente prevista para o distrito das Bandeiras e 20% da prevista para Santa Cruz, equivalentes, quando somadas, a uma área total em torno de 11,5% da inicialmente prevista para os dois distritos. Dessa forma, a política de Lacerda para a Copeg ocorre em um ambiente adverso no que se refere às necessidades de articulação com o governo federal.

Quanto às áreas obtidas, até o término do governo Lacerda, a Copeg consegue ocupá-las na seguinte proporção:

Santa Cruz: superfície adquirida — 7.200.000 m^2;
vendida — 346.086 m^2;
Bandeiras: superfície adquirida — 247.750 m^2;
vendida — 239.238 m^2.
(Guanabara, 1970, p. 46).[48]

---

48 Os dados sobre a metragem dos terrenos podem ser obtidos também em Guanabara (1965, p. 81).

Ou seja, a política relativa aos distritos industriais não só apresenta uma dimensão muito menor da que fora proposta no início, como também não consegue lograr êxito na ocupação do distrito industrial de Santa Cruz, representando a área total ocupada nos dois distritos cerca de 1% da área total proposta inicialmente.

Além da Copeg, com suas linhas de capital fixo e de capital de giro, o BEG também desempenharia um papel importante na oferta de crédito à indústria da Guanabara. De 1961 a 1964, são concedidos créditos no valor total de 45.435 bilhões de cruzeiros, sendo presumível que, tratando-se de um banco comercial com captação de crédito a curto prazo, suas linhas de crédito à indústria estivessem focadas no financiamento de capital de giro. Analisados ano a ano, os financiamentos apresentam a seguinte evolução:

APLICAÇÕES DO BEG NO SETOR INDUSTRIAL
(Em bilhões de cruzeiros)

ANOS	INDÚSTRIA
1960	-
1961	1.613
1962	3.436
1963	9.906
1964	30.480
TOTAL	45.435

Fonte: Guanabara (1965, p.191).

Entendo, ainda, que a ampliação de crédito ao setor produtivo proporcionado pelo BEG encontra-se muito mais relacionada às conseqüências da política de modernização da Guanabara ocorrida em seu primeiro governo do que a uma política explícita de desenvolvimento econômico.

Ao analisarmos a política realizada pela Copeg, também entendo ser importante pontuar a observação de João Paulo de Almeida Magalhães[49] de que a Copeg não teria sido criada com a organização de um fluxo permanente de recursos públicos para empréstimos de longo prazo, como é o caso do BNDE.

A política econômica regional direcionada ao setor turismo, explicitamente mencionada por Lacerda como uma de suas prioridades, não chega a apresentar grande significado ao longo de seu governo. Lacerda afirma que isso ocorre tendo em vista os recursos finitos existentes e que, para o êxito de uma política nesse setor, um pressuposto seriam os investimentos em infra-estrutura e a modernização por ele realizada. Além disso, relata que uma iniciativa fundamental seria a de ampliação da rede hoteleira, que dependeria sobretudo do apoio do BNDE, o que não teria ocorrido, conforme podemos verificar na seguinte passagem:

> É necessário aumentar o número de hotéis na cidade. Aumentá-los e diversificá-los em suas características. Ninguém pode negar que o meu governo tudo faz para criar condições atraentes para o desenvolvimento da indústria hoteleira. Primeiro, procurando por todas as formas caracterizar o turismo como indústria de base para que a construção de hotéis pudesse ser financiada pelo BNDE, esforço que, infelizmente, resultou inútil. Segundo, sancionando lei concedendo ampla isenção fiscal para hotéis... Terceiro, na medida de nossas possibilidades, oferecendo crédito no BEG e na Copeg para auxiliar a expansão ou a construção de hotéis. Quarto, permitindo invariavelmente gabaritos especiais que estimulassem e tornassem cativantes os investimentos em hotéis. Infelizmente, a mais fundamental de todas – atrair o BNDE para o financiamento de hotéis, este não obtivemos (Guanabara, 1965, p. 87).

---

49 A questão é apresentada por João Paulo de Almeida Magalhães em entrevista por mim realizada em março de 2003.

Dessa forma, parece-nos que a política de Lacerda, no concernente à econômica *per si*, não apresenta importância significativa e não tem um foco adequado. Tal inadequação do foco pode ser vista, no que se refere ao setor industrial, pela definição da política, considerando-se como questão central a necessidade de infra-estrutura e terrenos e não uma análise das potencialidades da indústria então existente na Guanabara (e da que poderia ser desenvolvida tendo em vista a história deste território) e os rumos que vinham tomando a indústria brasileira e as possíveis interações com a indústria paulista.

Além disso, em sua análise política, propostas e ações de governo, visando ao fomento econômico, o *Rio econômico nacional*, ou seja, a sede do setor financeiro e da Bolsa de Valores, a sede de grandes empresas privadas nacionais, internacionais e públicas e centro cultural do País, encontra-se fundamentalmente ausente. Essa ausência parece dever-se ao fato de que, Lacerda, ao dar destaque à política de modernização da Guanabara, estaria reafirmando a capitalidade da região, e, por conseqüência, esse território se manteria como um espaço de articulação da política, da economia e da cultura nacional.[50]

O governo Lacerda, portanto, apresenta uma centralidade na estruturação urbana e na modernização da máquina pública organizada com base na herdada do antigo Distrito Federal. A ênfase de seu governo aponta para obras que equacionam o problema da água; para a resolução de uma questão fundamental ao desenvolvimento econômico-social da região, relacionada à escassez de energia; para uma forte política de ampliação da rede pública primária de ensino, realização de obras viárias e implantação de uma política que busca a impessoalidade

---

50 A idéia de Lacerda referente à manutenção da cidade do Rio de Janeiro como um espaço nacional e mesmo, nas palavras de Marly, como "capital de fato", com base na obra modernizadora, pode ser vista, por exemplo, na centralidade que se daria, nas comemorações do quarto centenário, à conclusão da demolição do Morro do Castelo, que possibilitaria a consolidação do Rio cosmopolita na região central desta cidade, e, também, na importância conferida à inauguração do Aterro do Flamengo que, segundo Lota Macedo Soares, viria a ser um segundo Central Park (Motta, 2001, p. 244).

e a "moralização" na gestão, com destaque para um programa de recursos humanos e realização de concursos públicos.[51]

O foco principal do governo estava na recuperação e na modernização da Belacap, segundo Lacerda, "arrasada pela política irresponsável" dos governos que se encontram no campo do PSD/PTB. Com isso, procurava reafirmar a cidade do Rio de Janeiro como a "vitrine da nação", segundo Marly da Silva Motta (2000, p. 82):

> O objetivo do discurso [de Lacerda] era ao mesmo tempo reafirmar o papel de vitrine da nação tradicionalmente exercido pela ex-capital e mostrar que, na nova condição de estado, o Rio de Janeiro teria agora, pela primeira vez, condições de colocar um 'filho' na Presidência da República. ...Ao desafio de construir um novo estado, juntava-se o fato de ser esse estado a *capital de fato do país*.

Além disso, as políticas de Lacerda em investimentos de infra-estrutura e modernização da cidade e sua máquina pública estão muito focadas na idéia de que a transferência da capital seria mais lenta do que de fato foi e, também, na crença de que uma gestão com essas prioridades preservaria a história de centralidade dessa região. Carlos Lessa (2000, p. 356) traduz a idéia:

> O Rio cedeu os direitos de primogenitura em troca de um prato de lentilhas que lhe pareceu, à primeira vista, extremamente apetitoso, pois ...foi-lhe garantido que seria lenta a transferência das funções para Brasília. Isto era facilmente admissível pelo carioca que, em sã consciência, não acreditava que ninguém fosse acelerar a partida do paraíso para o isolamento do planalto central.

---

51 Com relação à importância atribuída ao êxito de gestão de Lacerda à política de recursos humanos, veja entrevista de Raphael de Almeida Magalhães em Silva (2004, Anexo B).

Não podemos deixar de salientar, ainda, que, para Lacerda, como candidato a presidente da República, seria confortável utilizar a agenda local de modernização da infra-estrutura urbana e de reversão do "esvaziamento industrial" que, dizia-se, a Guanabara viria apresentando.[52]

Ao analisarmos a evolução econômica e industrial do estado na primeira metade dos anos 1960, verificamos que a indústria e a economia dessa região, ao contrário do que ocorrera nos anos 1950, não apresenta significativa perda de participação relativa, o que possivelmente se deveu menos à existência de uma visão estratégica, com elementos que pudessem de alguma forma compensar a perda de dinamismo advinda da transferência da capital e de uma política econômica regional bem-sucedida, e mais ao fato de que, nos anos 1960, a economia brasileira não estava em crescimento, ao contrário do que ocorrera nos anos 1950.

Além disso, apesar de o Rio de Janeiro ter sido bastante atingido pela estagnação nesse período, em função das características de sua economia, voltada para a produção de bens de consumo e para o mercado interno, Lacerda, com a modernização empreendida e os recursos obtidos, pôde realizar uma política anticíclica a partir dos investimentos públicos, sobretudo em uma cidade onde a construção civil tem expressiva participação.[53]

Com relação a essa temática e à existência ou não de uma adequada estratégia de desenvolvimento econômico para a cidade e mesmo, posteriormente, para o atual Estado do Rio de Janeiro, acredi-

---

52 Veja, por exemplo, Astel (1967).

53 Não é possível obter, por intermédio do IBGE, a participação da construção civil no total do valor da produção industrial na cidade ou Estado do Rio de Janeiro, com base no censo de 1959, pois esta atividade deixa de ser discriminada. No entanto, ao verificarmos a Tabela 16 (veja Anexo), observamos que, tanto em 1939 quanto em 1949, o peso da construção civil no total da indústria na cidade do Rio de Janeiro é mais que o dobro de seu peso no total da produção industrial brasileira. Assim, mesmo tendo este peso decrescido de 1939 para 1949, acredito que podemos supor que continuasse a ter significativa participação na vida econômica da cidade.

to ser interessante citar o seguinte trecho de recente reflexão de Raphael de Almeida Magalhães (2001, pp. 4 e 5):

> A criação do estado da Guanabara em si mesma não poderia dar conta das causas que determinaram a decadência da cidade. Teve entretanto o mérito de permitir a autonomia política da cidade, cujo governo pôde, com verdadeiro empenho, tentar, ao menos, recuperar a qualidade dos serviços básicos, enfrentando, com êxito parcial, alguns dos mais agudos problemas de infra-estrutura herdados da época da dominação federal. A verdade é que a simples autonomia política não bastava para a viabilização de um projeto de restauração substitutiva da base produtiva da cidade e da sua região, afetada com a perda irreversível da condição de metrópole nacional. ... Redescobrir funções reorganizadoras das atividades econômicas continua sendo, assim, desde a década de 1950, o verdadeiro desafio para a cidade e sua região. Identificá-las, agora, se inscreve, além do mais, no complexo contexto de nosso tempo, que deve considerar a globalização da economia e a necessidade vital de nova forma de articulação do Brasil com os centros decisórios internacionais.

Ainda com relação à política econômica, é interessante lembrarmos que uma política para o porto do Rio de Janeiro e a criação de uma zona livre, conforme ressaltado na campanha por Lacerda e proposto no documento de Sette Câmara, desaparece do cenário a partir do processo de gestão, mesmo levando-se em conta a importância atribuída, por Lacerda, ao Rio de Janeiro como eixo de logística.

Poderíamos debitar tal fato à dificuldade de relacionamento entre Lacerda e o poder federal, já que uma política para o Porto do Rio – administrado pela esfera federal – e mesmo a criação de uma zona franca teriam de se dar em estreita articulação com os poderes federais executivo e legislativo. No entanto, à luz da entrevista com Raphael de Almeida Magalhães, acredito, também, que isso possa ser inferido como conseqüência do fato de que, verdadeiramente, a centralidade do governo teria se dado na realização de infra-estrutura urbana e não na consecução de políticas econômicas regionais, e mesmo industriais, conforme citado por Lessa (2000, p. 355):

> Desde o primeiro momento foi explicitado como estratégia para o novo estado intensificar a industrialização... Melhor dito, foi a retórica dominante.

No que se refere ao temperamento de Lacerda, à sua forma de atuar na política e à construção da nova institucionalidade, o seu quase constante embate com o poder federal construía pendências que permanecem até os dias atuais. Carlos Lessa (idem, pp. 345 e 358) comenta:

> Após décadas douradas, o Rio perdeu progressivamente o prestígio, em processo cujo início foi a transferência da capitalidade para Brasília, em 1960, marco de uma evolução político institucional sob certos aspectos ainda inconclusa. ...No preâmbulo desse processo, foi quase imperceptível a erosão de importância.
>
> ....
>
> O Rio surgiu, ao mesmo tempo, como o maior município do país e o menor estado da Federação. Acreditou ser privilegiado e nasceu 'institucionalmente desarrumado'. A União, ao esvaziar a cidade das funções de pólo do poder, não transferiu suas propriedades nem "provincializou" sua gestão. Herdou uma imensa máquina pública federal que, progressivamente, passou a ser gerida sem priorizar a cidade. O arranjo institucional criou uma assimetria: os percalços federais batem no Rio diretamente, porém, ao recuperar-se, o governo federal não reprioriza necessariamente a recomposição do Rio.

Ou seja, a forma de atuar de Lacerda na política dificulta a construção de uma institucionalidade mais arrumada em uma cidade historicamente considerada sede do poder federal e que, segundo depoimentos já assinalados, teria, entre outros, a área militar como proprietária de metade de seu território e os institutos previdenciários também com marcante patrimônio imobiliário.

Isso pode ser visto, por exemplo, no fato de – ao se começar a discutir, no ano de 1958, no Congresso Nacional, por meio da Comissão Mista de 1958, a nova institucionalidade de Brasília e da futura ex-capital – ter surgido como uma das sugestões a transferência dos prédios do Ministério da Fazenda e do Ministério do Trabalho para o novo estado. Com relação à temática dos próprios federais na cidade do Rio de Janeiro, ela praticamente desaparece no correr do governo Lacerda, quando ocorre a criação da nova institucionalidade. Creio que isso se dá em função da radicalidade das relações entre as esferas local e federal.

Desse modo, a radicalidade de Lacerda traz prejuízos à construção de uma institucionalidade e política pública, tendo em vista, conforme pontuado por Frank Moulaert, não só a importância de articulação das diversas esferas de poder na implantação de uma estratégia local,[54] como também o fato de que essa importância sofre uma ampliação pela história desta região e de sua área de influência.

Ao analisarmos a primeira metade da década da nova institucionalidade formal do território da cidade do Rio de Janeiro, não posso deixar de destacar o êxito significativo do primeiro governo da Guanabara na organização, modernização e gestão da máquina pública da nova cidade-estado.

Com relação, no entanto, à definição de uma estratégia para a nova unidade da federação brasileira, entendo que o governo Lacerda trabalha de forma reativa, na tentativa de manutenção da cidade do

---

54 Veja o Capítulo 1.

Rio de Janeiro como capital *de fato*. Poderíamos derivar isso de seu interesse como candidato à Presidência da República na eleição que ocorreria em 1965. No entanto, entendo que isso se deva também à descrença existente sobre a consolidação de Brasília, que derivaria da forma lenta com que ocorre o processo de transferência da capital, em especial ao longo dos anos 1960, como também, da cultura política de capitalidade existente na cidade do Rio de Janeiro, conforme definição em Motta (2000, p. 13).

Essa questão também pode ser entendida à luz da análise realizada pelos "economistas institucionalistas" aqui apresentados, como North (1993, p. 17), ao utilizar o conceito de *marco institucional* e afirmar que em seu interior é que ocorreria a ação humana. Declara ainda que

> aunque las normas formales pueden cambiar de la noche a la mañana como resultado de decisiones políticas o judiciales, las limitaciones informales encajadas en costumbres, tradiciones y códigos de conducta son mucho más resistentes o impenetrables a las políticas deliberadas. Estas limitaciones culturales no solamente conectan el pasado con el presente y el futuro, sino que nos proporcionan una clave para explicar la senda del cambio histórico.

Dessa forma, conforme ressaltado por Carlos Lessa e definido conceitualmente por Paul Krugman, apesar de 1960 ser um ponto de ruptura, a partir do processo de mudança institucional formal com a transferência da capital, em que, do ponto de vista econômico, as forças centrífugas já seriam maiores que as centrípetas, trabalha-se ainda, não só no governo Lacerda mas também no de Negrão, na lógica anterior – os governos estaduais não dando conta, na primeira década, da definição de uma estratégia adequada para a nova unidade federativa.

Ou seja, baseado na conceituação de Myrdall, o processo de causação circular cumulativa do Rio capital apresentaria uma ruptura, em 1960, em seu marco institucional, não sendo, no entanto, tal ruptura percebida de imediato, do ponto de vista social. Segundo Carlos Lessa, isso só iria acontecer no bojo da crise econômico-social dos anos 1980.

Essa demora na percepção da mudança também pode ser interpretada com base na linha analítica desenvolvida por Hodgson, quando este afirma que o institucionalismo enxergaria os indivíduos como situados e envolvidos em uma dada conduta social. Dessa forma, as suas funções e preferências não seriam dadas e fixas, mas um processo contínuo de adaptação e mudanças. Citando Veblen, Hodgson (1998, p. 10) afirma:

> Uma linha de ação habitual constitui uma linha habitual de pensamento e dá o ponto de vista através do qual os fatos e eventos são apreendidos e reduzidos a um corpo de conhecimento. As instituições criam e reforçam os hábitos de ação e pensamento: a situação de hoje molda as instituições de amanhã, através de um processo coercivo e seletivo, através da ação sobre a visão habitual do homem das coisas e dessa forma alterando ou fortificando um ponto de vista de uma atitude mental trazida do passado.

Do ponto de vista da política industrial, utilizando-se a precária agenda carioca existente, conforme assinalado por Pedro Geiger na série O que Será do Rio?, trabalha-se no governo Lacerda de uma forma muito desterritorializada e anistórica, adotando-se a conceituação utilizada por Perroux de *indústrias dominantes e dominadas*, conforme podemos constatar na seguinte passagem:

> Em qualquer estudo de fortalecimento da economia da Guanabara, parece lícito concluir pela necessidade de eleger-se o setor secundário de sua atividade como o centro de sua dinamização. Na área da

agricultura, face às condições existentes, apenas nos setores de avicultura e hortigranjeiro será possível obter resultados satisfatórios. No setor terciário (serviços), o índice da composição da renda é significativamente elevado (60%),[55] a Guanabara já tem excelente base econômica. Tratando-se, entretanto, de setor cujo desenvolvimento é conseqüência dos demais (chamado setor "dominado"), não seria possível dele fazer o fulcro de uma política de desenvolvimento (Guanabara, 1961, p. 12).

Dessa forma, do ponto de vista da estratégia de desenvolvimento econômico-social, o governo Lacerda efetivamente trabalha de forma reativa e, do ponto de vista industrial, de forma mimética, com relação não só ao que ocorre em São Paulo, como também às políticas empreendidas por Juscelino Kubitschek, quando governador de Minas Gerais, na cidade industrial de Belo Horizonte, o que podemos deduzir da precária reflexão e massa crítica existente no *Rio capital* sobre a realidade local, bem como da visão keynesiana hegemônica à época de que, segundo Ash Amin (1998), políticas de fomento "podián ser universalmente aplicadas desde el govierno central, a todo tipo de regiones", não se levando em consideração a história e as potencialidades da economia carioca e de sua área de influência, conforme analisaremos em detalhe no Capítulo 6.

---

55 De acordo com dados atuais do IBGE, o setor Serviços em 1960 tem participação em torno de 81% do total do PIB carioca (Tabela 12). Os documentos da época mostram a participação do PIB, com alguma variação, na faixa de 70%, o que pode ter, em alguma medida, influenciado a análise, embora acredito que não tenha sido de modo significativo. Acredito que essa diferença de números se deva às revisões estatísticas posteriormente realizadas. Nesse documento, no entanto, a participação aparece como sendo 60%, o que pode ser um erro de datilografia ou até um erro que induza a análise.

CAPÍTULO 5

**Governo Negrão de Lima:
visões e estratégias
(1965–71)**

De súbito, Brasília deixara de ser uma abstra-
ção. Era uma realidade de 100 mil habitantes,
pólo irradiador de uma civilização nova, sede
efetiva do governo da República. Passara a
competir com o Rio como fonte de notícias
e centro político. Só então surgiu a tese do
"esvaziamento" econômico – símbolo de um
temor latente afinal aflorado: o de esvaziamento político. Receio, aliás, injustificado,
porque o Rio tem, historicamente, a vocação
de universo brasileiro; é matriz de opinião
pública. As decisões que daqui porventura
não emanem encontrarão aqui a sua justa repercussão em termos nacionais (Guanabara,
1970, p. 46).

Para o período 1965–71, elege-se Francisco Negrão de
Lima. Embora sem a mesma expressão que Lacerda, Negrão também é
um político de característica nacional. Nascido em Minas Gerais, for-
ma-se em Direito e inicia a vida como jornalista integrando, como re-
dator, a equipe fundadora do jornal Estado de Minas, em março de
1928, ao lado de José Maria Alkimin, Carlos Drummond de Andrade e
Milton Campos. Em 1930, transfere-se para o Rio de Janeiro, onde, de

1932 a 1936, exerce a função de secretário da Federação Industrial do Rio de Janeiro. Em 1934, é eleito para a Assembléia Constituinte pelo Partido Progressista de Minas Gerais. Sua participação na articulação do golpe de 1937, que implanta o Estado Novo, projeta-o nacionalmente. A partir de então, passa a atuar como chefe de gabinete de Francisco Campos, que, com o golpe, assume o Ministério da Justiça, em substituição a José Carlos de Macedo Soares – líder político na Velha Província e no País –, e vem a ser o autor da Constituição de 1937, realizada "sob inspiração das cartas fascistas européias" (Abreu, 2001, v. III, pp. 3.167 e 3.168).

Em 1945, o futuro governador do Estado da Guanabara filia-se ao Partido Social Democrático (PSD), tornando-se, em 1947, secretário de Administração do Distrito Federal, na gestão de Ângelo Mendes de Morais (1947–51). Com a eleição e posse de Juscelino Kubitschek em 1956, Negrão de Lima, um dos coordenadores nacionais de sua campanha, é nomeado prefeito da capital federal, permanecendo no cargo até 1958,[1] tendo, então,

> iniciado uma gestão em que foram implantadas as raízes das modificações que o Rio de Janeiro sofreria nos anos seguintes, com a introdução de métodos modernos de planejamento urbano, regidos basicamente pela submissão à nascente indústria nacional (idem, p. 3.168).

Na Prefeitura, Negrão elabora um plano de obras públicas (viárias, incluindo vários túneis e viadutos; de saneamento; canalização de rios etc.) e, pela Lei 899 de 28 de novembro de 1957, cria a Superintendência de Urbanização e Saneamento (Sursan), como órgão exe-

---

1 Segundo Motta (2000, p. 19), a escolha do prefeito do Distrito Federal obedecia a três possíveis critérios básicos: (1) participação na chamada "cota pessoal" do Presidente da República; (2) ser nome de expressão nacional; e (3) ser uma personalidade que tivesse articulação na vida política local do antigo Distrito Federal. Negrão de Lima parece preencher os dois primeiros.

cutor com personalidade jurídica própria, autonomia financeira e um fundo com recursos vinculados, que, entre outras fontes, passa a reter dez por cento da arrecadação tributária pelo período de dez anos,

> correspondente[s] aos impostos sobre vendas e consignações, territorial, predial, indústria e profissões, licença para veículos, licença para localização de estabelecimento e transmissão de propriedades *inter vivos* e *causa mortis* (Legislação do Distrito Federal, p. 118).

Essa instituição terá grande relevância nos governos Lacerda e Negrão, tendo em vista a centralidade da política de infra-estrutura urbana nessas gestões.

Negrão de Lima cria, também, o famoso concurso "Seu Talão Vale Um Milhão" e a Companhia do Metropolitano do Rio de Janeiro, que somente uma década depois virá a contratar a realização dos estudos de viabilidade do metrô carioca. Em 1958, assume o Ministério das Relações Exteriores do governo Juscelino Kubitschek, vindo a ser, posteriormente, o principal coordenador da campanha presidencial de JK para 1965, abortada pelo regime militar.[2] Em setembro de 1965, candidata-se ao governo da Guanabara pela coligação PTB-PSD, como oposição ao governo Lacerda. Sua candidatura consolida-se após o governo militar ter inviabilizado, com base em expedientes legais, as candidaturas de Hélio de Almeida – ex-ministro da Viação de João

---

2 Com respeito às relações entre Juscelino e Negrão, no final dos anos 1960, é interessante registrar o depoimento de Mauro Magalhães, deputado estadual pelo então MDB, líder da oposição ao governo Negrão e destacado lacerdista. Antes de serem suprimidas as eleições diretas para governador, durante as articulações para a sucessão de Negrão de Lima, Mauro Magalhães pleiteia ser candidato ao cargo e, em conversa com JK, teria ouvido que poderia vir a receber seu apoio: "Disse a Juscelino que Negrão era o único homem público com o qual eu não falava. Sabia que ele era amável, simpático – um mineiro muito agradável –, mas não havia condições de nos unirmos. Isso não teria tanta importância se não fosse o passado dos dois. ...Além disso, juntamente com a velha amizade, havia entre eles até laços de parentesco. Como, então, eu poderia envolver Juscelino numa campanha de oposição a Negrão de Lima? Juscelino deixou de lado aquele simpático sorriso e, sério, disse-me apenas que o Negrão realmente ficara sempre ao seu lado, mas isso quando ele, Juscelino, estivera no poder. Que ao voltar agora, perseguido, tendo que comparecer quase que diariamente ao Dops, ficou sem nenhuma assistência do antigo amigo" (Magalhães, 1993, p. 286). Esse depoimento opõe-se ao de Luiz Alberto Bahia (ver entrevista deste em Silva, 2004, Anexo B).

Goulart – e do marechal Henrique Teixeira Lott – figura paradigmática da política nacional brasileira nos anos 1950 e 1960, elemento-chave na defesa da posse de Juscelino Kubitschek em 1955 e candidato à Presidência da República na sucessão de JK (idem, pp. 3.169 e 3.170).

Em 3 de outubro de 1965, com 582.026 votos (52,68% dos votos nominais), Negrão de Lima elege-se governador do Estado na Guanabara, derrotando Carlos Flexa Ribeiro (UDN), com 442.363 votos (40,04% dos votos nominais), Fidélis Amaral Neto (PL), com 40.403 votos (3,4%), Aurélio Viana (PSB/PDC), com 25.841 votos (2,2%), e Hélio Damasceno (PTN), com 14.140 votos (1,2%).

Negrão de Lima governa de 5 de dezembro de 1965 a 15 de março de 1971 (Motta, 2000, p. 96). Do ponto de vista político e das polarizações criadas por Lacerda, o novo governador apresenta-se como elemento ligado ao campo do PSD/PTB, denominado por Lacerda "oligarquias".[3] Contudo, apesar disso, sua gestão, em linhas gerais, dá continuidade à de Lacerda. Ângela Moulin Penalva Santos (1990, Cap. IV, p. 53) observa esse sentido de continuidade em sua tese de doutoramento *Planejamento e desenvolvimento: o Estado da Guanabara*:

> Negrão de Lima, segundo governador eleito do Estado da Guanabara, não obstante inimigo político de seu antecessor, apresentou a mesma estrutura de dispêndios, especialmente no que se refere aos investimentos públicos estaduais. Como Lacerda, direcionou a atenção – e os investimentos – do estado para os serviços urbanos e expansão da malha viária...

---

3 Negrão de Lima é eleito com o apoio da coligação PTB/PSD, após a impugnação de duas candidaturas, conforme vimos antes. Dessa forma, simboliza na eleição de 1965 o antilacerdismo e o voto de protesto ao regime militar. Apesar disso e da dificuldade que encontra para tomar posse, tendo em vista a tentativa de veto da linha-dura das forças armadas, realiza, conforme sua própria denominação, um governo de "federalismo cooperativo" (Amado, 1970, p. 21), o que seria facilitado, em seu início, por sua relação de amizade com Castello Branco, em cuja residência, segundo seu depoimento, encontrava-se no dia de sua eleição pelo Congresso (Viana Filho, 1986, p. 30). Sobre a existência de tentativas de impedimento da posse de Negrão, veja, por exemplo, Gaspari (2003, pp. 177 e 178).

Segundo descrito no documento *Rio Guanabara em nova dimensão*, as prioridades centrais do governo Negrão são, inicialmente, equacionar as dívidas de curto prazo existentes, como o atraso, de cerca de dois meses, do pagamento de pessoal, empreiteiros e fornecedores.[4] Tais atrasos devem-se, a meu ver, ao descasamento entre receita e despesa ocorrido no final do governo Lacerda, tendo em vista suas agressivas políticas de investimento e um certo voluntarismo, que acabam encontrando obstáculos na política restritiva desenvolvida pela dupla Otávio Bulhões e Roberto Campos, conforme citado no Capítulo 4.[5] Negrão não parece ter encontrado grandes empecilhos ao equacionamento de tais dívidas, podendo, em pouco tempo, dar continuidade à política de investimentos que, em linhas gerais, seria a mesma adotada na Guanabara desde o começo da década.[6]

Parte, então, para uma gestão que, como a do governo anterior, concentra-se em duas grandes linhas: política de equacionamento da infra-estrutura urbana e política de desenvolvimento econômico focada na indústria e na criação de distritos industriais.[7] O peso hegemônico no governo Negrão ocorre na continuidade das obras de infra-estrutura, tendo em vista não só a continuidade da modernização da Guanabara, mas, agora, uma ênfase mais latente na possibilidade de uti-

---

4 Veja entrevista completa de Raphael de Almeida Magalhães em Silva (2004, Anexo B) e veja Guanabara (1975, pp. 16 e 18).

5 Raphael de Almeida Magalhães cita esse problema na política fiscal e, especificamente, os débitos relativos ao pagamento de pessoal como elementos fundamentais para a derrota do candidato da UDN em 1965. Veja a entrevista em Silva (2004, Anexo B).

6 Essa questão do equacionamento da situação financeira e da continuidade de investimentos no governo Negrão pode ser observada também na tabela que figura na tese de Ângela (Cap. III, p. 9), na qual se demonstra que, após um decréscimo do percentual de investimentos em 1966, o governo Negrão retoma um ritmo que, segundo a autora, permitiria a realização de um volume de inversões na Guanabara maior, em termos relativos, que o realizado em São Paulo, Minas Gerais e Estado do Rio de Janeiro, no mesmo período.

7 A continuidade pode ser percebida não só nas prioridades, mas também na manutenção de quadros dirigentes em pontos-chave, como a área de infra-estrutura, com Raymundo de Paula Soares, diretor da Sursan, no governo anterior, e secretário de Obras, presidente da Sursan (Santos, 2003, p.166) e principal ideólogo da gestão de Negrão de Lima, de acordo com depoimento de Luiz Alberto Bahia (veja entrevista deste em Silva, 2004, Anexo B). Outro exemplo seria a manutenção de Veiga Brito à frente da obra do Guandu, também comentado na entrevista de Bahia. Poderíamos citar ainda o fato de que encontramos Nelson Mufarrej como último presidente do BEG, que vem a ser o primeiro-secretário de Fazenda na gestão Negrão de Lima. Sobre o assunto veja também Santos (1990, Cap. 4, pp.7-8).

lização de áreas ainda pouco incorporadas à vida da cidade, como as baixadas da Barra da Tijuca e de Jacarepaguá – realizando, o urbanista Lúcio Costa, uma norma de ocupação para a primeira, vigente até os dias atuais – e a Zona Oeste – que viria permitir a viabilização do Distrito Industrial de Santa Cruz, organizado formalmente por Lacerda por meio da Copeg, mas ainda não concretizado na prática.

A centralidade da modernização urbana nas duas primeiras gestões da Guanabara pode ser vista com clareza no seguinte trecho de matéria comemorativa dos dez anos do novo estado, cujo subtítulo é "Um bom lugar, pra passear":

> Aos domingos, como todo bom carioca, José Luiz [menino que veio ao mundo com o nascer da Guanabara e que a matéria usa como referência] quer ir à praia, "um bom lugar pra passear, Copacabana". Mais de uma vez apanhou carona para ir de sua casa na Penha até a Zona Sul. Um bom caminho é pela praça Mauá, onde pode ver os navios, que quase ficam escondidos pelas obras do grande viaduto da avenida Perimetral, que irá até a praça Quinze, onde encontrará com as pistas elevadas da avenida Kubitschek. Depois, o trevo dos Estudantes, que substituiu o enorme restaurante do Calabouço. As largas pistas do aterro do Flamengo passam junto ao Museu de Arte Moderna, semiconcluído em suas estruturas de concreto e vidro. Os jardins com flores de Burle Marx são a festa para os olhos e o trenzinho puxado a trator passeia entre os altos postes de luz elétrica. Botafogo vem em seguida com as belas curvas dos viadutos San Tiago Dantas e Pedro Álvares Cabral e a pista rebaixada do Mourisco. Para ir a Copacabana, duas alternativas: o velho Túnel Novo ou o novo Túnel Velho, com a segunda pista quase pronta. Em Copacabana, o mar está mais longe. O trabalho das dragas foi rápido – e 80 metros de areia foram roubados ao mar. 80 metros onde novas pistas surgirão substituindo a já estreita avenida Atlântica, e onde oásis terão água doce para os banhistas.

Mas José Luiz sabe que existem outras praias mais adiante. Enquanto os túneis Dois Irmãos, do Pepino e do Joá não ficam prontos, o jeito é ir à Barra da Tijuca pela avenida Niemeyer. E lá saboreando os camarões, o milho verde, o caldo de cana, fica imaginando como será o Rio do futuro idealizado por Lúcio Costa.

A matéria estende-se por quatro páginas da edição de O Globo de 20 de abril de 1970 e revela um tom otimista em relação à nova unidade federativa. Chega mesmo, o jornal, a afirmar que a questão das moradias populares estaria equacionada:

Dentro de mais alguns anos você não vai mais ver favelas por aí. Toda essa gente vai morar como gente. Em casas de pedra e cal. Tem a favela da Catacumba, a Rocinha, o Parque União, ali na entrada da Ilha do Governador, Varginha, porto de Manguinhos, São Carlos, Mangueira, o Morro do Dendê e muitas outras mais. Mas que vão acabar, isso vão. Quem garante é o pessoal do governo que criou a Chisam, Secretaria de Serviços Sociais, Cohab, BNH.

Em consonância com essa política, o discurso de Negrão enfatiza as sinergias entre as obras de infra-estrutura e o dinamismo econômico do território,[8] o que parece articular-se a um processo de transição que perpassa as gestões de Lacerda, Negrão e Chagas, e ao longo do qual a hegemonia das políticas apoiadas na premissa da manutenção do Rio de Janeiro como *capital de fato* vai sendo substituída pela ênfase na consolidação da nova unidade federada, que ganha des-

---

8   Em Carlos Lacerda, o mesmo discurso aparece de forma mais marginal. Encontramos uma única menção explícita de Lacerda a essa articulação, quando, ao justificar o pequeno avanço de seu governo na consolidação de uma política de fomento ao setor turístico, alega as dificuldades de negociação de uma linha de fomento com o BNDE e a necessidade de efetuar gastos prévios na modernização da infra-estrutura urbana, pré-requisito fundamental para o desenvolvimento deste setor (Guanabara, 1965, p. 87-88). Assim, a articulação entre infra-estrutura, desenvolvimento econômico e consolidação do novo estado está mais presente em Negrão, ficando, em Lacerda, mais demarcada a idéia da modernização *per si* da *capital de fato*.

taque no governo Chagas.[9] Nesse sentido, Negrão procura enfatizar a consolidação dessa região como mais uma unidade federativa, conforme podemos ver no seguinte trecho:

> A diretriz fundamental do governo Negrão de Lima foi a de situar a Guanabara no nível de uma sólida unidade da Federação, isto é, de um estado em plena consciência de sua autonomia e em condições de competir com os demais estados. Tratava-se de acrescentar à dimensão municipal da cidade do Rio de Janeiro, enquanto Distrito Federal e Capital da República, a dimensão nova e mais ampla de seu engajamento federativo. Era, enfim, uma tarefa de modelagem do "espírito de identidade estadual", distinto e próprio, para se superpor ao espírito eclético e cosmopolita do carioca (Guanabara, 1975, p. 9).

Ainda na mesma linha e, possivelmente, procurando contrapor-se a Lacerda, Negrão faz um discurso em que articula a gestão administrativa e as obras de infra-estrutura à institucionalização do novo território e da humanização como fim. Quando menciona as obras viárias, por exemplo, constrói seu discurso salientando a facilitação do fluxo da corrente humana a todos os pontos da cidade (idem, p. 13). Nesse sentido, buscando a institucionalização e a humanização da região, ressalta a necessidade de articular a política estadual à federal:

> O governo Negrão de Lima procurou harmonizar, assim, a obra de modernização e humanização da cidade-estado com as suas necessidades atuais de melhor desempenho econômico. Nesse sentido, cumpriu permanentemente uma política de cooperação com o governo federal, dentro da doutrina que se convencionou chamar de *federalismo coope-*

---

9 A questão é pontuada em Motta (2000; 2001), ao contrapor a ênfase atribuída pelo governo Lacerda à modernização e à gestão da cidade do Rio de Janeiro, com base na idéia da Belacap carioca, e o destaque do Governo Chagas Freitas à consolidação da "nova unidade federada", mantendo-se, nos dois casos, a idéia do *Rio nacional*, presente até os dias atuais.

rativo, e se manteve em perfeito clima de entrosamento e respeito com os poderes legislativo e judiciário e com os partidos. Na Guanabara, o mecanismo institucional encontrou, nos últimos cinco anos, um propício terreno de paz política para o seu funcionamento, segundo as regras do jogo democrático.[10]

Com relação às políticas de infra-estrutura, modernização, estadualização – dentro, agora, da maior ênfase desse discurso – e constituição e/ou ampliação de serviços públicos, Negrão mantém uma estreita continuidade em relação ao governo anterior, com forte peso nas obras viárias no orçamento. Note-se que, apesar de Lacerda ter passado à memória da sociedade como o grande realizador de obras, no que se refere à construção de viadutos, muito simbólicos no período, os relatórios elaborados pelos dois governos mostram que Lacerda teria construído 19 viadutos e Negrão, 40 (Guanabara, 1965, p. 8; idem, 1975, p. 24). Contudo, Raphael de Almeida Magalhães afirma que Lacerda teria realizado, além dos viadutos, importantes investimentos em túneis e outras obras viárias.[11]

Negrão retoma, ainda, a proposta do metrô – para ele, uma prioridade desde o final dos anos 1950, quando administrava o Distrito Federal –, organizando todo o detalhamento de seu projeto e elabo-

---

10 Quanto ao relacionamento com o governo federal, em um quadro de fechamento político e de vigência do AI-5, a partir de 1968, consulte Gaspari (2002), quando analisa que o governo Costa e Silva e, principalmente, Médici teriam conseguido trazer um sentimento de impotência às principais "forças políticas", excetuando-se a Igreja. Delfim Netto, em entrevista por mim realizada em outubro de 2003, cita de forma positiva o pragmatismo desenvolvido por Negrão ante o momento vivido. Este pragmatismo e sentimento de impotência também poderiam estar influenciando o discurso realizado pelo secretário de governo de Negrão quando elogia o espírito tecnocrático que o novo regime procura implantar, afirmando que "esta nova realidade é sem dúvida uma das maiores responsáveis pelo ritmo de Brasil grande que se vai imprimindo ao país" (Portela Netto, 1970, p. 11-12). Por último, cabe ressaltar o depoimento de Bahia (Silva, 2004, Anexo B), no qual informa que ele teria pedido demissão do governo estadual no ano da edição do AI-5, tendo sido substituído por Carlos Leite Costa, parente de Costa e Silva. Com o discurso de "federalismo cooperativo", Negrão pode atingir dois objetivos simultaneamente: fazer um contraponto a Lacerda, tendo em vista o permanente embate deste com o poder federal, e construir um bom relacionamento com o governo central no momento citado.

11 Veja entrevista completa em Silva (2004, Anexo B).

rando o equacionamento financeiro e de financiamento[12] que, segundo ele, consolidaria a obra de forma definitiva (Guanabara, 1975, p. 72). Também Lacerda propusera a estruturação do metrô no correr de seu governo. No entanto, posteriormente, sustentou que essa realização só faria sentido quando articulada à estrutura ferroviária existente – em especial pela rede da Central do Brasil –, o que não teria sido possível por não ter conseguido estadualizar a Central do Brasil em virtude da má vontade do governo federal. Na mencionada entrevista, Raphael de Almeida Magalhães esclarece que a dificuldade estaria na exigência do governo federal de que a Guanabara assumisse as dívidas da Central do Brasil, o que Lacerda julgou temerário.

Quanto aos gastos com educação e saúde, enquanto, no governo Lacerda, o primeiro item tem maior destaque na estratégia governamental e, também, maior participação percentual nos investimentos – em torno de 8,9%, contra uma participação dos investimentos em saúde em torno de 5,2% (idem, p. 25) –, no governo Negrão, a ênfase recai no setor de saúde – 9,5%, contra uma participação de 6,2% dos investimentos em educação (Portela Netto, 1970, p. 32). Diferentes razões poderão ter concorrido para essa inversão, entre elas, o entendimento de que as realizações de Lacerda no setor de educação teriam aplacado ao menos as necessidades mais imediatas daquela área, fazendo-se mais urgentes os investimentos na área de saúde. Quanto a isso, merece menção a conclusão do documento *Mapa econômico da Guanabara*, elaborado pela Astel Consultores, em 1967, no qual se afirma que, apesar da melhora ocorrida na área educacional na primeira metade dos anos 1960, "a situação de escolaridade da Guanabara, no que se refere ao ensino médio, ainda não é

---

12 O projeto do metrô, que teria como prioridade a construção da Linha 1 (Praça Sans Peña/Praça Nossa Senhora da Paz) e, segundo Negrão, já estaria equacionado financeiramente, não se concluiu até os dias atuais, em meados de 2005, o que, possivelmente, relaciona-se à esgarçadura econômico-social iniciada com o processo de transferência da capital, criando o que Albert Hirschman, Douglass North e Paul Krugman chamariam de *uma sinergia negativa*. O mesmo observa-se em relação à tão falada despoluição da Baía da Guanabara, cujo processo, principiado na gestão de Moreira Franco, não evoluiu significativamente até a presente data.

satisfatória", tendo por base o número de alunos *per capita*. Outro possível fator a colaborar para a inversão da ênfase seria a atuação do secretário de Saúde do governo Negrão de Lima, Hildebrando Monteiro Marinho, como destacado por Ângela Penalva Santos e Luiz Alberto Bahia.[13] Outra hipótese que poderia explicar o aumento dos investimentos em saúde, em contraposição ao decréscimo dos investimentos em educação, é levantada por Raphael de Almeida Magalhães ao observar que os investimentos em novas unidades de saúde realizados no governo Lacerda implicariam pesados gastos de custeio. Vale, ainda, pontuar a observação de Raphael de que Negrão de Lima não teria levado adiante a política de ampliação de escolaridade no nível em que isso seria possível (Silva, 2004, Anexo B).

Sobre a modernização e a organização da máquina pública, Negrão afirma que a grande obra de estruturação desse setor teria ocorrido em seu governo e que Lacerda teria tratado apenas de questões tópicas, o que se modificaria a partir do Plano de Organização Global da Administração do Poder Executivo (Pogape), da Lei 193 e do Decreto 753, de dezembro de 1966 (Guanabara, 1975, p. 14). A afirmação, no entanto, parece situar-se apenas no campo da divulgação política, tendo em vista o importante processo de modernização já desenvolvido no governo Lacerda.

No tocante à política fiscal, apesar de o total de investimentos realizados por Negrão – em torno de 26,35%, entre 1967 e 1970 – representar um percentual do orçamento inferior ao dos investimentos feitos por Lacerda – 31,47% entre 1961 e 1964 –, o percentual de investimentos do estado continua a ser significativo (idem, p. 19; Amado, 1970, p. 34).[14] Nisso, deve-se considerar que a reforma tributária em-

---

13 Em depoimento ao autor, em setembro de 2003, a economista Ângela Penalva Santos, que entrevistara Hildebrando em busca de informações para seus estudos sobre economia carioca e fluminense, também ressalta a competência de sua gestão. Quanto à visão de Bahia, veja Silva (2004, Anexo B).

14 Os dados aqui apresentados demonstram percentuais de investimento superiores aos apresentados por Ângela Penalva Santos, o que, no entanto, não a leva a divergir quanto à continuidade de uma ativa política de investimentos.

preendida pelo governo Castello, em 1967, beneficia o governo Negrão, na medida em que, ao substituir o IVC pelo ICM, estabelece maior uniformidade entre as alíquotas dos diversos estados, o que, conseqüentemente, propicia uma considerável elevação da receita daqueles cujas alíquotas do IVC eram relativamente baixas, como era o caso da Guanabara.[15] Nesse contexto, a receita do ICM na Guanabara cresce nos anos 1967-68 a taxas extremamente elevadas, como mostra a Tabela 17 (veja Anexo). Aparentemente, para além do fato em si de contar com um maior volume de recursos, a gestão de Negrão foi beneficiada por poder usufruir desse aumento, propiciado pela elevação de alíquotas, sem precisar formular propostas próprias nem negociar com as forças políticas e econômicas do estado, bem como pela modernização iniciada no período de Lacerda (Silva, 2004, Anexo B).

Tendo em vista a política de continuidade administrativa, a manutenção do processo de estruturação e modernização da máquina estadual e a política de cooperação com o governo federal,[16] a Guanabara conseguiu manter-se em boa situação, do ponto de vista das disponibilidades de recursos para investimentos, e em uma linha de superação das fragilidades da máquina pública e da infra-estrutura urbana existentes quando da obtenção da sua autonomia. Graças a isso, mesmo sem que os governos Lacerda e Negrão estabelecessem uma estratégia de fomento econômico adequada, do ângulo do dinamismo econômico ocorre, em alguma medida, um contraponto aos prejuízos econômicos decorrentes da transferência da capital que se inicia, à desaceleração

---

15 Sobre o assunto, veja o trabalho de Silva & Silva (1974) sobre a reforma tributária de 1967; Silva (2004, Anexo B); e Astel (1967, v. 2, p. 609); e Tabela 15 no Anexo.

16 A ampliação da contribuição do governo federal para o desenvolvimento da Guanabara pode ser identificada por meio de uma série de citações constantes nas Referências Bibliográficas, em especial nos documentos *A experiência da Guanabara* (Portela Netto, 1970), Copeg primeira década (Guanabara, 1970), *Rio Guanabara em nova dimensão – um balanço do governo Negrão de Lima* (Guanabara, 1975) e *O livro do Rio* (Amado, 1970). Além disso, identificamos, também, uma importante linha de recursos federais realizada com base no FGTS e na criação do BNH, tornando-se a Copeg o primeiro agente financeiro em termos de volume do Sistema Financeiro da Habitação (Guanabara, Copeg, 1970, p. 116).

econômica e à crise política ocorridas no início dos anos 1960[17] e à política restritiva da dupla Bulhões e Campos, que atinge sobremaneira essa região, principalmente nos anos 1964 e 1965.

Em resumo (veja Tabelas 1, 3 e 4 no Anexo), fosse pelo incremento da receita nas administrações de Lacerda e Negrão, fosse pelo fato de o processo de transferência para Brasília, apesar de já se dar com maior significação a partir de 1964, só se intensificar a partir dos anos 1970,[18] ou fosse, ainda, pelo baixo dinamismo apresentado pela economia brasileira como um todo, no correr dos anos 1960, a Guanabara não mostrou significativa perda de participação no dinamismo nacional.

Assim, utilizando a concepção teórica de Paul Krugman, na Guanabara dos anos 1960, os *efeitos de divergência* não teriam maior significado visível *vis-à-vis* aos *efeitos de convergência*. No entanto, como demonstrado ao longo deste estudo, as raízes de um processo de *causação circular cumulativa negativa*, em linha com a conceituação de Gunnar Myrdall, já estariam ocorrendo.

Do ponto de vista da política econômica, o governo Negrão continua muito focado na área industrial e em uma política de distritos, mantendo-se um discurso baseado na idéia da necessidade de terrenos e infra-estrutura. A política de distritos industriais continua com a idéia de estímulo ao Distrito Industrial de Santa Cruz e da criação do chamado Distrito Industrial da Fazenda Botafogo.

---

17 Na primeira metade dos anos 1960, o dinamismo econômico da Guanabara é particularmente prejudicado pelo contexto da economia brasileira, em virtude da maior radicalização e das greves ocorridas na região no pré-1964 (Astel, 1967, v. 2, p. 7.09); da política restritiva de Bulhões e Campos, com conseqüências mais marcantes para essa região, por causa das características de sua economia; e do fato de a política salarial do primeiro governo pós-1964 ter atingido mais pesadamente a massa salarial do setor público e o poder de compra de categorias vinculadas a sindicatos com maior poder de barganha no início dos anos 1960 e com forte presença no território carioca. (Análise feita por Antônio Barros de Castro em disciplina por ele ministrada no curso de Pós-graduação do Instituto de Economia da UFRJ, no segundo semestre de 2001.)

18 Além disso, Lysia Bernardes e Pedro Geiger citam, no documento "Mapa econômico da Guanabara", que, apesar do processo de transferência da capital em curso, ocorreria nos anos 1960, na cidade do Rio de Janeiro, a criação de empresas estatais, como BNH, Embratel, Cibrazem e Cobal, e mesmo de órgãos públicos, o que, com certeza, contribui para a manutenção do dinamismo econômico da Guanabara (Astel, 1969, v. 1, p. 3.30 e 3.36). Com relação ao assunto, veja também Martins (1985) que aponta para a modernização conservadora ocorrida no pós-1964 e a ampliação da máquina pública da administração direta, sendo que uma parte desta ocorre ainda na cidade do Rio de Janeiro.

Apesar da manutenção da ênfase nos setores industriais "tradicionais", dentro do escopo da política definida nas duas gestões, a Copeg passa a atribuir grande relevo também ao setor imobiliário, sendo criada, no início do governo Negrão, a subsidiária Copeg Crédito, Financiamento e Investimento S.A. (CCFI/SA), com uma Carteira de Crédito Imobiliário autorizada pelo Banco Central. Por meio dessa carteira, a Copeg passa a atuar intensamente no setor, tornando-se, no correr desse governo, a principal agente do BNH. Até 1969, concederá ao setor imobiliário financiamentos superiores aos concedidos aos demais.

> Neste sentido, vem o sistema Copeg operando diretamente junto às indústrias, tendo aplicado, durante o atual governo, os seguintes recursos financeiros:
> a- Para investimento fixo, atendendo a expansão de indústrias ou instalação de novas indústrias e aquisição de máquinas e equipamentos, beneficiando cerca de 500 indústrias, o total de Cr$110.000.000,00, aproximadamente;
> b- Cr$251.000.000,00 foram empregados no triênio 67/69 em financiamento imobiliário, na construção de 9.627 unidades habitacionais, gerando benefícios tanto à comunidade quanto à indústria de construção civil;
> c- Através de aceites cambiais, foram efetuados empréstimos para capital de giro das indústrias e do comércio no triênio 66/68, totalizando Cr$27.651.000,00, representados por 194 contratos de financiamento;
> d- No Crédito Direto ao Consumidor, fator de incremento das atividades industriais e comerciais, no período de outubro de 1967 a novembro de 1969, realizou o sistema COPEG 3648 contratos, no montante de Cr$17.615.000,00 (Guanabara, 1970, p. 128).

Esse tipo de atuação do setor imobiliário gera até mesmo uma crítica de Carlos Lacerda à gestão da Copeg no governo Negrão, ao analisar a política adotada para a Companhia e para o Distrito Industrial de Santa Cruz:

Eu queria fazer lá a Cosigua, que afinal só foi feita recentemente, quando o Grupo Gerdau, de Porto Alegre, se associou ao Grupo Thyssen. Conseguimos trazer o terminal da Central do Brasil até lá e, também, a licença para fazer o porto, mas não conseguimos fazer a COSIGUA. Primeiro, porque acabou o nosso governo, segundo, porque, com aquelas lutas todas, evidentemente o governo federal ficou contra. Mas a idéia era a de que nas proximidades da zona industrial ficassem situados os bairros operários, de maneira que o sujeito tivesse que se deslocar muito pouco para chegar ao trabalho. O plano também era o de criar empregos na área. Essa foi a idéia. Agora, se depois não deram seguimento ao projeto, é outra coisa. Mas, de certo modo, até que deram, pois hoje a zona industrial está lá. Mas não posso responder se não deram o necessário impulso e se a COPEG, uma companhia do estado criada por nós para estimular o desenvolvimento industrial da área, se tenha transformado em vendedora de letra de câmbio e de letra imobiliária para dar lucro ao estado. Disso não tenho culpa (Lacerda, 1978, pp. 232 e 233).

Dentro do contexto do "federalismo cooperativo" proposto por Negrão, a Copeg obtém convênios com organismos federais e amplia seu leque de atuação:

Com efeito, e conformidade com a nova política, adotada pela administração de Negrão de Lima, de superior entendimento com o governo federal, a companhia já no limiar de 1966 tinha iniciado negociações com os seguintes organismos federais:
1- o Banco Nacional da Habitação (BNH);
2- o Banco Nacional do Desenvolvimento Econômico (BNDE);
3- e a Agência Especial de Financiamento Industrial (FINAME) (Guanabara (1970, p. 61).[19]

---

19 Todos os três convênios são firmados no correr de 1966, tornando-se a Copeg, por meio da associação com o BNDE, agente financeira do Fipeme – grupo executivo do programa de financiamento a pequenas e médias empresas.

Com relação ao papel da Copeg no fomento à indústria, o governo Negrão consegue ampliar em torno de cinco vezes o total de empresas atendidas. Esse resultado pode ser debitado à maior consolidação atingida, ao fato de encontrar-se em funcionamento desde o início dessa gestão, ao contrário do que ocorrera no governo anterior, e, também, à articulação com o BNDE que a torna seu agente financeiro. Com isso, supre-se, em alguma medida, a ausência de uma fonte de recursos permanentes, deficiência apontada por João Paulo de Almeida Magalhães como grave.

Ao observarmos a participação de recursos próprios alocados pelo governo do estado no fomento industrial – em torno de 1,3%, em 1968, e 2,5%, em 1969 e 1970 – no total de investimentos realizados nesses anos (Portela Netto, 1970, p. 32) verificamos que, da mesma forma que no governo anterior, esse setor não aparenta ser uma real prioridade, como insinua o pronunciamento do presidente da Cohab, Augusto Villas-Boas, realizado ao final do governo Negrão e descrito em "Copeg primeira década" (Guanabara, 1970, pp. 145 e 146):

Em conclusão, importa aqui reproduzir os termos de outro pronunciamento feito por esta autoridade eminente a 'O Globo', de 29 de setembro de 1970, a propósito ainda destes dois futuros pólos de desenvolvimento da Guanabara [distritos industriais de Santa Cruz e Fazenda Botafogo]:

"A Guanabara, após uma fase de preocupação maior com as obras públicas, lança-se à política de industrialização que será enfatizada para a zona oeste. Na Fazenda Botafogo, localizada nas proximidades da Avenida Brasil, que comportará 140 indústrias, principalmente médias e pequenas, de transformação (como móveis, gêneros alimentícios), cerca de 70 empresas já têm acertada sua instalação no local. No complexo industrial de Santa Cruz está pronta toda a infra-estrutura da área, faltando apenas a via principal de acesso. Santa Cruz terá porto para atender até navios de 300 mil toneladas.[20] Já no fim deste ano começará a implantação das indústrias, financiadas pela CO-PEG, com recursos já consignados no orçamento. Os terrenos serão vendidos a Cr$ 4,00 o metro quadrado. Em Santa Cruz, que comportará 700 indústrias, 34 já têm instalação no local assegurada, a maioria usará subprodutos da COSIGUA, companhia que aguarda apenas aprovação do CONSIDER, do Ministério da Indústria e do Comércio, para se iniciar sua instalação."

Conforme vimos, ao final do governo Lacerda, apenas a área denominada Distrito das Bandeiras, com peso insignificante – principalmente quando comparada ao projeto original –, estava ocupada. O Distrito Industrial de Santa Cruz permanecerá basicamente desocupado, mesmo no Governo Negrão, que, no entanto, criará infra-estrutura em uma nova área, denominada Fazenda Botafogo, também ociosa até o fim daquela gestão.

Repetindo o governo anterior, a política econômica regional focaliza excessivamente o setor industrial e uma política de distritos, acreditando num processo de migração de indústrias para o antigo Estado do Rio e supervalorizando a disponibilidade de terrenos e infra-estrutura como fator de atração. Como apontam os documentos *Mapa econômico da Guanabara* (Astel, 1967) e *A fusão dos estados da Guanabara e do Rio de Janeiro* (idem, 1969) e como veremos no próximo capítulo, não havia, ainda, uma adequada análise das potencialidades e da história da região no quadro de evolução da economia brasileira e in-

---

20 Nessa época, nos documentos organizados com base na cidade do Rio de Janeiro, trabalha-se com a idéia da criação de um porto na Baía de Sepetiba ainda em um ponto dentro do território carioca, junto à região de Santa Cruz. Esse porto, no entanto, quando criado, em 7 de maio de 1982 (<www.portosrio.gov.br/sepetiba/setpor.htm> em 1o de dezembro de 2003), localiza-se em Itaguaí, já em território do antigo Estado do Rio de Janeiro. Acredito que um dos motivos que tenha levado a sua localização para a região de Itaguaí seja a profundidade da baía nessa região, em torno de 18m e, segundo Carlos Lessa, facilmente aprofundável para 22m (Lessa, 2000, p. 375), contrariamente à profundidade que existiria nessa baía na região de Santa Cruz, de 12m (Guanabara, 1970, p. 104).

ternacional nem das possíveis interações entre a economia carioca e a do antigo Estado do Rio que pudesse embasar a formulação da política industrial. Conseqüentemente, a política industrial realizada é muito passiva, sem definição de prioridades setoriais e inter-relações, excetuando-se a solitária política setorial para o setor siderúrgico, por meio da tentativa da criação da Cosigua, que, entretanto, não se efetiva até o final dos anos 1960.

O foco no setor industrial decorre da quase inexistência do setor agrícola na Guanabara e da análise que, baseada nas idéias de François Perroux, define o setor de serviços como um setor "dominado"; isto é, cujo dinamismo estaria fundamentalmente atrelado ao dinamismo do setor secundário e dele dependente (Guanabara, 1961, p. 12). Além disso, trabalha-se também com a crença, ainda existente na segunda metade dos anos 1960, de que a *capital de fato* continuaria no Rio de Janeiro, tendo em vista que o processo de transferência, apesar de consolidar-se em 1964 (veja a Introdução), só se acelera na gestão Médici. Ainda nesse mesmo período, são criadas as empresas estatais na Guanabara, dentro do processo de modernização conservadora e ampliação do estado que se dá a partir de 1964.

Dessa forma, com base na conceituação usada e, principalmente, na visão de que o Rio de Janeiro se manteria como *capital de fato*, relativamente ao setor serviço, o mais importante seria a modernização da Belacap.

Os governos Lacerda e Negrão compõem, portanto, uma continuidade do ponto de vista das políticas e das prioridades. Ambos realizam uma política voltada para a renovação urbana. Mesmo após a consolidação da Copeg, no governo Negrão, e os convênios estabelecidos por intermédio do BNDE, os recursos alocados não apresentam margem significativa para a política econômica ou, ao menos, para a proposta de reversão da perda de participação relativa da região no total da indústria brasileira.

A análise do período Negrão leva-nos a verificar que sua política econômica não atribui relevância nem foca uma estratégia que permita à Guanabara inserir-se de modo mais expressivo na economia brasileira a longo prazo. Analisando, por exemplo, o documento *Rio ano 2000*, organizado pelo secretário de Ciência e Tecnologia de Negrão de Lima,[21] constatamos que, embora não seja posta em prática naquele governo, há ali uma clara proposta de elaboração de política econômica indutora baseada na história e nas características da economia carioca. Sugere-se, no documento, o fomento a indústrias de base tecnológica, proposta que analisaremos em detalhe no Capítulo 6.

Na entrevista de Luiz Alberto Bahia (Silva, 2004, Anexo B), observa-se com clareza a ênfase atribuída à modernização e ao investimento em infra-estrutura urbana pelo governo Lacerda – sobretudo a partir da noção de Belacap – e, pelo governo Negrão – mais concentrado na modernização e consolidação urbana. Segundo Bahia, o governo da segunda metade dos anos 1960 teria duas linhas: a primeira, mais preocupada com o desenvolvimento econômico do território da Guanabara, articulando essa preocupação até a uma visão integrada com as potencialidades do Vale do Paraíba; e a segunda, mais focada na questão urbana. Essa segunda linha consolidaria sua hegemonia com a liderança de Raymundo de Paula Soares, presidente da Sursan e secretário de Obras de Negrão, e de Carlos Alberto Vieira, então presidente

---

21 O documento *Rio ano 2000* propõe-se organizar uma radiografia da situação regional e desenhar possíveis cenários sociais e econômicos para a região no ano 2000, possibilitando planejamentos de curto, médio e longo prazo. Tal documento surge no âmbito de uma série de documentos elaborados em várias localidades do mundo, nesse período, tendo em vista a proximidade com o século XXI e a importância atribuída, à época, ao papel do estado e ao planejamento. Composto em 1970, é coordenado por Arnaldo Niskier, então titular da Secretaria de Ciência e Tecnologia do governo Negrão de Lima, instituída pela Lei 1.336, de 26 de junho de 1967, e instalada pelo governador em 16 de junho de 1968, como a primeira secretaria estadual com essa finalidade específica no Brasil (Guanabara, Comissão do Ano 2000, 1970, pp. 255 e 256). No bojo da criação dessa Secretaria, busca-se organizar a Fundação para o Desenvolvimento da Pesquisa da Guanabara (Fundepeg), cujo estatuto é assinado pelo governador Negrão de Lima em 4 de fevereiro de 1968. Estabelecida com base no diagnóstico da Comissão do Ano 2000 de que a Guanabara deveria estabelecer uma forte base para o setor quaternário (produção e exportação de tecnologia moderna, com a criação de grandes centros de pesquisa científica e desenvolvimento tecnológico (idem, p.256), a Fundepeg teria como função apoiar ações de inovação executadas com base numa articulação entre instituições universitárias e de pesquisa e a indústria. A Fundação seria também responsável pela execução de política de incentivos à fixação e instalação de indústrias de elevado nível tecnológico.

do BEG. Assim, em sua primeira década, o Estado da Guanabara teria sua gestão fundamentalmente voltada para investimentos urbanos e modernização da máquina pública.

De fato, a questão da prioridade à indústria é tratada de forma absolutamente secundária pelos dois governos, visto que os fundamentos analíticos são bastante precários, em conseqüência de os interesses econômicos principais da cidade do Rio de Janeiro encontrarem-se articulados à lógica econômica nacional, em consonância com sua história como capital da República e eixo logístico da economia brasileira; da falta de massa crítica de suas elites no que se refere à realidade econômica da cidade/estado e de sua região de influência; e, ainda, da forma anistórica e desterritorializada como as teorias e conceituações de Perroux e a Teoria de Base Exportadora são aplicadas.

A partir do final dos anos 1960, alguns documentos que analisaremos no próximo capítulo – entre os quais se destaca o texto coordenado por Lysia Bernardes e Pedro Geiger (Astel, 1965), que apresenta uma importante inflexão na linha de análise existente – ensaiam uma mudança na questão da prioridade à indústria. Isso, entretanto, não se concretiza numa alteração das políticas públicas na Guanabara. Baseado nos mesmos pressupostos, o governo de Chagas Freitas, que sucede Negrão de Lima no Palácio Guanabara, não só persiste em enfatizar o fomento à indústria e aos distritos industriais, como amplia sua importância e concentra o foco nesse tipo de política, como atestam os estudos de Marly Silva da Motta apud Sarmento (1999) e Ângela Penalva Santos (1990).

Em sua tese de doutoramento sobre o planejamento na Guanabara na década de 1960, Ângela Penalva Santos examina as políticas realizadas por Negrão e Lacerda sob um enfoque que prioriza a forma como o capitalismo se desenvolve no Brasil, mantendo pontos de contato com a linha da Universidade de Campinas (veja o Capítulo 1). Para ela a política de "reforma urbana" adotada pelos dois governos decorre do estágio capitalista em que se encontrava a economia brasileira, o qual determinava a necessidade de aperfeiçoamento da infra-estrutura da cidade do Rio de Janeiro. Em outras palavras, para uma política de desenvolvimento econômico e industrial nacional e regional, seria necessária a existência de "externalidades urbanas" que, segundo a autora, poderiam ser conceituadas como *capital social básico*, numa perspectiva keynesiana, ou como *condições gerais da produção e meios de consumo coletivo*, na visão marxista:

> Nesta tese trabalhamos com a hipótese de que a implantação do Estado da Guanabara foi percebida pelo executivo estadual como um momento propício à implementação de uma estratégia de desenvolvimento que viabilizasse o crescimento da economia carioca, consolidando-a como segundo pólo econômico do país. A "reforma urbana" realizada teria sido uma das faces desta estratégia, significando que a "cirurgia urbana" a qual o Rio foi submetido teve como objetivo readaptar a estrutura urbana ao novo momento de organização social vigente nos anos 60 (Santos, 1990, Cap. I, p. 6).

Ao construir tal linha de análise, a autora defende a idéia de que a política de reforma urbana não só responderia a uma necessidade do desenvolvimento capitalista brasileiro nesse período, como também beneficiaria o desenvolvimento local e a atração industrial, pelas facilidades infra-estruturais criadas. Dessa forma, somada à visão da época quanto às necessidades do capitalismo brasileiro, a política de "reforma urbana" teria também centralidade no desenvolvimento econômico local e, ao contrário do que cremos, seria uma das faces da política econômico-industrial regional.

No que se refere às necessidades nacionais do capitalismo, Ângela entende que a priorização das questões urbana e viária se alinharia às prioridades definidas pelo governo federal, estando para tanto disponíveis os recursos do Fundo Rodoviário Nacional.

Em sua entrevista (Santos, 2004, Anexo B), Raphael de Almeida Magalhães afirma que o Fundo Rodoviário Nacional não teria tido maior relevância na definição da política de investimentos do governo Lacerda. Os recursos do Fundo, cuja utilização estava limitada a vias federais, apenas teriam tido peso substancial nas obras do túnel Rebouças e de suas vias de acesso.

Em *Economia, espaço e sociedade no Rio de Janeiro*, de 2003, Ângela Penalva Santos declara:

> ...infelizmente não foi possível avaliar a contribuição do Fundo Rodoviário Nacional para a formação da receita estadual na Guanabara. A consolidação dos balanços do Der–GB não pôde ser efetuada porque, durante o processo de fusão da Guanabara com o Estado do Rio de Janeiro, os relatórios e balanços daquela autarquia foram queimados.

Além disso, Ângela diz que, contrariando sua hipótese, Raymundo de Paula Soares – figura importante da modernização urbana dos anos 1960, ou, no dizer da autora, da "reforma urbana" – teria discordado de sua visão:

> Questionado se considerava que o Fundo Rodoviário Nacional teria induzido uma reestruturação do espaço urbano do Rio, ele discordou. Segundo o ex-secretário, aquela reestruturação situava-se no contexto de um plano de ocupação do território da Guanabara, segundo o qual a população deveria expandir sua área residencial para a Barra da Tijuca e a indústria deveria se deslocar para Santa Cruz, através da avenida Brasil (Santos, 1990, Cap. IV, p. 49).

Acompanhando a argumentação da Fiega (1969) em seu documento sobre a fusão, Ângela considera que a política guanabarina centrada em distritos industriais estaria fundamentada na pequena oferta de terrenos então existente. A autora, contudo, não leva em consideração a precariedade da análise que indica a falta de terrenos na Guanabara e a migração das indústrias para a Velha Província, apontada no Capítulo 4 e detalhada no próximo capítulo deste livro.

Como creio ter demonstrado ao comparar o total de indústrias atendidas e a área dos distritos industriais ocupada às expectativas iniciais, as políticas econômicas de Lacerda e Negrão não ganham destaque em seus governos. No primeiro, os distritos industriais abrangem apenas 1% da área inicialmente prevista e, no segundo, não há avanço na ocupação do Distrito Industrial de Santa Cruz nem ocupação efetiva do Distrito Industrial Fazenda Botafogo. Além disso, a constatação de que, ao final dos anos 1960, a via principal de acesso ao Distrito Industrial de Santa Cruz, que permanecia ocioso, ainda estava em construção parece desmentir a hipótese de que a política viária constituísse uma face da política industrial.

Ao que tudo indica, com as devidas diferenças de matizes, a política de prioridade total para a modernização do equipamento urbano e da máquina pública, desenvolvida nos governos Lacerda e Negrão, estava basicamente ligada à cultura de *capitalidade*. Corroborando essa visão, Marly Silva da Motta, ao analisar as manifestações da mídia sobre a Guanabara no ano de 1970, observa que, na passagem do governo Negrão ao governo Chagas Freitas, havia a preocupação de que a política da modernização da Belacap fosse substituída por uma estratégia de desenvolvimento econômico-social para a nova unidade federativa. Para exemplificá-la, cita matéria publicada pelo Jornal do Brasil em 4 e 5 de outubro de 1970:

> Criado o Estado da Guanabara, seus governadores tentaram lhe imprimir o hábito da autonomia. Mas, com tantos problemas imediatos a resolver, acabaram se transformando em meros prefeitos, com a única diferença de terem sido eleitos em vez de nomeados. Preocuparam-se em

inaugurar viadutos e túneis ao invés de aplicar recursos em investimentos reprodutivos. Dez anos passados. A década de 70 deve ser a da definição. A Guanabara precisa ter um governador que a caracterize como estado e determine suas reais vocações, sem o que o Rio não conseguirá recuperar o terreno perdido nos últimos 20 anos. Será uma nova Ouro Preto, Capital durante o ciclo do ouro, que hoje não passa de uma cidade belíssima, rica em monumentos e atrativos naturais, mas impraticável para a vida do dia-a-dia, do homem que deseja progredir, ganhar dinheiro e se desenvolver (Motta apud Sarmento, 1999, pp.135 e 136).

Em sua análise, Marly conclui que

havia mesmo uma aguda percepção de que, perdida "a condição de capital da República, o estado ainda não havia conseguido construir um novo perfil, uma vez que continuava sendo administrado como se fosse um município" (idem, p. 137).

Por outro lado, seguindo a vertente dos institucionalistas aqui citados, que demarcam as permanências e limitações geradas por um determinado marco institucional, Marly afirma que existiria uma *ambigüidade* nas análises que se realizariam, pois "ao mesmo tempo em que proclamava[m] a necessidade de que se tornasse um estado de fato, defendia[m] a preservação de sua 'situação única'"(idem, ibidem).

Essa ambigüidade estaria manifesta, por exemplo, no discurso de Marcelo Medeiros, político da ala chaguista:

Para que esse programa se cumpra e essa condição se confirme, basta apenas que saibamos ser fiéis à vocação nacional desta cidade-estado. ...Aqui se forma a grande síntese nacional..., pelo vigor das instituições legalmente constituídas, pelas formas de convivência que soube criar (idem, ibidem).

Dessa forma, no início dos anos 1970 continuamos, nessa região, por um lado, raciocinando de forma hegemonicamente nacional e, por outro, com uma política regional mimética e desfocada, como se pode deduzir da argumentação de Raphael de Almeida Magalhães (2001, pp. 4 e 5):

> Redescobrir funções reorganizadoras das atividades econômicas continua sendo, assim, desde a década dos 1950, o verdadeiro desafio para a cidade e sua região. Identificá-las, agora, inscreve-se, além do mais, no complexo contexto de nosso tempo, que deve considerar a globalização da economia e a necessidade vital de nova forma de articulação do Brasil com os centros decisórios internacionais.

CAPÍTULO 6

A dinâmica econômica nos anos 1960: avaliações e prospecções

Na segunda metade dos anos 1960, ocorre uma amplificação dos estudos analíticos sobre a evolução econômica da cidade do Rio de Janeiro e, também, de suas articulações com a economia da Velha Província. Em Grande Rio, João Paulo de Almeida Magalhães apud Amado (1970, p.114) relaciona esse movimento aos benefícios que a autonomia teria trazido:

> Com a autonomia, porém, e levando em conta o seu poderio econômico e financeiro, nada desprezível em escala brasileira, as autoridades locais adquiriram a possibilidade de modificar a tendência dos últimos lustros, relançando a Guanabara na disputa da liderança econômica nacional. A constituição do sistema financeiro COPEG, o lançamento da área industrial de Santa Cruz, a realização de estudos em profundidade sobre diversos aspectos da economia carioca constituem alguns dos indícios da nova mentalidade que se implantou no governo.

Entendo que as análises e estudos que surgem entre 1967 e 1970 devem-se também à maior tomada de consciência da irreversibilidade do processo de transferência da capital e de suas conseqüências econômicas e, por conseguinte, à necessidade de um melhor entendimento da realidade econômico-social desse território e da formulação de políticas de indução econômica, propugnando-se, nos trabalhos, que essas políticas passassem a ter um viés mais ativo e maior prioridade na gestão estadual.

É nítida a preocupação com a consolidação de Brasília no trabalho coordenado por Arnaldo Niskier, *Rio ano 2000*:

> Mas a consolidação de Brasília como Capital Federal antecipou-se no tempo, mercê do sentido integracionista que ela representa e da projeção internacional de sua avançada imagem arquitetônica. O mudancismo que se fazia eventualmente, ao sabor de caprichos governamentais, acelerou-se depois de março de 1964. A presença mais constante da cúpula governante no Planalto se fazia indispensável à sobrevivência do comércio de Brasília. Equilibraram-se as pressões. O contrapeso em favor de uma mudança acelerada não tardaria a deslocar o seu eixo de influência (Guanabara, Secretaria de Ciência e Tecnologia, 1970).

Entre os documentos obtidos, serão examinados aqui aqueles que, entendo, perfazem uma análise mais completa sobre a evolução econômica carioca nos anos 1940, 1950 e 1960, como também realizam propostas sobre uma estratégia de desenvolvimento econômico-social para essa região e para a sua área de influência mais próxima.[1] Dessa forma, tomam-se como base para análise o *Diagnóstico preliminar da Guanabara* (Astel, 1967), elaborado sob a coordenação de João Paulo de Almeida Magalhães e contratado pela Secretaria de Economia do governo do Estado da Guanabara na gestão Negrão de Lima por meio do seu Departamento de Expansão Econômica; *A fusão dos estados da Guanabara e do Rio de Janeiro* (Fiega/Cirj, 1969), realizado por iniciativa e coordenação da Federação das Indústrias do Estado da Guanabara e do Centro Industrial do Rio de Janeiro, tendo

---

1 O conceito de área de influência da cidade do Rio de Janeiro é aqui trabalhado de acordo com a análise feita por Lysia Bernardes (1964), conforme abordado no Capítulo 1 deste livro.

como coordenador da equipe técnica o economista Hélio Carvalho, chefe do Departamento Econômica da Fiega/Cirj; o documento preparado pela Secretaria de Ciência e Tecnologia do governo Negrão de Lima, a partir da criação de um grupo de trabalho visando a um diagnóstico do território e planejamento de longo prazo, denominado *Rio ano 2000* (Guanabara, Comissão do Ano 2000, 1970)[2] e o *Mapa econômico da Guanabara* (Astel, 1969), também contratado pela Secretaria de Economia do governo Negrão, por meio do seu Departamento de Expansão Econômica, e realizado sob a coordenação dos geógrafos Lysia Bernardes e Pedro Geiger.

DIAGNÓSTICO PRELIMINAR DA GUANABARA

Nesse documento, o objetivo central é analisar a "evolução recente da Guanabara", detalhar as causas da perda de participação relativa da economia do território e sugerir medidas de política econômica que possibilitassem a superação desse processo, utilizando a Teoria de Base Exportadora como fundamento teórico.

O documento começa explicitando que sua motivação inicial foi analisar o diagnóstico então existente de um "esvaziamento econômico" na Guanabara nos anos 1950 e na primeira metade dos 1960. Segundo o documento, existiria

> ...na opinião pública local, e não apenas entre os leigos, a convicção de que ela [a Guanabara] está diante de um rápido processo de deterioração econômica, que, se não corrigido através de radical medicação, poderá conduzi-la a gravíssima situação (Astel, 1967, v. I, p. I.01).

---

2 O trabalho da Montor-Montreal Engenharia (1967) não é aqui analisado por seu foco específico na análise da viabilidade e perspectivas da zona industrial de Santa Cruz.

Utilizam-se, como ponto de partida, análises apresentadas no Plano Doxíadis,[3] no estudo "Estado da Guanabara – Diagnóstico preliminar", realizado pelo Escritório de Pesquisa Econômica Aplicada, órgão do Ministério do Planejamento, em julho de 1966, e no trabalho organizado pela Montor-Montreal, a pedido da Copeg, *Planejamento da zona industrial de Santa Cruz*, de maio de 1967 (idem, p. 1.04); análises essas que identificavam um processo de "esvaziamento econômico" no território carioca a partir dos anos 1950.

Ao iniciar o *Diagnóstico preliminar da Guanabara*, João Paulo de Almeida Magalhães discute o conceito de "esvaziamento econômico", que, segundo ele, contempla larga margem de imprecisão. Afinal, a expressão refere-se à queda no nível absoluto da renda ou a uma expansão dessas variáveis em ritmo inferior à média nacional, à evolução da renda global ou de valores *per capita*?

Segundo o autor, para falarmos em esvaziamento econômico na Guanabara, seria preciso, em primeiro lugar, que se verificasse uma tendência de longo prazo, e, em segundo, que se tratasse de algo específico dessa unidade em relação à economia das demais unidades federativas e ao total da economia brasileira no período em exame. Essa compreensão apresenta-se em sintonia com a formulação de Moulaert (2000), que, ao discutir a globalização e as possibilidades de organização de uma política de desenvolvimento regional, afirma que poderíamos identificar um processo de estagnação numa região quando nela ocorresse certo descolamento em relação à dinâmica econômica de um determinado espaço nacional.

Ainda segundo João Paulo, seria importante levar em consideração a "peculiaridade" da separação institucional das economias da Guanabara e do antigo Estado do Rio, que teria como pólo

---

3   Plano preparado pelo escritório de urbanistas Doxíadis chamado "Guanabara, a plan for urban development", Comissão Executiva para o Desenvolvimento Urbano Cedug-Doxíadis Associates, Consultants on Development and Ekistics, nov. de 1965 (Astel, 1967, v. 1, p. 1.03).

dinâmico o território carioca, o que ocasionaria que, no processo de expansão econômica, com o deslocamento de indústrias da região central para a sua periferia, esse fosse contabilizado em outra unidade federativa. O mesmo fenômeno estaria em curso também em São Paulo, com o crescimento econômico principalmente da região do ABC paulista, nas cidades de Santo André, São Bernardo do Campo e São Caetano, que, no entanto, era contabilizado como uma dinâmica de uma única unidade federativa, a economia estadual paulista (idem, p. 1.06-1.07). Assim, tendo em vista as interações da economia carioca e a da Velha Província, não seria adequado analisar o dinamismo regional sem considerar a Guanabara e o Estado do Rio de Janeiro em seu conjunto.

Com base nessas ponderações, o autor procura analisar o que ocorre na economia do território carioca, de 1939 a 1966, examinando em especial os períodos 1949-61 e 1961-66. A análise detalhada a partir de 1949 se dá por ter ocorrido, nesse período, uma taxa de crescimento da economia carioca inferior à existente para o total do País. A separação 1949-61 e 1961-66 justifica-se por se tratar de dois momentos extremamente distintos do ponto de vista do dinamismo econômico; no primeiro, está em curso uma significativa expansão da economia brasileira, especialmente pelo desenvolvimento da indústria de bens de consumo durável e do complexo metal-mecânico e, no segundo, a atividade econômica defronta-se com um processo de ampliação da inflação, desaceleração econômica e crise político-institucional.

No período 1939-50, trabalhando com dados da FGV sobre renda interna, o autor informa que teria ocorrido um crescimento da economia carioca superior à média brasileira, tendo a sua participação na renda ampliado-se de 11,3% para 15,1% (idem, p. 1.23). Dessa forma, não caberia discutir a existência de um esvaziamento econômico da região nesse período, e deduz:

a conclusão a ser sublinhada é de que, no decênio anterior a 1950, não só deixou de ocorrer o fenômeno do esvaziamento na Guanabara, como esta revelou excelente dinamismo, superando a média brasileira e mesmo São Paulo (idem, ibidem).

Ao analisar o período de 1949 a 1961, com base em dados sobre o índice de evolução do produto real das unidades federativas, calculado pelo Centro de Contas Nacionais, Ibre/FGV (veja Tabela 18 no Anexo), o autor conclui que, apesar de o território carioca apresentar um crescimento inferior ao brasileiro, alcança um índice de crescimento de 169,42, enquanto o de São Paulo atinge 226,04; o de Minas Gerais, 165,95; o do Rio Grande do Sul, 167,98; o do Estado do Rio de Janeiro, 215,09; o da Bahia, 136,36; e o de Pernambuco, 134,45. Assim, excetuando-se São Paulo e Rio de Janeiro, não haveria como identificar um processo específico de esvaziamento desta unidade no contexto federativo brasileiro. O crescimento superior de São Paulo seria esperado, pois sua acelerada expansão seria responsável pelo elevado dinamismo da economia brasileira nesse período (idem, p. 1.24).

Com relação ao dinamismo da Velha Província, o autor considera que "no que se refere ao Estado do Rio, estamos apenas diante do defeito de perspectiva resultante da artificial separação entre aquele estado e seu pólo econômico representado pela Guanabara" (idem, ibidem).

Já a evolução da Guanabara no período 1961–64 apresentaria uma especificidade no contexto federativo brasileiro, o que pode ser visto pela Tabela 19 (veja Anexo). Isso, no entanto, em vez de uma tendência de longo prazo, refletiria um momento específico da economia nacional que estaria atingindo sobretudo a economia carioca no período em exame, tratando, o autor, a questão da seguinte forma: "Em verdade, a causa básica dos problemas da Guanabara após 1961 se situa na violenta crise que envolveu o país. Estamos, portanto, diante de dificuldades conjunturais que não atendem ao requisito qualitativo do longo prazo" (idem, p. 1.26).

Segundo João Paulo de Almeida Magalhães, essa crise teria ocorrido por causa do diminuto peso do setor agrícola na cidade – tendo sido esse setor o que menos sofreu desaceleração relativamente aos anos 1950 – como também do forte peso dos setores tradicionais nesse território, afetando a indústria carioca. Além disso, o autor afirma que, pelos dados analisados, a indústria de bens de capital também teria sido mais atingida nessa região, fenômeno para o qual não identifica as causas e que, segundo ele, mereceria estudos adicionais. Particularmente, acredito que isso se deva à importância da construção civil na região e, também, à desaceleração das obras públicas que a gestão Lacerda vinha imprimindo,[4] tendo em vista a crise e suas conseqüências fiscais, o que mereceria, no entanto, uma análise mais apurada que não cabe no escopo deste trabalho.

Dessa forma, para João Paulo de Almeida Magalhães, estaríamos apenas diante de "dificuldades conjunturais", as quais não poderiam ser qualificadas como "de longo prazo". "Na medida em que o governo federal tenha sucesso na sua política de retomada do desenvolvimento, o problema desaparecerá independentemente de qualquer esforço local", afirma o economista (idem, pp. 1.26 e 1.27).

Com relação à análise do período 1961–66, é interessante pontuar que, pelos dados coletados pelo autor, ao contrário de a Guanabara apresentar um dinamismo inferior aos demais estados brasileiros de forma constante em todos os anos desse período, essa crise se concentra nos anos de 1964 e 1965. Isso, em meu entendimento, por causa da política ortodoxa e restritiva implantada pela dupla Bulhões e Campos, que atinge sobremaneira esse território, não só pelos aspectos econômicos e as características da estrutura do PIB dessa região mas, também, pelo aspecto político de se ter, em função do regime autoritário então im-

---

4 Sobre esse assunto, veja a entrevista com Raphael de Almeida Magalhães em Silva (2004, Anexo B).

plantado, uma dura política relativamente ao gasto público e ao funcionalismo, e o desmantelamento dos sindicatos dos trabalhadores mais organizados – que se concentram significativamente nesse território –, possibilitando uma compressão salarial específica para tais setores.

Dessa forma, João Paulo entende que, apesar de a taxa de crescimento da Guanabara nos anos 1950 ter sido inferior à paulista e à brasileira, não se pode falar em uma crise particular e de longo prazo da economia carioca. Por outro lado, os dados apresentados para a primeira metade dos anos 1960 demonstrariam apenas a existência de uma crise conjuntural.

No entanto, segundo o autor, o investimento econômico dependeria também da expectativa dos agentes. Nesse sentido, o negativismo então vigente deveria ser revertido pelas conseqüências efetivas que poderia vir a gerar.

Segundo João Paulo, com base em pesquisa então realizada no setor empresarial,[5] poderia se detectar, de um lado, o sentimento generalizado de que haveria um "esvaziamento" na região mas, de outro, quando perguntada sobre a existência de informações específicas relativas à saída de empresas do território carioca,

> a maioria dos entrevistados desconhece a mudança para fora do estado de empresas do mesmo ramo. Os que declaram ter notícia de saídas, revelam-se, freqüentemente, incapazes de apoiar esta afirmativa com exemplos concretos ou não oferecem elementos para se saber se a mudança foi para cidades vizinhas do estado do Rio de Janeiro ou para outras unidades da federação (idem, p. 1.29).

O *Diagnóstico preliminar da Guanabara* ressalta, ainda, que, embora não existisse de fato o esvaziamento propagado, a situação eco-

---

5 Veja Astel (1967).

nômica da Guanabara seria bastante delicada, exigindo, portanto, que o governo estadual priorizasse as políticas de desenvolvimento econômico, visando propiciar condições para que o estado participasse tanto quanto possível da expansão dos setores dinâmicos da economia nacional (idem, v. 3, Introdução), viabilizando o relançamento da economia da região a partir da superação da crise conjuntural diagnosticada e mesmo dos riscos de longo prazo.

> Sucede, porém, que, na fase presente da nossa evolução econômica, sua situação se apresenta difícil, encerrando mesmo riscos bastante concretos de uma perda de substância a longo prazo. O governo local deve, portanto, liderar um amplo movimento de recuperação econômica, para o qual, aliás, a tese falsa do "esvaziamento" preparou amplamente os espíritos (idem, p. 11.05).

Assim, o autor propõe que o governo do estado construa, em articulação com as políticas federais, uma política de fomento ao desenvolvimento econômico na qual se priorize o setor industrial. Isso, não só por esse setor vir sendo o "carro-chefe" da economia brasileira; por ter sido o de maior dinamismo na economia carioca nos anos 1950 (idem, v. 1, p. 2.03); por ser a indústria, na conceituação teórica de François Perroux, o setor dominante; e, finalmente, por ser um setor extremamente dinâmico, tomando-se como instrumental teórico a Teoria da Base Exportadora. Além disso, ao realizar um trabalho empírico de divisão do PIB carioca nos setores "básico e residenciário",[6] o autor afirma que, individualmente, este seria o setor da economia regional com maior contribuição, participando com 28,73% do total da atividade básica (veja Tabela 20 no Anexo).

---

6   Veja o Capítulo 1.

Dessa forma, ao se elaborar uma política de desenvolvimento econômico para a região, priorizando o setor industrial, deveria fomentar-se os setores que apresentavam maior dinamismo na economia brasileira, considerando-se as características, pesos e potencialidades particulares da economia carioca e de sua região de influência. Seria preciso, também, levar em conta as políticas vigentes no plano federal, procurando articular a elas as políticas estaduais de fomento e, sempre que possível e necessário, influenciando as formulações federais.

Para viabilizar essa política, o *Diagnóstico* propõe os seguintes instrumentos e ações do governo do estado: aumento dos recursos da Copeg; empréstimos por intermédio da Copeg e do BEG, "assentados segundo prioridades da política industrial do estado" (idem, v. 3, p. 11.07); criação de uma linha de fluxos permanente para a Copeg a partir da destinação de uma parcela dos recursos do ICM, dando assim mais suporte e estabilidade a essa companhia; definição, em articulação com o poder federal, de uma política de melhoria da infra-estrutura e transporte; e uma política de treinamento de mão-de-obra e de ampliação e viabilização das zonas industriais, para as quais seria necessária uma negociação com o governo federal, em função das propriedades imobiliárias deste e, no que se refere aos distritos, à existência, nas áreas propícias a essa política, do que na época se chama de "latifúndios militares".

Deveria-se, ainda, adotar uma política para o setor de serviços, que não poderia ser "menosprezada", tendo em vista sua importância para a economia carioca, para a qual o autor propõe uma prioridade àquelas atividades do setor que tivessem maior capacidade exportadora, priorizando o fomento ao turismo interno e internacional; a consolidação da Guanabara como principal centro financeiro do País – o que se daria, basicamente, por meio de uma negociação do governo do estado com o poder federal no sentido de "manter no Rio o sistema bancário federal (BB, BNDE, BNH, Banco Central etc.)", conforme "a experiência de países como os EUA em que a capital bancária é Nova

York" (idem, p. 10.24 e 11.09);[7] a elaboração de uma política que procurasse apoiar o comércio atacadista ainda existente na região; uma linha de apoio à ampliação e aperfeiçoamento do sistema universitário; e uma política visando fortalecer os serviços técnicos e profissionais ao setor produtivo do território que teriam importância nacional.

No que tange a essas duas últimas linhas, o autor as articula também ao conceito de setores "básico e residenciário", tendo em vista o maior peso relativo dessas atividades nessa cidade *vis-à-vis* as outras regiões brasileiras, além da importância que adquirem no próprio território carioca.

Por último, o autor recomenda que não se menospreze o impacto negativo da mudança da capital e propõe a negociação com o poder federal da manutenção no Rio de Janeiro das atividades que não impedissem a consolidação de Brasília como capital e permitiriam à antiga capital permanecer como centro dirigente nacional e gerador de sinergias entre os setores público e privado (idem, p. 10.25–10.30 e Tabelas X.6 e X.7).

A FUSÃO DOS ESTADOS DA GUANABARA E DO RIO DE JANEIRO

Basicamente na mesma linha do *Diagnóstico preliminar da Guanabara*, o Centro Industrial do Rio de Janeiro e a Federação das Indústrias do Estado da Guanabara organizam um trabalho, em três volumes, denominado *A fusão dos estados da Guanabara e do Rio de Janeiro*, para estudar "as razões que justificavam a separação dos estados do Rio de Janeiro e Guanabara em duas unidades sob comandos político-

---

7   Na segunda metade dos anos 1960, o Rio de Janeiro é a sede formal e real do BNDE e do BNH. As sedes do Banco do Brasil e do Banco Central encontram-se formalmente em Brasília mas operam, na prática, a partir da cidade do Rio de Janeiro (Astel, 1969, p. 3.49).

administrativos distintos, embora economicamente afins" (Fiega/Cirj, 1969, v. 1, Apresentação).

Nesse sentido, afirmam os autores que essa iniciativa seria apenas uma retomada dos estudos realizados em 1960 e que haviam concluído pela união político-administrativa dos dois estados. Assim, o documento analisa a separação institucional das duas unidades e a possibilidade da fusão sob os aspectos econômico, político e administrativo. Aqui, examinaremos a parte desse documento relativa à economia, com base no estudo de José de Almeida (volume 1) sobre as perspectivas da economia carioca e fluminense, no qual defende a idéia da fusão, e do texto em que João Paulo de Almeida Magalhães (volume 2) estuda os principais "complexos industriais" da região.

José de Almeida, em seu estudo *Análise econômica,* aponta que o território carioca se encontraria em uma delicada situação do ponto de vista do seu dinamismo econômico, sendo necessária uma reversão desse processo. Ou seja, em linhas gerais, ele trabalha com uma análise próxima à do *Diagnóstico preliminar da Guanabara.* Entretanto, carrega nas tintas quanto à perda de participação da Guanabara, aproximando-se da tese do "esvaziamento" criticada por João Paulo de Almeida Magalhães.

O autor examina em especial a evolução econômica desse território nos períodos 1954–64 e 1958–66, agregando, dessa forma, o período 1961–66, que, de acordo com João Paulo, apresentaria uma especificidade com ocorrência apenas de uma crise econômica conjuntural na Guanabara. José de Almeida chega a afirmar que

> mantidas as atuais tendências, é bem possível que o Censo de 1970 venha revelar que a Guanabara não será mais o segundo centro industrial brasileiro, pois já terá perdido essa posição para o Estado do Rio, que, depois de ultrapassar Minas Gerais, na metade da década passada, disputou o terceiro lugar com o Rio Grande do Sul, afirmando-se nessa posição por volta de 1965 (idem, p. 11).

Efetivamente isso não acontece. Antes, o Estado do Rio chega aos anos 1970, do ponto de vista industrial, em quinta posição, novamente ultrapassado por Minas Gerais e pelo Rio Grande do Sul, mantendo-se a Guanabara em segunda posição, conforme podemos verificar na Tabela 3 (veja Anexo).

O autor comete esse equívoco por se basear em dados preliminares para os anos de 1965 e 1966 (idem, ibidem) e, considerando o fato de o Estado do Rio apresentar taxas de crescimento nos anos 1950 e início dos 1960 muito próximas às de São Paulo e superiores às da Guanabara, Minas e Rio Grande do Sul, afirmar que isso se deveria à migração de indústrias do território carioca para o território fluminense desencadeando um processo semelhante ao de São Paulo. José de Almeida não leva em conta a falta de informações condizentes que comprovem a significativa migração de indústrias para a Velha Província – apesar do senso então comum entre os formadores de opinião dessa região, conforme vimos ao longo deste trabalho e detalharemos neste capítulo. José de Almeida não leva em devida consideração o fato de o dinamismo da indústria da Velha Província estar baseado sobretudo em investimentos federais, concentrando-se as suas atividades nos setores metalúrgico e químico, que representariam, segundo os dados do Registro Industrial do IBGE para 1965, 52,06% da produção industrial do estado (idem, v. 2, p. 2).[8]

Assim, tomando por base as premissas apontadas e o período de análise empírica escolhido, José de Almeida afirma que "no que diz respeito à estagnação do setor industrial, é pacífico que a Guanaba-

---

8 O autor cita a importância desses investimentos, informando que "não se pode negar que os empreendimentos oficiais realizados em território fluminense tiveram ação decisiva nesse desenvolvimento acelerado. A instalação de Volta Redonda, sem dúvida, o mais decisivo de todos, teve profunda repercussão sobre as atividades econômicas do estado, contribuindo de forma singular para o renascimento do Vale do Paraíba. Foram também expressivas as influências da Refinaria de Duque de Caxias, a Fábrica Nacional de Motores e, em menor escala, a Companhia Nacional de Álcalis" (idem, p. 47). No entanto, trata essa questão de forma absolutamente marginal no decorrer de sua análise.

ra já atingiu o ponto de saturação e começam a agir as deseconomias de aglomeração" (idem, v. 1, p. 40).

Com relação ao setor terciário, o autor afirma que, em decorrência "do gradual desaparecimento do papel de metrópole nacional, menos pela perda das prerrogativas de capital federal do que pelo próprio desenvolvimento econômico nacional", esta região estaria passando por uma "involução" (idem, v. 2, p. 3.) Isso porque, com o processo de crescimento que a economia brasileira vinha apresentando, a substituição de importações e o rodoviarismo, a cidade do Rio de Janeiro viria perdendo importância, tendo em vista a perda de centralidade de seu porto e do comércio atacadista, como também o surgimento de "metrópoles regionais".

Por último, no que tange ao setor agrícola, ele declara:

> a agricultura, na Guanabara, tem pouca significação relativamente aos demais setores de atividade. Desde a década dos 40 que se verifica acentuada redução das atividades agrícolas nesse estado. Os constantes loteamentos de antigas fazendas, em conseqüência da expansão urbana da cidade, vêm tornando praticamente impossível a atividade agrícola no seu território (idem, p. 19).

Com base nesse diagnóstico, José de Almeida propõe a fusão, argumentando que o Vale do Paraíba fluminense detinha grande potencial de crescimento, tendo sua economia impulsionada pela saturação da Guanabara e por constituir-se em área de passagem entre Rio de Janeiro e São Paulo. Criando uma "unidade político-administrativa", a fusão cumpriria a tarefa de proporcionar a melhor organização do espaço regional e maior alavancagem das tendências identificadas. Assim, seria possível não só articular uma coordenada política de fomento industrial para a cidade do Rio de Janeiro e sua área de influência como reforçar o papel dessa cidade como metrópole regional, impulsionando seu setor terciário com o fim da "barreira político-administrativa" que lhe impedia de "receber os estímulos irradiados pelo extraordinário dinamismo" que vigoraria nas atividades urbanas do Estado do Rio" (idem, p. 47).

Da mesma forma, o setor agrícola do antigo Estado do Rio, que ainda utilizava processos de produção arcaicos, poderia, com o processo de fusão, se beneficiar com as "medidas de estímulo e fomento para o seu reerguimento, condição imperativa para a sustentação do ritmo de desenvolvimento regional" (idem, v. 1, p. 48). Assim, segundo José de Almeida,

> desde que se tome a fusão menos como uma solução em si mesma, do que como a abertura de melhores perspectivas para a solução dos problemas do desenvolvimento econômico da área, a unificação das políticas de industrialização vai permitir que a agricultura receba maior atenção, o que, vale à pena frisar mais uma vez, é um imperativo do próprio desenvolvimento acelerado. É no desenvolvimento da agricultura que está a solução do grave problema de mão de obra sem qualificação da área urbana. Por esta razão, prevê-se um aumento substancial da taxa de crescimento do setor primário, da ordem de 4% ao ano (idem, p. 53).[9]

Na mesma linha de análise, abordando a separação institucional dos estados da Guanabara e do Rio de Janeiro – território que, segundo Lysia Bernardes (1964), formava uma única região econômica – e a possibilidade de fusão, João Paulo de Almeida Magalhães examina os complexos industriais existentes nesses dois territórios. Na intro-

---

9 Essa visão é muito evidente no governo da fusão, aparecendo o setor agrícola como a prioridade mais citada em entrevista concedida pelo governador Faria Lima ao CPDOC (veja Motta apud Sarmento, 2001), o que, em meu entendimento, é uma das marcas da ausência ou do equívoco das políticas regionais de fomento à economia existente no território carioca e, posteriormente, fluminense, desde a criação do Estado da Guanabara.

dução a seu estudo, o autor esclarece que utilizará a expressão "complexo industrial" no sentido corrente –"grupo de indústrias constituído de atividades do mesmo tipo e de outros a ela fortemente ligados, seja através do fornecimento de matérias-primas, seja do aproveitamento de produtos e subprodutos" (idem, v. 2, Introdução) – e ressalta que, em função da pouca disponibilidade de tempo e recursos,

> não houve levantamentos estatísticos especiais ou pesquisa de campo direta. Procurou-se, simplesmente, recolher e examinar as informações existentes em diversas fontes. Foram também realizadas numerosas entrevistas com especialistas e pessoas ligadas aos setores em foco (idem, ibidem).

Pelo mesmo motivo, o autor restringe-se a estudar os complexos petroquímico, metalúrgico, naval, pesqueiro, do açúcar e do sal, não incluindo no escopo de seu trabalho outros complexos que consideraria importantes, como o têxtil. Os critérios utilizados para a escolha desses complexos, no bojo de um trabalho que se propõe a examinar a possibilidade da fusão, não são explicitados e, segundo o autor, tal seleção teria sido definida pela contratante, a Fiega. Parece provável, no entanto, que a Federação tenha escolhido os setores naval, petroquímico e siderúrgico, por sua importância para o dinamismo econômico da região como um todo, ao passo que os complexos do açúcar (idem, p. 115) e da pesca (Guanabara, 1974, v. 2, Cap. 2, anexos) teriam sido selecionados por serem, individualmente, os mais importantes no setor agrícola do estados do Rio de Janeiro e da Guanabara, respectivamente, sendo a pesca também relevante para as economias de Niterói e São Gonçalo. Quanto ao complexo salineiro, é provável que a escolha se deva ao peso deste na Região dos Lagos, representando a principal atividade econômica dos municípios de Araruama e São Pedro da Aldeia, onde absorvia 34,4% e 56,9% da mão-de-obra, respectivamente, e a

Companhia Nacional de Álcalis respondia por 72,6% do valor da produção de Cabo Frio e por 66,7% do total do valor da produção da Região dos Lagos, com expressiva influência na economia do Estado do Rio de Janeiro (Fiega/Cirj, 1969, v. 2, p. 140).

João Paulo de Almeida Magalhães inicia esse trabalho com uma análise global da estrutura das indústrias carioca e fluminense, afirmando que, na Velha Província, haveria acentuada concentração nos setores químico e metalúrgico. Já a Guanabara contaria com estrutura industrial bem mais diversificada que a fluminense, em que se destacavam ("com dominância") os setores:

QUADRO 6.1
SETORES DOMINANTES NA INDÚSTRIA DA GUANABARA.

Setor	Participação na produção total da indústria (%)
Minerais não-metálicos	5,60
Mecânica	3,64
Material elétrico e de comunicações	5,21
Mobiliário	2,40
Couros, peles e similares	1,29
Produtos farmacêuticos e medicinais	6,20
Perfumaria, sabões e velas	3,21
Produtos de matérias plásticas	3,10
Vestuário e artefatos de tecidos	5,24
Bebidas	3,93
Fumo	6,73
Editorial e gráfica	6,08

Fonte: Fiega/Cirj (1969, v. 2, p. 4).

O autor explora, nesse texto, o conceito de indústrias dominantes não no sentido atribuído por François Perroux, mas sim como sendo aqueles setores industriais que teriam um peso relativo, no total da indústria de determinada unidade federativa, maior do que o seu peso no total Brasil, seguindo, portanto, a linha da Teoria de Base Exportadora.[10] João Paulo afirma ainda que

> se considerarmos ...que o efeito de dominação apenas atinge dimensões significativas quando o percentual local supera de duas vezes o nacional, veremos que a Guanabara, apenas em Produtos Farmacêuticos e Medicinais, Produtos de Perfumaria, Sabões e Velas, Produtos de Matérias Plásticas, Fumo e Editorial e Gráfica, atinge esse grau de importância. Verifica-se, portanto, forte concentração em setores ligados à indústria química e que, inclusive, até recentemente, eram incorporados àquele grupo. A superioridade registrada nos ramos Bebidas, Editorial e Gráfica, Vestuário e Artefato de Tecidos e Mobiliário se explica pelo fato de a Guanabara representar o segundo mercado do país (idem, p. 4).

A partir desse ponto, o autor procura analisar o dinamismo das duas regiões, na mesma linha do *Diagnóstico preliminar da Guanabara* realizado dois anos antes, declarando dessa vez, por meio de maior pontuação entre os dinamismos dos dois territórios, que, com base nos dados relativos à evolução, entre 1949 e 1965,[11] a Guanabara seria uma "região industrial em decadência e que o estado vizinho realiza seus primeiros passos no caminho de um grande surto manufatureiro" (idem, p. 8). Isso porque, nesse momento, o território carioca se basearia mais em indústrias tradicionais e o fluminense em duas indústrias mais dinâmicas, como a metalúrgica e a química. Nesse ponto, o autor defende a idéia da fusão:

---

10 Veja o Capítulo 1.

11 Veja Tabela 21 no Anexo.

Constitui erro elementar ...a separação de duas regiões que constituem, de fato, um todo econômico. No livro hoje clássico "Anatomy of a Metropolis", Hoover e Vernon[12] mostram que a cidade de Nova York, bem como as seis principais cidades de sua área metropolitana, registram queda absoluta no número de trabalhadores ocupados na indústria. Em sentido contrário, a parte da área metropolitana situada fora dessas cidades registra rápido incremento em emprego industrial. Esse fenômeno, que segundo os autores ocorre igualmente em numerosas outras áreas metropolitanas dos Estados Unidos, constitui resultado de forças socioeconômicas incoercíveis (idem, p. 8).

Ou seja, o autor defende a idéia de que, com o desenvolvimento industrial, a indústria tenderia a se derramar de seu núcleo central para a periferia, sendo que esse fenômeno viria acontecendo nessa região, conforme poderíamos identificar pelo fato de que "boa parte das indústrias em rápido crescimento relativo no estado vizinho são exatamente aquelas apontadas como dominantes ou de maior viabilidade na Guanabara" (idem, ibidem).

No entanto, ao analisarmos a Tabela 21 (veja Anexo), notaremos que, dos cinco setores industriais listados pelo autor como tendo dominação de "dimensões significativas" na Guanabara, somente apresentam um dinamismo na Velha Província superior ao do total da indústria naquela região aqueles vinculados aos setores Produtos Farmacêuticos e Medicinais e Perfumaria, Sabões e Velas. Os setores de Matérias Plásticas, Vestuário e Editorial e Gráfica mostram dinamismo bem abaixo da média do antigo Estado do Rio.

Além disso, no que se refere ao setor de Perfumaria, Sabões e Velas, ainda de acordo com a Tabela 21, verificamos um dinamismo apenas ligeiramente superior ao existente para o total da indústria flu-

---

12 A Double Day Anchor Book. Harvard University Press, 1959.

minense no período 1949–65 e, ainda, para o período 1959–70, de acordo com a Tabela 16, constatamos uma perda de participação relativa de 0,85% para 0,44%. Assim, das indústrias classificadas pelo autor como claramente dominantes na Guanabara somente a de Produtos Farmacêuticos e Medicinais apresentaria um marcado dinamismo, não só no período 1949–65, mas também de 1959 para 1970. No entanto, esse setor tem um peso diminuto no total da indústria da Velha Província, representando, em 1970, apenas 1,85% do total do valor da produção industrial.

Por último, para aqueles setores industriais da Guanabara – relacionados no Quadro 6.1, que apresentariam dominância sem atingir, no entanto, "dimensões significativas", ou seja, em que o percentual local não superaria de duas vezes o nacional e que, teoricamente, pelo efeito de derramamento, estariam apresentando um maior dinamismo no Estado do Rio –, somente encontramos um crescimento significativo, na Velha Província (de acordo com a Tabela 21), nos setores Mecânico, Materiais Elétricos e de Comunicações e Mobiliário, que, no entanto, representam apenas 1,98% do valor da produção industrial da Velha Província.

Ou seja, dos 12 setores industriais classificados por João Paulo como "dominantes" na Guanabara, apenas quatro estariam apresentando "um rápido crescimento relativo" no antigo Estado do Rio. Ademais, eles representariam somente 3,83% do total da produção industrial do antigo estado. Assim, não podemos afirmar que o dinamismo da indústria deste derivasse da migração de indústrias da Guanabara, mas, sim, que estaria fundamentalmente vinculado aos investimentos federais.

Também em defesa da idéia de que estaria ocorrendo um significativo movimento de indústrias da Guanabara para o antigo Estado do Rio, José de Almeida utiliza o resultado do inquérito realizado pela Fiega/Cirj com industriais da Guanabara (Astel, 1967), no qual se afirma que de 165 empresas que responderam a pergunta: "Se fosse iniciar agora sua atividade onde localizaria sua fábrica?", 83 declararam-se descontentes com a localização atual. [Sendo que] das empresas que declararam preferir localizar-se fora da Guanabara, 68% optaram por São Paulo, 27%, pelo Estado do Rio e 6%, pela Bahia (Fiega/Cirj, 1969, v. 1, p. 41).

No entanto, ao analisarmos a pesquisa, verificamos que, de acordo com a Tabela 22 (veja o Anexo), das 14 indústrias que se declararam "descontentes" com a localização e que optariam por instalar-se no Estado do Rio, 50% concentravam-se no setor de Vestuário. Contudo, de acordo com a Tabela 16, em 1959, essa indústria representa apenas 6% do total do valor da produção industrial da Guanabara. As demais empresas insatisfeitas encontravam-se pulverizadas entre os setores Minerais Não-Metálicos, Material Elétrico, Madeira, Química, Matérias Plásticas, com uma única resposta em cada qual, e no setor Têxtil, com duas respostas do total.

Além disso, a pergunta dirigida aos industriais na citada pesquisa não tinha o intuito de averiguar se os empresários estariam avaliando a possibilidade de transferir suas atividades produtivas para o antigo Estado do Rio, ou mesmo se, em caso de ampliação das atividades, instalariam uma nova planta nesse estado. Na verdade, a pergunta é a seguinte: "Se V. Sa. resolvesse constituir sua empresa hoje, onde localizaria sua fábrica?" (Astel, 1967, v. 4, Tabela A-1).

Após analisar as tendências espaciais da economia carioca e da Velha Província, João Paulo de Almeida Magalhães parte para o exame dos complexos industriais naval, petroquímico, siderúrgico, pesqueiro, açucareiro e salineiro instalados no território compreendido pela Guanabara e pelo Estado do Rio de Janeiro.

No estudo dos complexos químico e siderúrgico instalados na região, o autor ressalta que esses − com forte presença estatal − tenderiam a uma perda de participação em relação ao peso total dos complexos químico e siderúrgico na economia brasileira. No complexo petroquímico, essa perda da participação regional ocorreria pela importância que os pólos de Camaçari (BA) e Cubatão (SP) vinham adquirindo e pela modesta participação da região de Caxias no plano estratégico então em curso pelo governo federal (Fiega/Cirj, 1969, v. 2, p. 99).

O complexo siderúrgico, localizado na região do Vale do Paraíba, também apresentaria igual tendência, dada a estratégia espacial para o setor definida pelo governo central. Segundo o autor, apesar de a análise técnica realizada pela empresa de consultoria Booz Allen Hamilton (Bahint) indicar que o complexo fluminense poderia ter uma participação na produção de aço em torno de 50% em 1972, a perspectiva era de uma participação de apenas 24%, em decorrência da política de investimentos definida pelo executivo federal no Plano Siderúrgico Nacional (idem, p. 58-60).

O complexo naval – de significativa relevância para a economia da região Guanabara–Estado do Rio, ainda que, como indústria montadora, apresentasse pequena verticalização na região, comprando no mercado paulista 80% dos dois mil itens que compõem um navio (idem, p. 27) – teria uma tendência menos previsível diante da "instabilidade de mercado, motivada pela falta de um fluxo constante e crescente de encomendas". No entanto, haveria no período uma perspectiva positiva, tendo em vista as políticas adotadas pela Comissão de Marinha Mercante a partir de 1967 e via a política de financiamento do BNDE (idem, p. 33).

No caso do complexo do açúcar, o autor não vê grandes perspectivas, considerando não só a existência, na principal região produtora, o norte do estado, de "um processo de estagnação sobretudo quando esta se considera em termos de produtividade" (idem, p. 132), como também porque a produção açucareira se situaria no grupo de indústrias tradicionais cuja demanda cresceria mais lentamente que outros gêneros.

No que se refere ao setor pesqueiro, esse complexo viria tendo, na Guanabara–Estado do Rio, uma perda de participação no total da quantidade de pescado capturada no Brasil, decaindo de 20,84%, em 1961, para 15,38%, em 1967. Segundo João Paulo, esse setor teria boas perspectivas em vista da política de fomento à pesca que viria sendo implementada pelo governo federal por meio da Superintendência do Desenvolvimento da Pesca (Sudepe) (idem, p. 110). Nesse sentido, esse complexo, que teria a sua centralidade nas regiões de Niterói e São Gonçalo, poderia vir a ser dinamizado

> na medida em que houvesse uma maior interligação de órgãos da união GB e RJ visando estabelecer uma política integrada para a região. Esta política, teria entre outros objetivos, aumentar a capacidade do entreposto federal de pesca do Rio de Janeiro, melhoria da rede de distribuição, reexame da legislação na esfera dos Governos Estaduais, visando eliminar entraves burocráticos, dar maior atenção às colônias de pesca, visando modernizá-las e adaptá-las às condições socioeconômicas da região, possibilitar melhores condições de comercialização principalmente no estado do Rio, desenvolver a frota pesqueira não só no que diz respeito ao número de embarcações como também a capacidade de carga e estudar a possibilidade de incentivos fiscais e creditícios" (idem, p. 114).

Segundo o autor, o complexo salineiro também teria boa perspectiva, levando-se em conta a crescente demanda industrial, que, no entanto, exigia investimentos na "implantação de maquinarias adequadas, facilidades de escoamento e aprimoramento qualitativo do produto". Assim, uma vez que a quase totalidade das salinas na Região dos Lagos trabalhava "com métodos antiquados e, muitas vezes, em condições precárias até mesmo para sua subsistência" (idem, p. 148), seria necessário que o problema salineiro fosse objeto de um exame detalhado visando à fusão de empresas e à reunião de "recursos financeiros para a execução de planos cabíveis e racionais no setor, devendo o governo desempenhar papel importante nesse planejamento" (idem, ibidem).

Após analisar as tendências econômicas dos dois estados e as perspectivas dos complexos industriais situados em seus territórios, João Paulo de Almeida Magalhães examina a possibilidade de fusão dessas duas unidades e, também, a sua possível repercussão nesses complexos. O autor defende a tese da fusão baseado no fato de que, de acordo com Lysia Bernardes (1964), o território Guanabara–Estado do Rio de Janeiro teria como único pólo dinâmico a cidade do Rio de Janeiro. Dessa forma, a partir da fusão, a região central poderia investir em infra-estrutura na sua área periférica, como ocorrera no Estado de São Paulo, onde, no entender do autor, o investimento na periferia fora possível em função da riqueza gerada pelo ciclo cafeeiro e pelo primeiro surto industrial, ocasionando o "derramamento" da indústria para aquela área.

Na Guanabara, isso não teria sido possível pela separação institucional entre a região e o antigo Estado do Rio. Ao invés, adota, a partir de sua autonomia, uma política agressiva de investimentos em infra-estrutura urbana, não sendo possível, no entanto, realizar investimentos em sua periferia. Com relação ao assunto, o autor cita:

> Considerando especificamente o caso da indústria, lembraríamos, por exemplo, que um dos pontos ideais, para se localizar um distrito industrial para o Grande Rio, é no município vizinho de Caxias. O governo carioca não pôde, contudo, legalmente realizar os investimentos de infra-estrutura, as desapropriações etc., necessários para tanto. Diante disso, viu-se forçado a escolher outras áreas dentro do Estado, caindo a opção sobre Santa Cruz, incontestavelmente inferior à Caxias do ponto de vista de localização industrial (idem, p. 155).

Afirma ainda que:

Lembraríamos, finalmente, que pelo menos parte das indústrias que se localizaram no ABC paulista, poderiam estar hoje nas cidades satélites da Guanabara, não fora as notórias deficiências de infra-estrutura urbana aí existentes (idem, ibidem).

O autor declara, também, que a fusão poderia trazer vantagens do ponto de vista da capacidade do novo estado para pressionar o poder federal, uma vez que ganharia a maior força política, econômica e de representação parlamentar. Aliada à força política, o novo estado teria ainda maior capacidade de geração de linhas de argumentação que comprovariam

> ...coincidir os interesses do estado com os ditames da maior eficiência econômica em nível nacional. Para tanto, a preparação de estudos e análises de alto nível técnico apresenta fundamental importância. Ora, a administração estadual da Guanabara, possivelmente a de melhor nível do país, teria possibilidade de exercer mais produtivamente suas aptidões no âmbito ampliado de um novo estado que reunisse GB e RJ (idem, p. 156).

Além disso, as áreas industriais do antigo Estado do Rio poderiam passar "a se beneficiar, imediatamente, dos empréstimos da Copeg, da capacidade de captação de recursos externos da GB, de investimentos de infra-estrutura realizados com fundos oriundos de uma receita estadual bem mais ampla, etc." (idem, p. 153).

Com base nisso, o autor faz uma análise sobre a repercussão da fusão em cada um dos complexos industriais estudados. Relativamente ao setor siderúrgico, menciona que

> a Cosipa e a Usiminas resultaram da iniciativa de governos estaduais que, sem indagar se existia ou não uma política nacional para o setor, decidiram lançar projetos siderúrgicos em seus territórios. Os argu-

mentos utilizados para tanto, pertencem mais à ordem política do que à racionalidade econômica. Alegava um estado que, sendo o maior fornecedor de insumos siderúrgicos, deveria ter uma usina integrada de grande porte. O outro chegava à mesma conclusão, alegando sua qualidade de maior consumidor (idem, p. 158).

No mesmo sentido, na gestão Lacerda, o governo carioca teria iniciado o processo de criação da Cosigua. Segundo João Paulo, o governo estadual não tinha a intenção de levar esse projeto até o final por meios próprios, mas sim forçar uma situação que viria a gerar o apoio federal. Segundo ele, tal iniciativa não teria sido bem-sucedida pelo "fato de toda uma série de estudos anteriores terem comprovado a incontestável superioridade da ponta de Tubarão no Espírito Santo" (idem, pp. 158 e 159).

Acredito que também deve ter contribuído para a demora na concretização do início das atividades regulares da Cosigua, que só ocorre no início dos anos 1970, a problemática relação de Lacerda com a esfera federal.

João Paulo assinala, ainda, que, no caso da CSN, o relatório da Booz Allen Hamilton – segundo ele, elaborado em bases "estritamente técnicas" por "técnicos independentes" – indicava que a empresa deveria participar com o dobro do previsto nas metas do Plano Siderúrgico Nacional para o período. A atuação conjunta ou a fusão dessas duas unidades e de uma política de pressão e influência sobre o poder central poderia proporcionar ao território Guanabara-Estado do Rio de Janeiro uma participação, nesse ramo, maior do que a prevista no plano estratégico federal.

No que se refere ao complexo petroquímico, a atuação do novo estado poderia dar-se por meio de ações econômicas e políticas. No campo econômico, poderia o governo advindo da fusão, com maior capacidade tributária e financeira, investir em melhoria das facilidades e infra-estrutura na região de Caxias, o que contribuiria para uma maior complementaridade do complexo. O governo da nova região poderia também

> ...reivindicar uma parcela maior do bolo, em rápida expansão, da indústria petroquímica governamental. Presentemente as grandes beneficiárias são a Bahia e São Paulo. Estudos bem conduzidos poderiam revelar certo número de produtos para os quais as vantagens locacionais de Caxias equivalem às existentes nos dois estados acima (idem, p. 160).

Tendo em vista a estagnação do complexo açucareiro, o governo do estado deveria, em articulação com a esfera federal, organizar uma política de diversificação da atividade produtiva no norte do estado, principal área de concentração do complexo. Segundo o autor, essa política, que passaria pela organização de distritos industriais e mecanismos de financiamento, seria "de difícil realização por um Estado do Rio deixado às suas próprias forças" (idem, ibidem).

Na área naval, a atuação da esfera estadual seria menos importante do que nos três complexos industriais anteriormente citados. Isso, não só pelo seu porte como também porque as decisões do poder central a respeito de localização não vinham sendo influenciadas por pressões políticas, como ocorria, por exemplo, na esfera siderúrgica, na qual freqüentemente ocorriam decisões "antieconômicas".

Ao complexo pesqueiro, que vinha apresentando uma perda de participação no total da produção nacional, o governo do estado poderia dar uma importante colaboração articulando-se com a Sudepe, para obter concessão de financiamentos para aquisição de equipamentos, máquinas e implementos destinados à captura. Além disso, poderia também contribuir com iniciativas de apoio à superação de deficiências no fabrico de gelo e nos sistemas de distribuição e comercialização do pescado.

Da mesma forma, no complexo salineiro, excetuando-se a Álcalis, a esfera estadual unificada poderia cooperar de modo significativo para a modernização dessa atividade produtiva na Região dos Lagos, tendo em vista as precariedades e o seu menor porte relativamente a atividades como a petroquímica, siderúrgica e naval.

Dessa forma, o autor conclui pelas "incontestáveis vantagens para os complexos industriais da região" (idem, p. 163) da unificação da Guanabara e do Estado do Rio, levando-se em conta a escassez de recursos e de capacitação administrativa do antigo Estado do Rio e o maior poderio político que a nova unidade federativa angariaria.

Afirma, porém, que uma boa parte das medidas que deveriam ser adotadas para a dinamização das atividades econômicas no território Guanabara-Estado do Rio de Janeiro poderiam ser alcançadas sem a fusão, por meio de "simples" medidas de integração das políticas econômicas executadas pelos dois governos estaduais.

Propõe, então, sucintamente, um processo de fusão em que houvesse, inicialmente, "um processo de integração econômica, complementado e apoiado pela institucionalização da área metropolitana da Guanabara" (idem, ibidem) e, posteriormente, a transformação das duas regiões em uma única esfera administrativa.

João Paulo afirma que tal proposição derivaria de sua preocupação com o fato de que a fusão, que teria inegáveis benefícios econômicos a longo prazo, poderia vir a ser prejudicada por riscos de curto prazo de natureza econômica e política, que não são nesse trabalho detalhados pelo autor, tendo em vista o escopo do mesmo.

RIO ANO 2000

Na mesma linha de proposições industrialistas – embora incorporando de forma distinta elementos da história e características locais do território –, encontra-se o documento *Rio ano 2000*, coordenado pelo então secretário de Ciência e Tecnologia no governo Negrão de Lima, Arnaldo Niskier, que apresenta, na introdução, o subtítulo "Rio – uma vocação de progresso". Tal trabalho é realizado por uma iniciativa do governo do estado, no final dos anos 1960, em um momento em que se torna comum, internacionalmente, a criação de comissões a fim de prospectar[13] a situação econômico-social da sociedade no fim do milênio.

Na verdade, esse trabalho surge não só no bojo do simbolismo do calendário gregoriano, aparecendo o ano 2000 como uma "etapa símbolo", como também pelo início da tomada de consciência da irreversibilidade do processo de transferência da capital, passando então a tornar-se mais necessário superar o "pálido" conhecimento que o carioca teria dos problemas locais, entendendo, então, que, a partir da autonomia conquistada em 1960 e "senhor do próprio destino, [seria necessário iniciar] um esforço da descoberta de sua própria realidade cultural, sociológica e econômica" (Guanabara, 1970, p. 15).

Nesse trabalho, Arnaldo Niskier propõe que se pense uma política de fomento à indústria para a Guanabara, levando-se em conta a densidade territorial, tecnológica e educacional da cidade do Rio de Janeiro. Assim, introduz uma variável nova às políticas industriais que vinham sendo sugeridas e/ou executadas pautadas nos distritos industriais e na Teoria de Base Exportadora, sugerindo que se articule, à política industrial, uma política tecnológica, a ser executada pelo governo estadual, que teria, como suporte, os centros de pesquisa e universidades aqui existentes, as potencialidades da indústria carioca e as prospecções que

---

13 O termo "prospectar" é aqui usado em consonância com o conceito de "prospectiva" que, segundo o documento que ora analisamos, teria sido "criado pelo filósofo Gaston Berger para qualificar uma atitude que consiste em tomar decisões não somente como conseqüência de uma situação existente ou para enfrentar as necessidades do momento, mas, sobretudo, tendo em vista as conseqüências a longo prazo. O futuro é concebido como o tempo das coisas a fazer, em oposição ao passado – o tempo das coisas feitas – e este futuro resulta em parte de decisões tomadas no presente. Estas só podem ser tomadas corretamente se tivermos uma idéia do futuro, entendido que somente uma parte deste futuro pode ser orientada. É a decisão na situação de informação incompleta, portanto, com certo grau de incerteza. O termo "futurologia" é mais geral do que "prospectiva" porque este último implica certa visão filosófica do futuro" (Guanabara, 1970, p. 11).

se fariam sobre os setores de base tecnológica com maior perspectiva de dinamismo. Isso estimularia o que o autor chama de "setor quaternário" e pode ser notado com clareza no trecho a seguir, em que o documento reproduz parte de entrevista concedida por Niskier ao jornal O Globo, em 27 de janeiro de 1970, quando analisa criticamente as políticas de fomento ao desenvolvimento econômico que viriam cometendo

> um erro, a seu ver, capital, em relação ao futuro do Estado da Guanabara: o de querer destinar-lhe um papel que não corresponde a sua vocação. "É evidente ...que nunca se poderá estabelecer aqui um complexo industrial segundo o modelo paulista. Logo surgiriam problemas como, por exemplo, o das áreas utilizáveis, embora ainda nos restem terrenos em Santa Cruz, na avenida das Bandeiras e outras áreas. Por sua tradição de centro cultural e científico, pioneiro em todos os sentidos, ao longo de quase dois séculos em que foi sede do governo central, o Rio demonstra a sua nítida vocação de foco irradiador de técnicas sofisticadas e centro criador de tecnologias avançadas. Assim, os fatos indicam que, ao lado de uma eficiente ação governamental, no sentido de dinamizar o setor secundário (indústria) já instalado, cabe ao estado partir para o estabelecimento de uma forte base para o setor quaternário – da produção e exportação de uma tecnologia moderna, com a criação de grandes centros de pesquisa científica e desenvolvimento tecnológico (idem, p. 46).

Arnaldo Niskier propõe, ainda, que a política, na qual se articularia o binômio indústria-pesquisa, seja feita de forma integrada à política de ciência e tecnologia que já viria sendo fomentada pelo governo federal.[14] O autor trata dessa questão do modo transcrito a seguir, quando critica o atraso das políticas públicas na região:

---

14 Sobre a política federal de ciência e tecnologia, ver detalhamento do autor em *Rio ano 2000* (Guanabara, 1970, p. 41).

Claro que para um propósito de tal envergadura é necessário que se disponha não só de uma estratégia e de poderosos sistemas financeiros, como de um conjunto orgânico de programas e projetos. Ao contrário do que ocorre no plano federal, onde essas estratégias já estão sendo delineadas, a Guanabara precisará ampliar as poucas que já foram equacionadas, e principalmente estabelecer as novas frentes que surgem diante da realidade de seu futuro. Quanto aos instrumentos e execução, beneficiando-se do que já existe na órbita do governo federal, a Guanabara poderá contar com grande número de recursos, seja na área da educação, seja na área da ciência e tecnologia, seja ainda na área agricultura-abastecimento. Tais são o Fundo Nacional de Desenvolvimento da Educação (FNDE), Fundo de Desenvolvimento de Áreas Estratégicas (FDAE), Fundo de Pesquisa do Conselho Nacional de Pesquisas, Fundo de Desenvolvimento Técnico-Científico (Funtec), do BNDE, os diversos fundos especiais para a agricultura criados junto ao Banco Central e Banco do Brasil etc. (idem, p. 41).

Sem detalhar os setores prioritários, o autor sugere, preliminarmente, setores como a indústria química, a eletrônica, a mecânica de precisão e aqueles ligados à biotecnologia e à agricultura de alto valor tecnológico – citando Israel como exemplo. Niskier alerta, no entanto, para a fundamental importância da precisa definição das prioridades e políticas, no desenvolvimento desse processo, tendo em vista sua complexidade e a escassez de recursos. Nesse sentido, cita o "paradoxo myrdaliano", e a dramática e célebre frase de Gunnar Myrdall: "Um país é pobre porque é pobre" (idem, p. 37).

Assim, Niskier traz para o debate a questão da superação do subdesenvolvimento.

Análise mais aprofundada do paradoxo myrdaliano leva a uma saída possível: o equilíbrio próprio da estrutura econômica dos países em desenvolvimento é um equilíbrio dinâmico, um equilíbrio em movimento, essencialmente instável. ...Uma conseqüência desta instabilidade é que qualquer impulso econômico que altere as condições do processo não poderá levar a um movimento em círculo, mas a uma espiral – uma espiral que se fecha sobre si mesma, o que significa um retrocesso fatal, ou a uma espiral que se abre para o futuro, o que gera dinamicamente as condições para a ampliação do impulso inicial (idem, ibidem).

Assim, trazendo temas novos para o debate, o autor mantém, da mesma forma que nas proposições já analisadas, o foco no setor secundário, tendo em vista a alavancagem que tal setor poderia revelar, por suas características, e a tendência do setor terciário a perder dinamismo, visto que seu peso de "75%"[15] no produto interno carioca seria proveniente

da situação privilegiada do Rio de Janeiro como centro administrativo e político, bem como [de] ser o mais importante centro comercial e financeiro do país. [No entanto, segundo o autor,] com a mudança da Capital tais características vão desaparecendo pouco a pouco (idem, p. 30).[16]

---

15 Diversos trabalhos realizados nos anos 1960 mostram o setor terciário com participação em torno de 75%. No entanto, pelos dados da FGV, de outubro de 1969, reproduzidos na Tabela 12 (ver Anexo), a participação deste setor seria de 81,50%. No trabalho sobre a fusão, realizado por Fiega/Cirj, os dados apresentados já falam em uma participação em torno de 80%. Essa divergência deve ocorrer em função da "exaustiva revisão" feita pelo IBRE/FGV no ano de 1969 (FGV, 1969).

16 A coluna de Ancelmo Gois, do jornal O Globo de 3 de fevereiro de 2004, com base na possível transferência da BB-DTVM, vinculada ao Banco do Brasil, para São Paulo, apresenta a questão relativa à evolução do setor financeiro na região com o título "Morte do Rio", da seguinte forma: "Dados levantados por um alto executivo carioca. Dos 163 bancos cadastrados no BC, 100 têm sede na capital paulista e só 20 no Rio. Nos anos 60, de 333 bancos no país, 101 tinham sede no Rio e 74 em São Paulo."

MAPA ECONÔMICO DA GUANABARA

Em sentido inverso, vem o trabalho coordenado pelos geógrafos Lysia Bernardes e Pedro Geiger, intitulado *Mapa econômico da Guanabara*, realizado pela empresa de consultoria, de João Paulo de Almeida Magalhães, Astel Assessores Técnicos, a partir de contratação da Secretaria de Economia do Governo do Estado da Guanabara.

Esse documento é idealizado na mesma linha do *Diagnóstico preliminar da Guanabara*, no qual, conforme vimos, analisa-se a economia desse território e apresentam-se proposições apoiadas na Teoria de Base Exportadora. Assim, busca-se analisar não só a cidade do Rio de Janeiro, mas o Grande Rio como um todo, procurando-se detectar "o conteúdo socioeconômico da área em questão e suas relações com o país" (Astel, 1969, Apresentação).

Contrariamente aos demais trabalhos analisados e mesmo às políticas executadas no correr dos anos 1970, os autores "procuram conferir importância equivalente às atividades secundárias e terciárias responsáveis pela posição que a Guanabara e toda a área metropolitana desfrutam no conjunto do país" (idem, p. 1.5). Estudando as potencialidades da economia da cidade do Rio de Janeiro e do Grande Rio no cenário da economia brasileira, buscam interpretar as projeções externas da metrópole.

> ...as funções externas de uma cidade são a sua própria razão de ser, pois não é apenas para atender as necessidades da população que abriga que se constituem essas aglomerações compactas de construções, de vias de circulação e de seres humanos (idem, p. 3.1).

Ou seja, do ponto de vista econômico, as cidades teriam surgido, primeiramente, com a função de

> ...reunir e comerciar a produção agrícola das áreas circundantes, trocando-a por outros produtos nela própria fabricados ou obtidos de outras áreas. ...Serviam [também] como local de encontro das populações circunvizinhas, que nela buscavam os serviços e comércio aí existentes (idem, ibidem).

Segundo os autores, a cidade moderna conservaria a mesma clássica função regional, embora complexa e ampliada, à medida que a modernização dos transportes ampliava a convergência da vida regional para as cidades de melhor localização, o que podemos identificar com a visão de Paul Krugman (Capítulo 1) relativamente à questão do conceito de rendimentos crescentes e dos conceitos de efeitos de convergência e divergência por ele construídos. Isso estreitaria os vínculos entre a cidade e sua área de influência

> ...através da maior freqüência nas relações cidade-região e da elevação progressiva dos padrões de consumo, tanto da cidade como da região, e também através de modernos meios de comunicação, [o que] veio permitir que o crescimento da cidade assumisse um novo aspecto: a cidade participa cada dia mais da vida regional, dirigindo-a através de suas empresas, de sua função financeira, de sua função de governo, e a região integra-se mais e mais na vida metropolitana organizando-se em decorrência dos estímulos oriundos da grande cidade (idem, ibidem).

Nesse ponto, os autores procuram demonstrar que nem todas as cidades lograriam integração "tão completa com suas respectivas regiões de influência" (idem, ibidem), tendo de enfrentar obstáculos como "barreiras administrativas", que existiriam, por exemplo, nas relações entre a cidade do Rio de Janeiro e o Estado do Rio.

A cidade do Rio de Janeiro, como pólo dinâmico da região do Grande Rio e mesmo do território fluminense, cumpriria as funções tradicionais de

...coleta da produção regional destinada a consumo direto ou transformação na própria cidade ou exportação para outros mercados; distribuição de bens à região através da ação do comércio atacadista e das próprias indústrias locais; fornecimento de serviços à mesma região no plano econômico-financeiro ou no plano social e cultural (idem, p. 3.2).

Teria, ainda, entre as funções classificadas pelos autores como "tradicionais", a de atuar no plano nacional, por meio do comércio atacadista, como distribuidor de mercadorias que aportavam na Praça Mauá, pelo comércio de cabotagem e de longo curso.

Além disso, a cidade acumularia funções diretivas que incluiriam a função de governo, a direção de empresas relativas aos setores primário, secundário e terciário e, também, particularmente, atividades vinculadas à direção de transações financeiras.

Segundo os autores, a partir de seu porto, o Rio de Janeiro teria ganhado relevo central no desempenho das funções externas tradicionais, não só em sua região de influência, mas, também, nacionalmente, ao passar de porto militar a porto econômico de importância nacional, agregando inicialmente atividades agrícolas produzidas em sua região de influência, como a açucareira, e convertendo-se, depois, em porto de importância central nas atividades de cabotagem e de exportação e importação (longo curso).

Dessa forma, surgiriam no Rio de Janeiro atividades que alcançariam grande relevo nacional, apoiadas na Teoria de Base Exportadora, como as atividades industriais que se articulariam originalmente ao porto e aquelas vinculadas ao comércio atacadista.

Para os autores, as atividades atacadistas vão perder importância, levando-se em conta os fatos de que o comércio de cabotagem cederia importância ao transporte por via rodoviária; de que diminuiria a influência do comércio de longo curso, tendo em vista o processo de substituição de importações que ganha centralidade em São Paulo, a partir do complexo cafeeiro paulista; e de que, com a modernização dos transportes e das comunicações, os grossistas tenderiam, nesse momento, a enfraquecer, visto que as empresas passariam a dispensar intermediários na sua lógica organizacional.

Eles sustentam que a relevância do setor industrial do Grande Rio como exportador para o resto do País tenderia a diminuir gradualmente, em virtude da difusão de filiais das matrizes sediadas no Grande Rio em diversas faixas do território brasileiro, o que refletiria as dimensões do País, a criação de mercados, com o crescimento da economia brasileira, e a necessidade de maior proximidade com os consumidores para fazer frente à concorrência em cada local. Com isso, haveria uma diminuição do "mercado externo" da produção, a partir das fábricas situadas junto às suas matrizes, limitando o seu raio de ação anteriormente de âmbito nacional. De acordo com o texto, essa

> hipótese ocorre freqüentemente nas indústrias de artefatos não-metálicos, na metalurgia, na indústria de couros, fumo, artefato de papel, bebidas, produtos alimentícios, tintas etc. que, para conquistarem novos mercados, abrem fábricas em diversas partes do país. A Casa Sano, que fabrica materiais de construção, produzindo artigos de cimento e amianto, por força do seu crescimento, abriu filial em Belo Horizonte. ...Inversamente, a Brasilit, também produtora de artefatos de cimento e amianto, que iniciou suas atividades em São Paulo, no ano de 1937, abriu fábrica no Rio de Janeiro, com o objetivo de conquistar o mercado carioca.
>
> Em outro gênero, [por exemplo] como o de bebidas, as fábricas de empresas sediadas no Rio (Brahma, Coca-Cola) abrem filiais em outros estados, conquistando novos mercados (idem, p. 3.14).

Haveria, no entanto, setores em que a concorrência praticamente inexistiria.

Assim, a produção de navios e os produtos farmacêuticos têm colocação obrigatória, onde haja consumidor. Em tais casos, os armadores em qualquer ponto do Brasil fazem suas encomendas aos estaleiros (inclusive por intermédio da Comissão de Marinha Mercante), enquanto o produto farmacêutico constitui-se, muitas vezes, num monopólio de determinado laboratório, detentor da exclusividade, daí atender a todo país. O mesmo ocorre com a produção de determinadas máquinas (computadores, máquinas de escrever, de calcular, bombas de gasolina), cujos produtores mantêm fábricas em um só ponto do país, de onde sua produção é distribuída para qualquer consumidor. Em tal caso, citam-se na Guanabara: a IBM, Remington Rand, Wayne, Sadooll, Companhia Brasileira de Guindastes, Sulzer, Ansalvasco, Worthington, que servem os mais distantes mercados do país (idem, p. 3.14 e 3.15).

Para esses setores, a tendência seria manter a produção no território em único local, fixando representantes em diversos pontos do Brasil. O mesmo ocorreria em setores cujos produtos tinham alcance nacional e, para os quais, durabilidade, qualidade ou propaganda eram vitais, assim descritos por Lysia Bernardes e Pedro Geiger:

...têm alcance nacional por força da propaganda ou de sua qualidade, ...os produtos de perfumaria lançados no mercado brasileiro por Elizabeth Arden, Coty, Helena Rubistein, Hermany, Atkinisons, Belfam, Leite de Colônia e outros, ou ...os produtos eletrodomésticos produzidos pela Standard Electric, Faet, Eletromar e Lustrene (idem, p. 3.5).

Por último, os autores não vêem como de grande relevância as possibilidades de as indústrias do Grande Rio gerarem dinamismo por meio das exportações para outros países, visto estar a indústria instalada na região extremamente voltada para o mercado interno carioca, fluminense e brasileiro, exportando apenas 2,5% (idem, p. 3.13) do que é produzido para outras nações.

Dessa forma, a tendência no setor industrial seria a parcela considerada "básica" pela Teoria de Base Exportadora perder espaço em termos relativos para a parcela da produção industrial que poderia ser considerada doméstica.

Com referência à função diretiva, fundamentalmente, a cidade do Rio de Janeiro, quanto aos setores público e privado, exerce uma função não só regional mas também nacional, tendo em vista sua história portuária e de capital do País durante um período de quase duzentos anos.

Os autores entendem que, ao final dos anos 1960, essa função diretiva da cidade do Rio de Janeiro não estaria diminuindo, em função da transferência da capital, mas, antes, se expandindo, como podemos ver pelo seguinte trecho:

> Revela-se, portanto, de maneira mais nítida, a força da permanência das funções da cidade que foi Capital e principal praça industrial, comercial e portuária do país até a pouco tempo. Essas condições prevalecem sobre as da interiorização da sede do governo e a perda da primazia econômica para São Paulo. [Segundo os autores], órgãos e empresas da administração pública sediados em Brasília conservam até o presente um caráter meramente nominal (idem, p. 3.27).

Essa manutenção e mesmo o aumento das atividades diretivas da Guanabara estariam relacionados à modernização conservadora empreendida pelo regime militar que, nesse processo, ampliava a interferência pública e até criava instituições em solo carioca, como o Banco Nacional de Habitação, a Empresa Brasileira de Telecomunicações (Embratel) e companhias de menor porte, como a Companhia Brasileira de Alimentos (Cobal) e a Companhia Brasileira de Armazéns (Cibrazem). Além disso, a cidade continuaria o principal elo das relações internacionais do País, "centro nacional de telecomunicações, futura base da aviação supersônica" e, também, "sede das grandes agências de financiamento, BID, BIRD, AID" (idem, ibidem).

Relativamente ao setor privado, o Rio de Janeiro encontra liderança ou participação significativa em uma série de gêneros, como os citados na Tabela 23 (veja Anexo), em virtude de sua história portuária, principal centro industrial até o início do século XX e, também, pelo fato de que, com a sua formação de centro nacional, ter atraído para cá várias sedes de empresas, incluindo algumas cuja atividade produtiva não se encontrava aqui instalada.

O Rio de Janeiro era, também, um importante centro financeiro e de capitais, não só pela presença da direção de instituições estatais como o Banco do Brasil, BNH, Banco Nacional de Crédito Cooperativo, Caixa Econômica Federal e BNDE, que representavam cerca de 66% do total de créditos fornecidos ao público no País (idem, p. 3.13), como também pelo peso de setores como o de seguros. Quanto ao mercado de capitais, Lysia Bernardes e Pedro Geiger observam:

> ...a Bolsa da Guanabara tem superioridade no movimento de ações, porquanto é sede de grandes empresas de economia mista e outras particulares de capital democrático. A Grande São Paulo caracteriza-se, principalmente, pelas companhias fechadas ou familiares e pelas sociedades de capital estrangeiro (idem, p. 2.124).[17]

Quanto ao dinamismo da metrópole do Rio de Janeiro como pólo regional, poderia-se concluir, segundo os autores, que a cidade e o Grande Rio não viriam apresentando

> uma intensificação progressiva da vida regional, traduzida nos laços de dependência entre metrópole e região. ...A falta de dinamismo da fun-

---

17 A superioridade da bolsa carioca em relação à paulista mantém-se até o final da década de 1970, conforme podemos verificar em Magalhães (1983, v.2, p. 103).

ção do Rio de Janeiro como metrópole regional reflete, sem dúvida, o ritmo de crescimento relativamente lento que a metrópole, e toda a sua área de influência, vem apresentando nos últimos quinze anos, em contraste com a rápida expansão da economia paulista. Além disso, prende-se também à falta de integração administrativa entre a metrópole e sua área de influência imediata, o que dificulta sobremodo a ação regional da primeira (idem, p. 3.62 e 3.63).

Além disso, do ponto de vista das atividades industriais e atacadistas, podemos deduzir, com base no texto, que Lysia Bernardes e Pedro Geiger entendem que o setor básico não viria demonstrando perspectivas de grande dinamismo em uma série de gêneros industriais. Mais, o comércio grossista, que tradicionalmente se articularia, na cidade do Rio de Janeiro, ao transporte marítimo de cabotagem e de longo curso, que viria perdendo importância.

Por outro lado, as funções dirigentes externas da metrópole, de caráter nacional, ao contrário de sofrerem

um colapso em decorrência da mudança da Capital para Brasília, [vêm] se reforçando e expandindo. A tendência para um desdobramento da função do governo, com ampla interferência em todos os setores da economia, reforçou muito as funções dirigentes do Rio de Janeiro no campo empresarial e financeiro (idem, p. 3.63).

Dessa forma, segundo os autores,

reforçar as atividades básicas decorrentes dessas funções externas de caráter regional e nacional, através da criação de condições que facilitem maior integração com a região e que constituam atrativo para a manutenção e ampliação da função dirigente nacional, deve ser uma das metas para garantir a expansão econômica da Guanabara (idem, ibidem).

Como vemos, os documentos aqui analisados, excetuando-se o *Mapa econômico da Guanabara*, refletem com maior ou menor ênfase o foco industrialista da época. Apresentam, como inovação, relativamente às políticas implementadas pelos governos Lacerda e Negrão, o fato de a política industrial passar a ser mais indutora, propondo-se maior foco naqueles setores que tenderiam a ter melhor dinamismo, usando como parâmetro, para tanto, as tendências nas economias brasileira e internacional e, também, os fundamentos da Teoria de Base Exportadora.

Além disso, o documento *Rio ano 2000* chama a atenção para a inviabilidade histórica de uma política que tentasse mimetizar o processo de desenvolvimento econômico paulista, propondo que a política econômica industrial regional se focasse em setores industriais com maior agregação tecnológica, em total consonância com o alto padrão educacional da região, a concentração de universidades e atividades de pesquisa e o fato de a cidade do Rio de Janeiro ser, naquele momento, sede de empresas como a IBM e base do sistema de telecomunicações nacional.

No *Mapa econômico da Guanabara*, documento mais criativo, os autores apontam para um viés industrialista das políticas executadas e até então propostas. Para eles, além de o Rio de Janeiro ter um setor terciário considerável, a indústria viria perdendo parte de sua "capacidade exportadora" em decorrência do processo de consolidação da industrialização e da urbanização no Brasil, o que faria com que as indústrias deixassem de irradiar suas atividades a partir de um único ponto, para abrir novas plantas em outros pólos do território brasileiro. No caso do Rio de Janeiro, esse raciocínio ganha maior relevância em função das características de sua indústria, com maior peso, relativamente a outras regiões, nos setores mais tradicionais, que necessitam estar próximos aos mercados consumidores.

Os autores procuram, ainda, lançar luz sobre o fato de a cidade do Rio de Janeiro vir perdendo espaço como pólo regional, em virtude da maior autonomia alcançada, já no início dos anos 1960, por cidades como Belo Horizonte – situadas, segundo Lysia Bernardes (1964, p. 16), na área de influência da antiga capital –, estabelecendo-se, elas mesmas, como pólos regionais com vida própria.

Além disso, apontam para o fato de que, do ponto de vista "das funções externas tradicionais", como a de centro atacadista, o Rio de Janeiro estaria enfraquecendo-se. Por outro lado, afirmam que a metrópole carioca, relativamente "às funções de direção [que] abarcam a função de governo, a direção de empresas (no setor industrial e comercial) e a direção financeira" (Astel, 1969, p. 32), tendo em vista a modernização conservadora que ocorre na economia brasileira, viria ampliando-se.

Dessa forma, eles propõem que as políticas para a região priorizem a sua "função dirigente" de âmbito nacional. Nesse sentido – da manutenção e mesmo ampliação da "função dirigente" –, João Paulo de Almeida Magalhães também aponta, chegando a detalhar no *Diagnóstico preliminar*, aquelas atividades dirigentes do governo federal pelas quais a região carioca deveria "brigar".

Relativamente à fusão, os argumentos são focados, principalmente, na idéia de migração de indústrias para o antigo Estado do Rio – o que, acredito, pode ser sobejamente refutado – e na idéia de saturação de áreas dentro do território da Guanabara, idéia essa que teria servido também como base das políticas industriais na Guanabara que não se realizam na dimensão inicialmente proposta, ficando o Distrito Industrial de Santa Cruz desocupado ao longo dos governos Lacerda e Negrão.

Com relação à questão da disponibilidade de áreas, realçada por José de Almeida no volume 1 do documento da fusão, não me parece ser, curiosamente, uma real prioridade para o setor produtivo industrial, tendo em vista que, de acordo com a pesquisa realizada pela Fiega, os empresários não indicam tal questão como um importante problema (Astel, 1967, v.4).

Nessa pesquisa, entre 13 providências a serem adotadas pelo governo da Guanabara, aparece a problemática da demarcação de zonas industriais com terrenos de baixo preço em penúltimo lugar, somente atrás de problemas ligados à área ambiental, que não têm, à época, a mesma percepção de importância dos dias atuais.

Assim, excetuando-se o *Mapa econômico da Guanabara*, as visões sobre a Guanabara que vigoravam no final dos anos 1960 mantêm um viés excessivamente industrialista e defendem a fusão com base em premissas equivocadas, como demonstrado. Esses equívocos, mais tarde, fortalecerão os argumentos contrários à fusão, como se vê em artigo de Mario Henrique Simonsen publicado na edição de16 de fevereiro de 1994 da revista Exame.

> Apesar dos pesares, na década de 1960 o Rio conseguiu prosperar a passos largos. Parodiando Pelé, os cariocas de então sabiam votar, elegendo dois excelentes governadores para o recém-criado Estado da Guanabara: os inimigos figadais Carlos Lacerda e Negrão de Lima. Em 1974, a Guanabara foi obrigada a fundir-se com o paupérrimo estado do Rio, pois os militares, assim como a Federação das Indústrias do Estado da Guanabara, julgavam que a antiga Capital precisava de "espaço vital" para firmar-se como estado — a velha teoria do lebensraum, hoje inteiramente fora de moda (Sarmento; Werlang; Alberti, 2002, p. 148).

Em resumo, se, com a autonomia obtida pela cidade do Rio de Janeiro e com a modernização implementada, ampliam-se as políticas públicas na região, não se logram desenvolver de forma hegemônica análises e políticas que permitam a construção de contrapontos à perda ocorrida a partir da transferência da capital.

CONCLUSÃO

O Rio de Janeiro, que se constrói hegemonicamente como espaço de articulação nacional, derivando inicialmente seu dinamismo econômico-social do fato de ser o principal porto brasileiro e centro militar e, posteriormente, a capital da República e centro cultural, político e econômico – como sede do poder –, centro financeiro nacional e sede de empresas públicas e privadas com atuação no Brasil e mesmo na América Latina, sofre uma fratura em sua lógica e dinâmica institucional a partir da transferência da capital, em 21 de abril de 1960.

A maior percepção desse processo, no entanto, ocorre somente a partir da década de 1980, quando se instaura, na sociedade brasileira, uma crise econômica e social que altera a trajetória de crescimento econômico que o País experimentara no correr do século XX. Os territórios carioca e fluminense sofrem mais agudamente as conseqüências dessa crise, tendo em vista a erosão, já em curso a partir do processo da transferência da capital, não só na cidade do Rio de Janeiro, mas também na Velha Província (Estado do Rio) – de acordo com Lysia Bernardes, uma área polarizada pelo Rio de Janeiro e beneficiada pela proximidade da capital federal até 1960, cujo dinamismo econômico após o ciclo cafeeiro fluminense deriva fortemente de investimentos federais. Além disso, a crise fiscal instalada nos anos 1980 fragiliza o gasto público, de importância primordial nessa região, e a indústria carioca, concentrada sobretudo na produção de bens de consumo e mais voltada para o mercado interno, é também atingida.

A demora dessa percepção não se deve apenas ao lento processo de transferência da capital; ao fato de as economias carioca e fluminense não apresentarem uma perda significativa de participação relativa durante os anos 1960 e de ter a economia brasileira apresentado, nos anos 1970, elevado dinamismo, o que disfarça a perda já em curso, mas também à forma como se constrói a institucionalidade formal (leis, normas etc.) e informal (hábitos, rotinas, costumes) da região. Ou seja, por um lado – conforme o pensamento de institucionalistas como Hodgson e Douglass North –, uma determinada cultura gera formas de raciocínio e percepção que dificultam a observação imediata das conseqüências de uma mudança causada por um fator exógeno, no caso, a mudança da capital da cidade do Rio de Janeiro para Brasília. Por outro lado, o modo como se dá a institucionalização formal da capital do território brasileiro, tentando-se transformá-la em um *fórum asséptico e apolítico,* constrói uma institucionalidade ambígua e torta, com duas lógicas: uma, nacional, em que o padrão das formulações e debates dos candidatos à Câmara de Deputados e ao Senado Federal, no então Distrito Federal e mesmo depois na Guanabara, é hegemonicamente voltado para a temática nacional. Como exemplos, podem-se citar a eleição de Leonel Brizola com cerca de 25% dos votos para a Câmara, em 1962, a disputa entre Afonso Arinos e Lutero Vargas para a senatória da cidade, em 1958, e entre Aurélio Vianna, à época deputado federal por Alagoas, e Juracy Magalhães, então governador da Bahia, em 1962. A outra lógica está vinculada às eleições para a Câmara de Vereadores, que se dá de forma fragmentária, com pouca importância e repercussão social, em virtude de os interesses econômicos, sociais e culturais na cidade estarem atrelados principalmente à dinâmica nacional e, também, por não haver eleições para prefeito e não ter a Câmara de Vereadores poder de análise sobre as leis por ela aprovadas e eventualmente vetadas pelo gestor municipal – o que é feito pelo Senado. Assim, acentua-se a falta de reflexão sobre a realidade local, originando-se o comportamento de "turista apressado" identificado por Arnaldo Niskier ao descrever a desatenção do carioca em relação à realidade local.

Em depoimento ao CPDoc, da Fundação Getulio Vargas, Villas-Boas Corrêa ajuda a clarear a questão:

> Acho que a bancada do Rio de Janeiro, como o Rio era capital, dissolvia-se muito, não tinha muita identidade. Até porque o prefeito do Rio era nomeado... A grande verdade é a seguinte: cobria-se mal a política carioca, porque a política nacional, que era feita aqui no Rio de Janeiro, abafava a política local (Ferreira, 1998, p. 55).

Assim, considerando-se a história institucional dessa região, nos anos 1960, o lento processo de transferência da capital, a radicalização política vigente e a efervescência cultural do período, os dois primeiros governos da Guanabara realizam uma política de modernização urbana que, entendem, *per si* poderia levar à reafirmação da centralidade carioca.

Do ponto de vista de uma política explícita de desenvolvimento econômico e como reflexo da falta de massa crítica sobre a realidade local, os governos Carlos Lacerda e Negrão de Lima realizam uma política de fomento com foco na indústria, em especial na organização de distritos industriais, que, na prática, tem baixa prioridade nos gastos governamentais, e se realiza com base em dados e pressupostos equivocados, desvinculada da história da região e mimética em relação à economia brasileira e internacional.

A política de distritos industriais deriva basicamente de dois fatores: primeiro, do fato objetivo de o processo de industrialização vir sofrendo um derramamento do centro para a periferia, sendo que a indústria automobilística paulista vem instalar-se na região denominada ABC. Assim, tendo em vista a existência, nos anos 1960, de duas institucionalidades autônomas, o governo da Guanabara procura realizar uma política para o território sobre o qual possui poder e responsabilidade política, buscando conter este processo dentro da Guanabara e beneficiar esta região.

Deriva, ainda, do momento vivido no Brasil e no cenário internacional, em plena segunda Revolução Industrial, no qual se trabalham as políticas regionais de forma bastante centrada em proposições industrialistas de François Perroux e da Teoria de Base Exportadora, conforme apresentadas no Capítulo 1, e que, a partir do processo da transferência da capital, tendo em vista a pouca massa crítica existente e inorganicidade no que se refere à lógica local, ser possível a construção na região de hipóteses equivocadas, como a de que estaria ocorrendo uma significativa ida de indústrias para o antigo estado do Rio e que, por esse motivo, a Velha Província viria crescendo a taxas superiores à média nacional, o que demonstrei, neste trabalho, não ser verdadeiro. Esta hipótese, a constituição da Copeg e a política de distritos industriais podem vir a atender os interesses da representação industrial que se insere neste debate com hegemonia, mas, objetivamente não tem como dar conta da problemática da reinserção estratégica dessa nova unidade federativa no cenário da economia brasileira.

Essa discussão sofre alguma inflexão no final dos anos 1960. Surgem, assim, nesse período, trabalhos como o de Lysia Bernardes e Pedro Geiger, no qual delineia-se a necessidade de uma política de negociação com o governo federal e de fomento regional, visando manter e estimular a região como um centro econômico, político e cultural nacional. Em outros termos, começa-se a compreender que o foco centralmente industrialista das políticas então adotadas não seria adequado para manter as características da cidade do Rio de Janeiro e preservar o seu dinamismo econômico. Essa visão, no entanto, não se consolida como alternativa, e o governo Chagas mantém, e até mesmo aprofunda, a política econômica focada em distritos industriais.[1]

Portanto, como demonstrado ao longo deste estudo, os dois primeiros governos do período pós-capital não conseguem reverter o processo de *bifurcação* – para utilizar a formulação de Paul Krugman – que ocorre em 1960. A partir de então, verifica-se uma lógica de *causação circular cumulativa negativa* – na perspectiva de Gunnar Myrdall – que não sofre reversão até os dias atuais.

Ao que me parece, essa lógica pós-1960 é conseqüência do que afirmei anteriormente e, também, do fato de a cidade do Rio de Janeiro, em virtude de sua institucionalidade política e da polarização de seu cenário pelo PTB e pela UDN, mercê da lógica nacional que a domina, ter sido bastante atingida pelas cassações empreendidas no regime militar. Nesse contexto resta, por exemplo, pouco espaço para o terceiro maior partido de expressão nacional, o PSD, que adere maciçamente aos militares, enquanto o PTB – um dos dois partidos hegemônicos no estado – sofre, logo após o Golpe de 1964, um pesado processo de cassação. Dos dez deputados federais eleitos pelo partido em 1962 por meio da coligação PTB/PSB, oito são cassados, sendo que, já na decretação do AI-1, cassam-se os quatro deputados federais mais votados por essa coligação.[2]

Na cidade do Rio de Janeiro, a UDN, personificada em Lacerda, rompe com o regime, passando também a ser alvo de cassações.[3] Assim, atinge-se a lógica nacional nessa região e abre-se espaço para que Chagas Freitas, a lógica local e a política de clientela conquistem uma expressiva hegemonia, com desdobramentos até os dias atuais, como se observa quando a governadora Rosinha Garotinho, em

---

1 Sobre o assunto, veja Santos (1990) e Sarmento (1999, p. 135-165).

2 Sobre o assunto, veja Sarmento (2002, pp.130 e 160).

3 Segundo depoimento de Mauro Magalhães (deputado estadual pela UDN de 1963 a 1967 e pelo MDB na legislatura seguinte) ao autor, em março de 2004, todos os lacerdistas que foram para a Frente Ampla teriam sido cassados.

depoimento publicado na edição de 10 de outubro de 2003 do jornal O Globo, pergunta: "Se houve o *chaguismo* e o *brizolismo*, por que não o *garotismo*?"

Portanto, na cidade do Rio de Janeiro ou, depois, no novo Estado do Rio de Janeiro, verificam-se, por meio dos processos de permanência e mudança, uma lógica nacional cada vez mais inorgânica – que, segundo Marly Silva da Motta, se manteria até os dias atuais –, e uma lógica clientelista e fragmentária que arraiga uma crise específica na região. O inacabado projeto do metrô, que já no governo Negrão se dava como equacionado financeiramente, e o projeto de despoluição da Baía de Guanabara, iniciado no governo Moreira Franco sem ter, 18 anos depois, gerado qualquer benefício para as populações carioca e fluminense, são indicadores desse estado de coisas.

O fato de, nessa região, as articulações e os interesses econômicos, culturais, sociais e políticos derivarem sobretudo da lógica federal e a forma como se constrói historicamente a institucionalidade local determinam a pouca relevância social dos debates sobre os rumos da futura ex-capital no final dos anos 1950. Derivam, ainda, dessa construção histórica, a crença na *capital de fato*, a política econômica baseada na indústria e centrada em distritos industriais e a falta de massa crítica, salientada pelos debatedores da série "O que será do Rio?", publicada pelo jornal Correio da Manhã.

O processo que se origina nos anos 1960, a partir da institucionalidade formal e informal construída historicamente, da mudança da capital, da falta de uma estratégia de longo prazo para a região e das cassações, instaura na região um marco institucional que, em conformidade com o pensamento expresso por Douglass North em *Instituciones, cambio institucional y desempeño económico*, tende a definir um determinado marco de poder que se auto-reforçaria.

A lógica que aqui descrevo sucintamente facilita a ascensão de Chagas Freitas ao governo da Guanabara, por via indireta, em 1970.

Apesar de suas críticas a Lacerda e Negrão por não terem passado de "meros prefeitos", preocupando-se em especial com a modernização da cidade, Chagas mantém e aprofunda a equivocada política de distritos industriais como elemento central de alavancagem econômica da região.

Segundo José Augusto Assumpção Brito,[4] à época em atuação na Companhia de Desenvolvimento Industrial, essa política permanece sem êxito ao longo do governo Chagas. Brito afirma, ainda, que os investimentos que permitiriam o efetivo funcionamento do Distrito Industrial de Santa Cruz só se consolidariam no final do governo Chagas e que a política de distritos industriais não teria sido expressiva para o dinamismo industrial verificado do território carioca nos anos 1970, resultante, sobretudo, do *milagre econômico*. À conclusão semelhante leva a análise dos documentos *Economia industrial do novo Estado do Rio de Janeiro* (Barros, 1975) e *Tendências de crescimento da Guanabara* (Ideg, 1974), nos quais se afirma que, em 1973, o bairro de Santa Cruz, como um todo, contava apenas 15 indústrias, representando apenas 0,6% do total de estabelecimentos, ao passo que, no bairro de Jacarepaguá, onde Chagas instituíra outro distrito industrial, encontrava-se somente 1,83% do total dos estabelecimentos industriais no mesmo ano (Barros, 1975, p. 156).

Ainda que num período autoritário isso pudesse não ser necessário, essa realidade institucional, presente tanto no território carioca como no fluminense, no meu entender, facilita a nomeação, pelo presidente Ernesto Geisel, de uma equipe basicamente composta de "estrangeiros" para governar e organizar a nova institucionalidade, após a fusão da Guanabara e da Velha Província, em 1974. A equipe é capita-

---

4   Entrevista por mim realizada em março de 2004. José Augusto Assumpção Brito apresenta longa trajetória de atuação como técnico e dirigente em instituições vinculadas à economia da Guanabara e do antigo Estado do Rio de Janeiro. Nos anos 1960, trabalha como técnico na Copeg. Na primeira metade dos anos 1970, atua vinculado à Companhia de Desenvolvimento Industrial do antigo Estado do Rio. A partir de 1974, com a fusão, dirige a Companhia de Desenvolvimento do novo Estado do Rio de Janeiro (Codin), por um período de dez anos. Posteriormente, participa dos governos Saturnino Braga, Moreira Franco e Marcelo Alencar, tendo sido ainda, no início dos anos 1990, presidente do Sebrae nacional.

neada pelo almirante Faria Lima, que, apesar de viver na região, não tem nenhum vínculo com ela, e por dois mineiros, Ronaldo Costa Couto e Rogério Mitraux.

Dessa forma, conforme apontado por Luís Roberto Cunha, esse governo não organiza uma resposta ao desafio histórico de definir uma estratégia de desenvolvimento para a região após a mudança da capital, como também observa Raphael de Almeida Magalhães.[5]

Essa questão torna-se clara ao analisarmos as entrevistas de Faria Lima e Ronaldo Costa Couto, nas quais não indicam qualquer articulação significativa entre as prioridades de fomento econômico de seu governo, a estratégia definida pelo governo federal no II Plano Nacional de Desenvolvimento e os investimentos federais no novo Estado do Rio de Janeiro em atividades vinculadas à terceira revolução tecnológica. Além disso, em entrevista ao CPDoc, Faria Lima acentua sua preocupação com o setor agrícola em uma região onde a atividade primária participa, em 1975, com apenas 1,72% no total do PIB fluminense (IBGE, 1992). Em depoimentos colhidos para este estudo,[6] Ronaldo Fabrício e Delfim Netto reiteram a preocupação do governo Faria Lima com o setor agrícola. Delfim chega a afirmar que Faria Lima teria uma preocupação com a "laranja".

Esse marco institucional desdobra-se nos governos Brizola, Moreira Franco, novamente Brizola, Marcelo Alencar, Garotinho, Benedita e Rosinha Garotinho, até 2005. Sua fragmentação é acentuada e não se consegue articular uma ruptura com a lógica instalada nem reverter a perda de participação relativa e nem superar a crise social e institucional da região.

Assim, esta obra pretende apontar a existência de uma crise social específica no território carioca e fluminense, decorrente so-

---

5 Veja a entrevista com Raphael de Almeida Magalhães em Silva (2004, Anexo B).

6 Entrevistas realizadas, respectivamente, em abril de 2002 e outubro de 2003.

bretudo da transferência da capital para Brasília, em 1960; da falta de massa crítica na região sobre a realidade econômico-social local; das cassações, que propiciam que a lógica fragmentária e clientelista passe a ter um peso nessa região mais do que o proporcional à existente nas demais unidades federativas do País, ao menos comparativamente às regiões Sul e Sudeste.

Entendo que seja necessário, como desdobramento deste trabalho, o aprofundamento de estudos sobre o governo Chagas Freitas e sua política econômica como geradora ou não de estratégias de longo prazo, bem como uma análise da estratégia política desse governo, como inaugurador de uma situação em que a lógica fragmentária e clientelista, a partir da cidade do Rio de Janeiro, ganha cada vez mais espaço, gerando uma desestruturação da máquina pública do Estado do Rio de Janeiro, muito presente na mídia nacional e da região nos dias atuais. Exemplificam isso matérias dos jornais O Globo e Jornal do Brasil, publicadas em 8 de junho de 2004, cujas manchetes apontam que este estado ocupa o primeiro lugar em homicídios entre todas as unidades federativas. Ou, a matéria do jornal O Globo, de 21 de maio de 2004, na qual afirma-se que o governo estadual, por meio da Cedae, teria deixado de obter recurso federal significativo para investimento em saneamento por não ter apresentado projeto ao governo central, ao contrário das demais unidades federativas, tema esse que aparece com freqüência na mídia da região. Tais matérias revelam um aspecto interessante: ao contrário de a região estar sendo prejudicada pelo poder federal — o que é apontado freqüentemente por políticos, com base na memória de intervenção do poder federal na cidade do Rio de Janeiro —, não viriam os governos estaduais obtendo nem mesmo os recursos disponíveis.

A idéia da existência de prejuízo na cidade, e, a partir de 1975, no novo Estado do Rio de Janeiro, pela forma de atuar do governo federal, é recorrente, o que se pode observar pela falsa memória de que, quando da transferência da capital, o governo federal não teria cumprido os compromissos previstos na Lei San Tiago Dantas[7] – o que não ocorre de fato – ou, ainda, de que ele não teria honrado compromissos formalmente assumidos – o que, também, pelas análises por mim já realizadas, não parece ter ocorrido.

Entendo ainda ser necessária a realização de pesquisas sobre a questão da fusão, pois a única publicação de maior fôlego sobre o assunto é o trabalho de Ana Maria Brasileiro (1979), realizado logo após a fusão, e posto que as atuais críticas à fusão, quando partem da cidade do Rio de Janeiro, baseiam-se em hipóteses que, entendo, são muito frágeis. Tal fragilidade se exemplifica pela idéia de que a existência de uma lógica atrasada e clientelista vigente no antigo Estado do Rio teria trazido prejuízos para a nova institucionalidade surgida a partir de 1974, esquecendo-se de levar em conta que a política no novo estado é hegemonizada a partir da base clientelista organizada por Chagas Freitas no território carioca. Outro exemplo da fragilidade seria a idéia de que a fusão teria se baseado sobretudo em uma estratégia de diminuição da voz oposicionista na cidade do Rio de Janeiro, quando, na verdade, a questão geopolítica e de desconcentração do poder econômico em São Paulo apresenta grande centralidade nas visões do presidente Ernesto Geisel e do ministro Golbery do Couto e Silva.[8]

Por outro lado, acredito ser interessante a realização de uma análise sobre a evolução econômica, política e social do antigo Estado do Rio no período 1960–74, considerando-se a dependência econômica deste estado com relação à dinâmica da cidade do Rio de Janeiro e aos investimentos federais, após o ciclo cafeeiro, e o fato de, do ponto

---

7 Com relação a isso, seria interessante realizar um estudo sobre as citações deste fenômeno inexistente. Essa questão me foi citada pelo ex-secretário de estado e advogado Hélio Sabóia, que afirmou a existência de recursos previstos na Lei San Tiago Dantas que não teriam sido honrados.

8 Sobre este assunto ver Ferreira (2000) e Brasileiro (1979).

de vista político, terem os governadores dessa região, nesse período, uma gestão média de apenas dois anos.

Da mesma forma, entendo que seria necessário o aprofundamento de estudos sobre as estratégias desenvolvimento econômico-social existentes ou não nos governos posteriores, como também um exame da estruturação institucional e organizacional da região, gerando, assim, massa crítica de formulação e exame da lógica institucional da cidade e do Estado do Rio de Janeiro. Isso poderia fornecer subsídios para a construção, nessa sociedade, de estratégias que possibilitassem a superação do marco institucional existente e do processo de *causação circular cumulativa negativa* que se desdobra até os dias atuais, apesar de fatores recentes geradores de dinamismo econômico, como a extração de petróleo na Bacia de Campos.

ANEXO

Tabela 1

Participação da Região Fluminense e dos estados da Guanabara, Rio de Janeiro, São Paulo e Minas Gerais no valor bruto da produção industrial e no valor da transformação industrial do Brasil

(Em %)

Ano	Região Fluminense[1]		Guanabara		Rio de Janeiro		São Paulo		Minas Gerais	
	Valor bruto da produção industrial	Valor da transformação industrial	Valor bruto da produção industrial	Valor da transformação industrial	Valor bruto da produção industrial	Valor da transformação industrial	Valor bruto da produção industrial	Valor da transformação industrial	Valor bruto da produção industrial	Valor da transformação industrial
1907	37,75	–	30,20	–	7,55	–	15,92	–	4,44	–
1919	28,45	–	22,29	–	6,16	–	32,99	–	5,76	–
1939	23,93	27,92	19,00	22,48	4,92	5,44	43,49	38,60	6,74	7,82
1949	21,11	21,72	15,14	15,40	5,97	6,32	46,62	47,00	7,11	6,91
1959	16,04	17,30	9,57	10,15	6,47	7,16	55,08	54,51	5,98	6,06
1970	14,78	15,30	8,36	9,42	6,43	5,88	55,32	56,64	7,55	7,05
1975	12,43	13,20	–	–	–	–	55,33	54,75	7,60	7,11
1980	10,48	10,42	–	–	–	–	51,95	52,42	8,65	8,17
1985	9,61	9,80	–	–	–	–	48,33	47,40	9,10	8,28
1992	9,70	9,53	–	–	–	–	48,51	50,95	9,22	8,73
1995	7,61	8,56	–	–	–	–	50,53	53,00	9,47	8,33
2000	7,27	9,42	–	–	–	–	45,27	45,25	9,72	9,46

1. Este dado refere-se ao somatório da participação da cidade do Rio de Janeiro, inicialmente como Distrito Federal (DF) e, depois, como Estado da Guanabara, com a participação do antigo Estado do Rio de Janeiro no total Brasil. A partir de 1975, em função da fusão entre os antigos estados da Guanabara e do Rio de Janeiro, os dados referem-se ao novo Estado do Rio de Janeiro, sendo que estamos utilizando aqui o termo Região Fluminense para este território.

Tabela 2
Taxas médias de crescimento real do PIB – 1949-90
Brasil: estados selecionados e regiões

(Em % a.a.)

Regiões e estados	1949-59	1959-70	1970-75	1975-80	1980-85	1985-90
Sudeste	6,7	6,5	9,8	6,4	0,2	1,1
São Paulo	7,5	6,9	10,4	5,9	–0,2	1,0
Minas Gerais e Esp. Santo	4,1	7,4	10,5	10,0	2,0	3,1
Rio de Janeiro*	6,6	5,1	7,8	5,3	–0,2	–0,5
Sul	7,8	6,9	11,4	6,3	0,9	1,6
Nordeste	7,5	4,6	8,9	8,8	3,7	3,3
Norte	8,9	7,5	9,4	16,9	6,0	4,8
Centro–Oeste	10,9	10,5	12,5	12,1	2,6	4,9
Total	7,1	6,5	10,1	7,2	1,1	1,9

Fonte: Pacheco, Carlos Américo. *Fragmentação da nação*. Campinas: Unicamp IE, 1998, p. 69.

*Até 1975 as taxas médias de crescimento apresentadas para este Estado referem-se à soma dos antigos Estados da Guanabara e do Rio de Janeiro, visando poder realizar uma análise comparativa com o período posterior à fusão.

Tabela 3
Evolução da participação relativa por região
e principais estados na indústria brasileira

(Em %)

Regiões e estados	1950	1955	1960	1965	1970
Norte	**0,95**	**1,18**	**1,89**	**1,56**	**1,07**
Nordeste	**8,85**	**7,69**	**8,03**	**7,71**	**7,01**
Pernambuco	3,84	2,90	2,54	2,55	2,08
Bahia	1,60	1,94	2,38	1,75	2,47
Sudeste	**75,96**	**77,65**	**77,47**	**78,80**	**79,09**
Minas Gerais	6,80	5,69	5,97	5,49	6,87
Espírito Santo	0,45	0,31	0,26	0,37	0,51
Rio de Janeiro	6,27	6,73	7,30	7,22	5,90
Guanabara	15,16	13,78	9,66	10,22	9,37
São Paulo	47,28	51,14	54,29	55,50	56,45
Sul	**13,68**	**12,98**	**11,86**	**11,12**	**11,95**
Rio Grande do Sul	7,97	7,52	6,75	6,48	6,29
Centro–Oeste	**0,55**	**0,50**	**0,74**	**0,82**	**0,89**

Fonte: Percentuais calculados com base nos dados publicados na Revista de Conjuntura Econômica, FGV/Centro de Contas Nacionais (outubro de 1969) {1950 a 1965} e no Anuário Estatístico de 1992, IBGE {1970}.

Tabela 4
Participação relativa na renda interna

(Em %)

Regiões e estados	1960	1970
Norte	**2,23**	**2,16**
Nordeste	**14,78**	**11,71**
Pernambuco	3,47	2,91
Bahia	4,23	3,80
Sudeste	**62,76**	**65,55**
Minas Gerais	9,97	8,28
Espírito Santo	1,05	1,18
Rio de Janeiro	5,03	4,93
Guanabara	12,01	11,74
São Paulo	34,71	39,43
Sul	**17,77**	**16,71**
Rio Grande do Sul	8,78	8,60
Centro–Oeste	**2,46**	**3,87**

Fonte: Percentuais calculados com base nos dados publicados na Revista de Conjuntura Econômica, FGV (outubro de 1969) e no Anuário Estatístico de 1992, IBGE.

Tabela 5
Participação relativa no valor adicionado bruto do Brasil a preço básico

(Em %)

Região e unidades da federação		Evolução da participação relativa
	1970	2000	1970-2000
Norte	2,16	4,61	113,17
Rondônia	0,10	0,50	400,00
Acre	0,13	0,16	23,08
Amazonas	0,69	1,70	146,38
Roraima	0,03	0,10	233,33
Pará	1,10	1,76	60,00
Amapá	0,11	0,18	63,64
Tocantins	–	0,22	–
Norte	11,71	13,04	11,40
Maranhão	0,82	0,84	2,01
Piauí	0,37	0,49	33,30
Ceará	1,44	1,87	29,87
Rio Grande do Norte	0,54	0,84	56,68
Paraíba	0,71	0,84	17,95
Pernambuco	2,91	2,65	–8,98
Alagoas	0,68	0,64	–5,86
Sergipe	0,43	0,54	25,10
Bahia	3,80	4,35	14,36
Sudeste	65,55	57,53	–12,23
Minas Gerais	8,28	9,68	16,93
Espírito Santo	1,18	1,80	52,96
Rio de Janeiro*	16,67	12,71	–23,76
São Paulo	39,43	33,34	–15,44
Sul	16,71	17,64	5,56
Paraná	5,43	5,99	10,32
Santa Catarina	2,68	3,84	43,38
Rio Grande do Sul	8,60	7,81	–9,22
Centro–Oeste	3,87	7,18	85,45
Mato Grosso do Sul	–	1,07	–
Mato Grosso	1,09	1,20	10,09
Goiás	1,52	1,93	26,97
Distrito Federal	1,26	2,97	135,71

Fonte: Percentuais calculados com base nos dados publicados no Anuário Estatístico de 1992, IBGE e em IBGE, Diretoria de Pesquisas, Departamento de Contas Nacionais, Contas Regionais do Brasil (1997-2000).

*Para o ano de 1970, este dado refere-se ao somatório da participação dos antigos estados do Rio de Janeiro e da Guanabara.

Tabela 6
Participação relativa no valor da transformação industrial no Brasil

(Em %)

	Região e principais estados		Evolução da participação relativa
	1970	2000	1970-2000
Norte	1,00	4,53	355,15
Rondônia	0,03	0,10	205,01
Acre	0,01	0,01	28,39
Amazonas	0,33	3,10	842,73
Roraima	0,00	0,00	144,73
Pará	0,41	1,26	208,46
Amapá	0,21	0,01	−93,06
Tocantins	−	0,04	−
Nordeste	5,76	8,89	54,20
Maranhão	0,18	0,27	53,70
Piauí	0,06	0,08	22,06
Ceará	0,72	1,67	131,39
Rio Grande do Norte	0,31	0,61	99,36
Paraíba	0,34	0,35	3,54
Pernambuco	2,10	1,14	−45,70
Alagoas	0,38	0,52	37,49
Sergipe	0,14	0,39	175,83
Bahia	1,53	3,85	151,64
Sudeste	79,49	66,10	−16,84
Minas Gerais	7,05	9,46	34,30
Espírito Santo	0,50	1,96	289,91
Rio de Janeiro*	15,30	9,42	−38,41
São Paulo	56,64	45,25	−20,10
Sul	11,90	18,29	53,64
Paraná	3,03	5,72	88,92
Santa Catarina	2,66	4,26	60,36
Rio Grande do Sul	6,22	8,31	33,59
Centro–Oeste	0,81	2,19	168,90
Mato Grosso do Sul	−	0,33	−
Mato Grosso	0,27	0,54	99,20
Goiás	0,43	1,08	150,47
Distrito Federal	0,11	0,24	115,86

Fonte: Percentuais calculados com base no Censo Industrial, IBGE (1970 e 2000).

* Para o ano de 1970 este dado refere-se ao somatório da participação dos antigos estados do Rio de Janeiro e da Guanabara.

Tabela 7
Variação percentual no número de empregos formais por unidade da federação entre 1985 e 2002

Unidade da Federação	Agropecuária	Indústria extrativa mineral	Indústria de transformação	Total Indústria	Construção civil	Serviços industriais de utilidade pública	Total
Rondônia	1.497,31	−87,99	298,03	143,24	8,71	−0,95	111,98
Acre	1.124,26	744,44	94,43	98,07	119,33	20,73	98,07
Amazonas	59,85	−75,00	6,95	1,56	12,42	−20,67	46,64
Roraima	474,55	−	227,73	233,96	447,39	73,45	90,96
Pará	174,42	−54,12	52,05	38,10	0,23	7,33	62,81
Amapá	2.075,00	−99,37	−18,01	−50,30	153,48	−16,36	153,38
Tocantins	−	−	−	−	−	−	−
Maranhão	202,99	−66,32	31,33	21,81	−35,76	24,66	69,12
Piauí	327,30	248,55	89,45	96,46	17,17	−8,38	81,06
Ceará	92,28	92,56	79,99	80,18	57,38	−0,89	65,24
Rio Grande do Norte	470,21	70,20	52,22	53,87	58,07	−30,00	59,72
Paraíba	924,51	94,48	51,61	52,45	32,15	66,90	61,20
Pernambuco	182,76	1,39	−25,01	−24,83	18,11	5,67	32,65
Alagoas	169,63	3,57	65,64	65,01	12,90	6,72	47,15
Sergipe	369,91	338,75	15,44	20,83	12,49	48,10	70,77
Bahia	474,94	−22,10	15,29	11,53	17,37	−21,19	57,39
Minas Gerais	334,76	−23,64	32,14	27,01	29,32	29,80	65,92
Espírito Santo	467,44	−12,03	27,37	19,89	71,20	28,87	74,18
Rio de Janeiro	142,03	6,52	−41,19	−39,68	5,57	−21,15	9,30
São Paulo	145,12	−7,86	−24,54	−24,44	24,87	21,68	27,42
Paraná	211,19	−20,20	73,64	71,54	−1,25	8,22	64,63
Santa Catarina	180,47	−64,60	45,48	40,08	238,50	5,41	66,20
Rio Grande do Sul	229,82	−29,46	11,23	10,73	114,71	−9,82	25,90
Mato Grosso do Sul	620,74	−10,04	131,16	123,61	54,11	−6,20	99,81
Mato Grosso	518,29	−54,61	317,71	272,01	46,37	−2,79	167,76
Goiás	705,67	−11,73	162,28	145,61	9,33	−2,16	96,14
Distrito Federal	160,93	84,00	49,77	50,23	135,27	34,58	72,69
Total	241,26	−21,44	−0,08	−0,70	28,81	5,96	39,98

Fonte: Rais − TE/SPPE/DES/CGETIP.

1. O Estado de Tocantins não aparece na tabela pois não existia em 1985.

2. Para o ano de 1985, existem nos dados da Rais um total de 447.375 empregos que não se encontram discriminados por unidade da federação. No entanto, como estes representam apenas 2,18% dos empregos formais existentes em 1985, entendo não interferir na análise.

Tabela 8
Brasil – Número de empregos formais existentes por unidade da federação em 1985 e 2002

Unidade da Federação	1985		2002	
	Indústria	Total	Indústria	Total
Rondônia	9.826	81.743	23.901	173.276
Acre	1.606	34.553	3.181	68.439
Amazonas	62.361	198.655	63.332	291.315
Roraima	321	14.730	1.072	28.129
Pará	52.499	335.517	72.502	546.251
Amapá	3.608	22.085	1.793	55.960
Tocantins	0	0	7.209	133.227
Maranhão	17.988	195.088	21.912	329.935
Piauí	10.195	130.866	20.029	236.945
Ceará	87.339	480.102	157.370	793.312
Rio Grande do Norte	36.135	199.709	55.601	318.971
Paraíba	32.456	232.963	49.479	375.537
Pernambuco	178.909	711.548	134.493	943.895
Alagoas	46.851	211.881	77.309	311.780
Sergipe	22.159	140.135	26.774	239.305
Bahia	114.286	832.126	127.459	1.309.717
Minas Gerais	432.313	1.836.041	549.076	3.046.362
Espírito Santo	70.813	316.683	84.901	551.601
Rio de Janeiro	537.307	2.673.863	324.110	2.922.463
São Paulo	2.507.343	6.755.555	1.894.551	8.608.048
Paraná	240.885	1.101.051	413.222	1.812.631
Santa Catarina	301.129	743.443	421.815	1.235.612
Rio Grande do Sul	508.577	1.610.302	563.135	2.027.416
Mato Grosso do Sul	18.254	174.970	40.817	349.600
Mato Grosso	16.530	141.602	61.493	379.152
Goiás	47.449	398.413	116.540	781.443
Distrito Federal	12.979	471.132	19.499	813.591
Total	5.370.118	20.492.131	5.332.575	28.683.913

Fonte: Rais – MTE/SPPE/DES/CGETIP.

Tabela 9
Evolução da produção física industrial
entre janeiro de 2000 e janeiro de 2004

(Em %)

		Jan/2000-2004
Brasil	Indústria geral	15,66
	Indústria extrativa mineral	18,90
	Indústria de transformação	15,25
Minas Gerais	Indústria geral	8,26
	Indústria extrativa mineral	2,09
	Indústria de transformação	8,72
Rio de Janeiro	Indústria geral	17,06
	Indústria extrativa mineral	27,49
	Indústria de transformação	5,07
São Paulo	Indústria geral	18,56
	Indústria extrativa mineral	−18,18
	Indústria de transformação	18,60

Fonte: IBGE – Pesquisa Industrial Mensal – Produção Física.

Tabela 10
Participação do antigo Estado do Rio de Janeiro no valor bruto da
produção industrial e no valor da transformação industrial do Brasil

(Em %)

Ano	Total		Sem Metalúrgica		Sem Química		Sem Metal. e Química	
	Valor bruto da produção	Valor da transformação industrial	Valor bruto da produção	Valor da transformação industrial	Valor bruto da produção	Valor da transformação industrial	Valor bruto da produção	Valor da transformação industrial
1939*	4,92	5,44	4,99	5,62	4,89	5,31	4,96	5,49
1949*	5,97	6,32	5,27	5,51	6,04	6,56	5,29	5,69
1959	6,47	7,16	4,65	4,69	6,72	7,47	4,73	4,79
1970	6,43	5,88	5,27	5,16	5,53	5,03	4,07	4,10

Fonte: Os percentuais foram calculados com base nos dados do Censo Industrial (1939 a 1970), IBGE.
*Para estes anos foram utilizados os dados referentes ao gênero "indústrias químicas e farmacêuticas".

Tabela 11
Crescimento percentual da população na Região Sudeste e total Brasil de 1940 a 2000

	1940–50	1950–60	1960–70	1970–80	1980–91	1991–2000
Minas Gerais	15,06	24,10	18,95	16,46	17,67	13,49
Rio de Janeiro	24,32	46,40	41,03	–	–	–
Guanabara	34,77	36,60	30,92	–	–	–
RJ + GB	29,42	41,42	36,06	25,53	13,43	12,18
São Paulo	27,21	40,23	38,74	40,90	26,15	17,03
Brasil	25,97	34,90	32,92	27,77	23,38	15,50

Fonte: Percentuais calculados com base nos dados publicados no Anuário Estatístico do Brasil (2000), IBGE.

Tabela 12
Participação relativa de cada setor na renda interna no ano de 1960

(Em %)

1960	Agricultura	Indústria	Serviços
Minas Gerais	38,37	12,91	48,73
Rio de Janeiro	22,33	31,29	46,38
Guanabara	1,16	17,34	81,50
São Paulo	18,25	33,72	48,03
BRASIL	22,63	25,15	52,22

Fonte: Percentuais calculados com base nos dados publicados na Revista de Conjuntura Econômica, FGV / Centro de Contas Nacionais (outubro de 1969).

Tabela 13

Variação percentual real da arrecadação do Imposto sobre Vendas e Consignações (IVC*) por unidade da federação e total Brasil

	1960-61	1961-62	1962-63	1963-64	1964-65	1960-65
BRASIL	9,28	11,57	−1,16	20,72	4,03	51,33
Territórios (União)	9,11	−5,03	−44,15	9,29	−	−
Distrito Federal	−	26,69	22,78	34,62	21,52	154,47 **
Estados	9,16	11,56	−1,18	20,70	4,01	51,07
Acre	−	−	−	−	38,45	−
Amazonas	13,48	−4,55	8,22	18,85	11,04	54,68
Pará	0,41	−9,69	−43,95	187,73	9,14	59,61
Maranhão	22,18	−19,05	69,28	13,36	−19,17	53,41
Piauí	2,08	46,92	−12,85	73,56	6,05	140,56
Ceará	46,19	1,25	30,44	21,79	−6,10	120,80
Rio Grande do Norte	13,73	2,68	3,20	26,76	19,95	83,24
Paraíba	24,56	22,90	17,64	14,81	−6,54	93,24
Pernambuco	30,26	−0,89	3,30	20,22	2,93	65,03
Alagoas	18,18	8,84	−1,85	22,66	−9,22	40,57
Sergipe	3,93	−3,48	37,09	9,22	0,85	51,46
Bahia	10,43	2,13	17,74	15,56	5,03	61,17
Minas Gerais	6,23	4,68	12,41	35,67	67,65	184,30
Espírito Santo	−22,54	−2,15	2,86	8,22	30,09	9,76
Rio de Janeiro	7,82	33,28	−9,92	21,16	2,32	60,47
Guanabara	4,09	30,47	−0,59	7,00	4,03	50,26
São Paulo	8,49	10,51	−4,91	25,38	−2,19	39,80
Paraná	23,21	−9,59	6,01	15,67	22,65	67,52
Santa Catarina	16,03	17,33	−3,27	−1,28	0,01	30,01
Rio Grande do Sul	1,86	9,50	−0,79	10,17	−0,06	21,84
Mato Grosso	16,95	36,07	4,06	1,78	17,07	97,30
Goiás	26,99	26,46	15,59	15,95	2,21	120,00

Resultados calculados com base em Finanças do Brasil – Ministério da Fazenda. Dados calculados com base em valores corrigidos pelo deflator implícito do PIB.

*O IVC é substituído pelo Imposto sobre Circulação de Mercadorias (ICM) em 30 de janeiro de 1967.

**A variação acumulada para essa unidade inicia-se somente em 1961 tendo em vista a transferência da capital ter ocorrido no correr de 1960.

Tabela 14
Investimentos públicos e empréstimos externos no governo Lacerda entre 1961 e 1964

| Anos | (Em Cr$ milhares) | | | % | | |
	Despesa Realizada (A)	Investimentos (B)	Empréstimos Externos (C)	B/A	C/A	C/B
1961	38.506.906	7.460.923	–	19,38	–	–
1962	71.946.195	15.135.240	2.618.373	21,04	3,64	17,30
1963	152.405.870	49.569.710	5.049.041	32,52	3,31	10,19
1964	323.286.040	112.280.239	20.674.691	34,73	6,40	18,41
1961/64	586.145.011	184.446.112	28.342.105	31,47	4,84	15,37

(A) Inclui o total da despesa realizada dos órgãos da administração central e descentralizada.

(B) Inclui todos os dispêndios de investimentos realizados no período. Dados extraídos dos Balanços dos Órgãos Centrais e dos Órgãos da Administração Descentralizada.

(C) Inclui o montante da ajuda efetivamente recebida do Fundo do Trigo, BID e AID. Dados da USAID e contabilidade da Sursan e BEG.

Coordenação de Planos e Orçamentos   .

Comissão de Estudos Econômicos.

Fonte: Mensagem à Assembléia Legislativa - 5 anos de governo - p. 224.

Tabela 15
Alíquotas do Imposto sobre Vendas e Consignações

(Em %)

Estados	1958	1961	1964	1965
Minas Gerais	2,0	4,25*	8,1924*	8,1924*
Rio de Janeiro	3,6	4,2	6,5*	6,5*
Guanabara	4,0	4,0	5,0	5,4*
São Paulo	3,4125	4,8	6,0	6,0

Fonte: Mensagem à Assembléia Legislativa - 5 anos de governo - p.197.

*Inclui adicionais diversos.

Obs: A elevação na alíquota do IVC na Guanabara de 5% para 5,4% em 1965 apresenta vigência exclusivamente para este ano visando suprir os gastos da festa do IV Centenário da Cidade, de acordo com a entrevista de Raphael de Almeida Magalhães (veja Silva, 2004, Anexo B).

Tabela 16

Participação dos gêneros da indústria no total do valor da produção industrial do

	Brasil	SP	DF	RJ	Brasil	SP
		1939				1949
TOTAIS	100,00	100,00	100,00	100,00	100,00	100,00
Gêneros de Indústria						
Indústrias extrativas	1,78	0,54	0,41	1,87	1,23	0,21
Transformação de produtos de minerais não-metálicos	3,34	3,36	4,62	6,35	4,08	4,50
Metalúrgica	5,65	5,38	5,06	4,44	6,86	7,62
Mecânica	4,42	8,18	2,84	2,83	1,45	2,16
Material elétrico e de comunicações	–	–	–	–	1,27	2,12
Material de transporte	–	–	–	–	2,09	3,32
Madeira	3,96	3,20	3,60	1,39	3,06	1,91
Mobiliário	–	–	–	–	1,50	1,52
Papel, papelão e celulose	1,57	1,71	1,41	x	1,80	2,28
Borracha	0,53	0,41	0,93	x	1,45	2,63
Produtos de matérias plásticas	–	–	–	–	–	–
Óleos e graxas vegetais	1,46	1,83	x	–	–	–
Química	–	–	–	–	–	–
Produtos farmacêuticos e veterinários	–	–	–	–	–	–
Química e farmacêutica	6,70	7,37	10,68	7,29	7,75	8,59
Perfumaria, sabões e velas	–	–	–	–	–	–
Têxtil	20,70	28,84	9,01	19,42	16,88	21,24
Vestuário, calçado e artefatos de tecidos	4,19	4,32	6,27	0,65	3,92	3,87
Couros, peles e artefatos para viagens	1,71	1,16	1,17	0,31	1,37	0,94
Produtos alimentares	28,19	21,40	22,02	39,04	28,92	22,93
Bebidas	3,93	3,29	5,09	1,80	2,82	2,37
Fumo	–	–	–	–	1,24	0,86
Editorial e gráfica	2,35	2,13	4,90	0,62	2,56	2,30
Diversas	0,77	0,92	1,24	0,19	1,29	1,69
Atividades de apoio e de serviços de caráter industrial	–	–	–	–	–	–
Construção civil	6,36	5,52	20,61	2,67	5,85	4,66
Produção e distribuição de eletricidade, gás e frio; abastecimento d'água e esgoto	3,23	3,67	0,97	6,08	–	–
Serviços industriais de utilidade pública	–	–	–	–	2,60	2,30

Fonte: Os percentuais foram calculados com base nos dados do Censo Industrial (vários anos), IBGE.

Brasil e dos Estados de São Paulo, Guanabara e Rio de Janeiro

(Em %)

DF	RJ	Brasil	SP	GB	RJ	Brasil	SP	GB	RJ
1949		1959				1970			
100,00	100,00	100,00	100,00	100,00	100,00	100,00	100,00	100,00	100,00
0,05	0,65	1,21	0,17	0,01	0,92	1,61	0,22	0,07	1,11
3,93	6,77	4,47	4,04	4,97	6,02	4,10	3,69	3,86	3,68
5,08	17,65	10,40	9,11	8,44	35,56	12,27	10,91	6,96	28,10
1,35	0,43	2,81	4,05	3,27	0,67	5,61	7,04	6,53	4,02
1,64	0,12	3,93	5,90	4,41	0,61	4,63	6,56	6,02	0,13
0,80	5,23	6,70	10,71	1,93	5,47	8,07	12,29	4,18	6,83
1,43	1,37	2,61	1,07	1,14	0,71	2,25	0,75	0,76	0,40
2,93	0,40	1,82	1,97	2,63	0,70	1,76	1,70	2,29	1,15
1,18	3,31	2,94	3,38	2,73	3,70	2,40	2,86	2,39	1,66
0,92	0,06	2,50	3,88	0,82	1,85	1,67	2,49	0,52	0,69
–	–	0,67	0,69	2,51	0,35	1,63	1,96	3,55	0,22
–	–	–	–	–	–	–	–	–	–
–	–	8,85	10,57	8,04	5,39	10,72	9,68	11,34	23,14
–	–	1,93	1,82	7,96	1,41	2,11	2,52	6,27	1,85
12,09	6,62	–	–	–	–	–	–	–	–
–	–	1,50	1,30	4,38	0,85	1,36	1,58	3,48	0,44
9,06	14,39	12,39	13,24	8,47	8,83	9,14	10,23	6,43	6,47
7,18	0,87	3,37	3,45	6,00	0,85	3,32	3,52	5,41	0,56
1,32	0,23	1,07	0,64	1,53	0,03	0,65	×	0,98	×
19,02	30,81	23,85	17,49	15,97	23,55	19,88	15,40	13,25	16,11
4,32	1,75	2,34	1,95	4,80	1,59	1,85	1,45	3,26	1,16
1,64	0,00	1,10	0,68	1,78	0,03	0,94	×	2,27	×
6,56	0,61	2,26	2,16	6,66	0,41	2,48	2,39	8,18	0,58
2,12	0,23	1,28	1,69	1,56	0,48	1,56	1,88	2,02	1,60
–	–	–	–	–	–	–	–	–	–
12,82	5,81	–	–	–	–	–	–	–	–
–	–	–	–	–	–	–	–	–	–
4,58	2,71	–	–	–	–	–	–	–	–

Tabela 17
Brasil – Imposto sobre Vendas e Consignações
(a partir de 1967, Imposto sobre Circulação de Mercadorias)
Variação percentual real na arrecadação

	1965-66	1966-67	1967-68	1968-69	1969-70	1965-70
BRASIL	29,03	15,98	26,65	9,54	8,10	124,42
Territórios (União)	–	–	–	–	–	–
Distrito Federal	35,73	768,81	11,08	10,31	4,59	1411,29
Estados	29,01	14,38	26,90	9,53	8,15	121,81
Acre	–	–	–	10,44	−19,72	188,11
Amazonas	6,95	−27,06	38,94	24,37	17,53	58,43
Pará	13,76	−30,17	42,18	16,24	5,57	38,60
Maranhão	8,55	25,04	27,27	25,91	8,41	135,82
Piauí	–	–	−5,01	18,67	−11,98	15,11
Ceará	1,74	15,42	12,26	5,44	−7,18	29,02
Rio Grande do Norte	9,82	7,02	2,10	1,49	−14,52	4,09
Paraíba	8,23	−11,39	7,48	5,31	−4,65	3,50
Pernambuco	34,48	38,87	15,62	6,12	−0,86	127,16
Alagoas	23,17	37,49	5,71	18,09	2,07	115,77
Sergipe	54,58	9,46	9,18	6,82	−0,50	96,35
Bahia	25,07	−3,22	14,19	34,26	−7,81	71,09
Minas Gerais	20,60	6,32	54,46	10,65	10,11	141,31
Espírito Santo	19,86	−29,87	56,98	10,16	−3,34	40,49
Rio de Janeiro	20,86	3,66	22,32	7,37	6,98	76,03
Guanabara	13,76	27,68	25,05	10,01	3,63	107,07
São Paulo	30,98	19,77	24,56	6,92	9,35	128,49
Paraná	58,33	−20,86	26,58	14,90	3,16	88,00
Santa Catarina	30,78	51,28	28,05	11,81	34,99	282,34
Rio Grande do Sul	53,47	7,31	46,42	12,12	11,63	201,79
Mato Grosso	48,36	47,89	14,74	12,67	13,13	220,88
Goiás	29,67	21,97	−2,81	23,13	32,24	150,28

Resultados calculados com base em Finanças do Brasil – Ministério da Fazenda.
Dados calculados com base em valores corrigidos pelo deflator implícito do PIB.

Tabela 18

Índices do produto real segundo unidades da federação no período 1949-61
(Base: 1949 = 100)

	1949	1950	1951	1952	1953	1954	1955	1956	1957	1958	1959	1960	1961
Pernambuco	100,00	105,90	107,25	102,04	100,32	111,85	116,71	123,03	125,95	120,13	122,28	132,01	134,45
Bahia	100,00	108,57	107,81	95,62	109,41	125,93	119,91	120,13	135,71	134,14	140,25	142,60	136,36
Minas Gerais	100,00	106,37	116,49	107,67	118,65	117,09	131,43	130,05	134,05	136,24	149,73	159,96	165,95
Rio de Janeiro	100,00	108,19	117,73	122,70	131,40	135,44	146,33	164,08	171,13	196,79	197,33	198,16	215,09
Guanabara	100,00	105,94	115,23	103,83	118,23	133,38	113,22	139,74	137,28	162,28	144,39	157,59	169,42
São Paulo	100,00	106,76	105,42	111,53	110,69	121,39	143,60	145,98	158,08	181,54	194,06	211,63	226,04
Rio Grande do Sul	100,00	107,94	116,40	124,20	138,38	147,34	153,31	166,03	155,70	164,08	168,73	160,75	167,98
BRASIL	100,00	105,00	110,40	116,60	120,30	129,60	138,40	141,00	150,70	160,70	172,50	184,00	197,40

Tabela 19
Evolução do Produto Real no período 1961-64
(Base: 1961 = 100)

	1961	1962	1963	1964
Pernambuco	100,00	104,10	109,70	116,40
Bahia	100,00	102,50	109,80	124,40
Minas Gerais	100,00	103,80	89,40	104,00
Rio de Janeiro	100,00	115,30	106,70	119,40
Guanabara	100,00	100,70	98,10	84,40
Rio + Guanabara	100,00	105,90	101,50	95,50
São Paulo	100,00	107,80	106,10	107,00
Rio Grande do Sul	100,00	95,30	107,60	113,00
BRASIL	100,00	105,40	107,00	110,40

Fonte: Centro de Contas Nacionais, IBRE/FGV in Diagnóstico preliminar da Guanabara, V. I, Tabela I-12.

Tabela 20
Guanabara – Setor básico e residenciário
Dados de 1959

(Em milhares de Cr$)

Setor	Setor Básico	%	Setor Residenciário	%
Agricultura	–	–	3.623,7	2,40
Comércio	30.073,5	24,78	36.031,3	23,91
Indústria	34.867,9	28,73	21.081,9	13,99
Serviços	4.107,6	3,38	32.384,9	21,49
Transportes e Comunicações	9.672,2	7,97	18.958,4	12,58
Intermediários Financeiros	10.856,6	8,94	7.696,9	5,11
Aluguéis	6.224,0	5,13	10.868,4	7,21
Governo	25.578,4	21,07	20.029,2	13,29
Total	121.380,1	100,00	150.674,9	100,00

Fonte: Diagnóstico preliminar da Guanabara, V. III, Tabela VIII-3. A tabela utiliza como fonte primária a Revista Brasileira de Economia (março/62) e Comércio por Vias Internas.

Tabela 21
Evolução da indústria por gênero – 1949-65 (1949 = 100)* a preços constantes

Classes e gêneros de indústrias	Rio de Janeiro			Guanabara			GB + RJ			Brasil		
	1949	1959	1965	1949	1959	1965	1949	1959	1965	1949	1959	1965
Minerais não metálicos	100	175	231	100	147	236	100	159	234	100	200	274
Metalurgia	100	397	402	100	191	194	100	310	314	100	275	350
Mecânica	100	315	344	100	278	433	100	282	424	100	353	589
Materiais elétricos e de comunicações	100	1075	383	100	308	502	100	341	499	100	563	1014
Material de transporte	100	206	458	100	276	687	100	229	522	100	583	1122
Madeira	100	102	120	100	92	111	100	95	104	100	155	166
Mobiliário	100	355	688	100	103	130	100	115	158	100	220	269
Papel e papelão	100	204	225	100	265	226	100	242	226	100	297	340
Borracha	100	6500	1633	100	103	154	100	103	188	100	313	339
Couros, peles e similares	100	29	38	100	134	155	100	127	147	100	141	149
Química	100	188	1443	100	243	389	100	226	784	100	343	694
Produtos farmacêuticos e medicinais	100	619	1044	100	157	169	100	171	195	100	200	291
Perfumes, sabões e velas	100	321	361	100	136	137	100	146	149	100	174	274
Materiais plásticos	–	–	–	100	1780	3034	100	1948	3066	100	674	1475
Têxtil	100	121	144	100	107	137	100	113	139	100	133	175
Vestuário / Calçados	100	190	221	100	96	115	100	100	120	100	156	216
Produtos alimentares	100	150	164	100	96	129	100	117	143	100	150	201
Bebidas	100	194	220	100	126	143	100	133	153	100	148	183
Fumo	100	300	–	100	125	669	100	126	648	100	161	428
Editorial e gráfica	100	132	162	100	117	147	100	117	147	100	160	173
Diversos	100	481	710	100	89	110	100	104	132	100	209	311
Total da ind. de transformação	100	215	322	100	137	189	100	160	229	100	198	289

Fonte: CIRJ/FIEGA, v. 2, p. 7. O trabalho utiliza como fonte primária os Censos Industriais, IBGE (1950 e 1960) e o Registro Industrial, IBGE (1965).

*Valores deflacionados pelos preços específicos de atacado fornecidos por Conjuntura Econômica.

Obs.: O setor de matérias plásticas não se encontra destacado nesta tabela, no entanto pelos dados do Censo Industrial apresentava o mesmo no antigo estado do Rio uma importância diminuta com uma participação no total da indústria fluminense de 0,35% em 1959, passando para uma participação de 0,22% em 1970. No mesmo período, a participação do setor de matérias plásticas na indústria carioca aumenta de 2,51% para 3,55%.

Tabela 22

Estados preferidos para localização fora da Guanabara (em número de vezes que o estado é indicado)

Setor	SP	%	RJ	%	Bahia	%	Sudam e Sudene, exclusive Bahia	%	Outros	%	Total	%
Minerais não-metálicos	2	50,0	1	25,0	–	–	–	–	1	25,0	4	100,0
Metalúrgica	4	100,0	–	–	–	–	–	–	–	–	4	100,0
Mecânica	9	100,0	–	–	–	–	–	–	–	–	9	100,0
Material elétrico	5	71,4	1	14,3	–	–	1	14,3	–	–	7	100,0
Material de transporte	3	100,0	–	–	–	–	–	–	–	–	3	100,0
Madeira	–	–	1	50,0	–	–	–	–	1	50,0	2	100,0
Mobiliário	1	100,0	–	–	–	–	–	–	–	–	1	100,0
Papel e papelão	4	100,0	–	–	–	–	–	–	–	–	4	100,0
Borracha	1	100,0	–	–	–	–	–	–	–	–	1	100,0
Couros e peles	1	100,0	–	–	–	–	–	–	–	–	1	100,0
Química	3	75,0	1	25,0	–	–	–	–	–	–	4	100,0
Farmacêutica	4	80,0	–	–	1	20,0	–	–	–	–	5	100,0
Perfumaria	2	100,0	–	–	–	–	–	–	–	–	2	100,0
Plástico	2	40,0	1	20,0	2	40,0	–	–	–	–	5	100,0
Têxtil	3	42,8	2	28,6	1	14,3	1	14,3	–	–	7	100,0
Vestuário	4	26,6	7	46,7	1	6,7	2	13,3	1	6,7	15	100,0
Produtos alimentares	2	100,0	–	–	–	–	–	–	–	–	2	100,0
Bebidas	–	–	–	–	–	–	–	–	–	–	–	100,0
Gráfico	5	100,0	–	–	–	–	–	–	–	–	5	100,0
TOTAL	55	67,9	14	17,3	5	6,2	4	4,9	3	3,7	81	100,0

Pergunta 1: Se V.S.ª resolvesse construir sua empresa hoje, onde localizaria sua fábrica?

Fonte: Diagnóstico preliminar da Guanabara, V. IV, Tabela A-2.

Tabela 23

Participação de empresas do Grande Rio em alguns dos principais setores de atividade econômica do País

(Em milhares de NCr$)

Setores	Total das Grandes empresas	Participação do Grande Rio		
		Empresas do governo	Empresas privadas	Total
Energia elétrica	6.969	548	–	548
Petróleo	2.944	2.269	606	2.875
Mineração (metais)	610	356	210	566
Siderurgia	2.573	1.130	80	1.210
Transporte ferroviário	994	841	6	847
Transporte marítimo	358	290	41	331
Telecomunicações e gás	1.147	637	283	920
Construção naval	132	–	113	113
Construção, engenharia e imobiliárias	954	–	376	376
Indústria editorial e gráfica	178	–	92	92
Curtumes	54	–	27	27
Fumo	239	–	210	210
Firmas varejistas	327	–	175	175

Fonte: Mapa econômico da Guanabara, v. 1, p. 3.35. Utiliza-se como fonte primária a Revista Visão, agosto de 1968.

REFERÊNCIAS BIBLIOGRÁFICAS

ABREU, Alzira Alves de (coord.). *Juracy Magalhães: minhas memórias provisórias*. Rio de Janeiro: Civilização Brasileira, 1982.

ABREU, Alzira Alves de. et al. (coord.). *Dicionário histórico-biográfico brasileiro*. Rio de Janeiro: FGV/CPDoc, 2001.

ALMEIDA, Mônica Piccolo. *O Rio de Janeiro como hospedaria do poder central: luta autonomista − elite política e identidade carioca (1955-60)*. Dissertação (Mestrado), IFCS/UFRJ, Rio de Janeiro, 1996.

AMADO, Eurico (ed.). *O livro do Rio*. Rio de Janeiro: Desenvolvimento e Gernasa; Artes Gráficas, 1970.

AMIN, Ash. Una perspectiva institucionalista sobre el desarrollo económico regional. *Ekonomiaz*, Espanha, n. 2, 1998.

ARAUJO, Aloísio Barbosa de; HORTA, Maria Helena Taunay Taques; CONSIDERA, Cláudio Monteiro. *Transferências de impostos aos estados e municípios: relatório de pesquisa*. Rio de Janeiro: Ipea; Inpes, 1972.

ARINOS FILHO, Afonso. *Atrás do espelho: cartas de meus pais*. Rio de Janeiro: Record, 1994.

_____. *Primo canto: memórias da mocidade*. Rio de Janeiro: Civilização Brasileira, 1976.

ASSOCIAÇÃO COMERCIAL et al. Sugestões empresariais para a recuperação econômica da Guanabara. *Revista das Classes Produtoras*, Rio de Janeiro, ano 33, n. 1038, p. 4-26, dez. 1970. Inclui apresentação "Um roteiro para o progresso do Rio".

ASTEL ASSESSORES TÉCNICOS. *Desenvolvimento do Estado do Rio de Janeiro: influência da ação institucional o governo federal*. Rio de Janeiro: AD-Rio, 1991.

_____. *Diagnóstico preliminar da Guanabara*. Rio de Janeiro: Secretaria de Economia do Estado da Guanabara, 1967. 4 v.

_____. *Mapa econômico da Guanabara*. Rio de Janeiro: Secretaria de Economia do Estado da Guanabara, 1969. v.1.

BANCO MUNDIAL. *Rio de Janeiro: um estudo da cidade.* Rio de Janeiro, 1999.

BARROS, Frederico Robalinho de. *Economia industrial do novo Estado do Rio de Janeiro.* Rio de Janeiro: Apec; Ideg, 1975.

BELOCH, Israel. *Capa Preta e Lurdinha:* Tenório Cavalcanti e o povo da Baixada. Rio de Janeiro: Record, 1986.

BERNARDES, Lysia Maria Cavalcanti (coord.). *O Rio de Janeiro e sua região.* Rio de Janeiro: IBGE/ Conselho Nacional de Geografia, 1964.

BIELCHOWSKY, Ricardo. *Cinqüenta anos de pensamento na Cepal.* Rio de Janeiro: Record, 2000.

BOJUNGA, Cláudio. *JK: o artista do impossível.* Rio de Janeiro: Objetiva, 2001.

BOMFIM, Octávio. Uma cidade com hábito de capital. *Jornal do Brasil,* Rio de Janeiro, 19-20 abr. 1970. Caderno Especial, p. 6-7.

BOURDIEU, Pierre. *O poder simbólico.* Lisboa: Difel; Rio de Janeiro: Bertrand Brasil, 1989.

BRASILEIRO, Ana Maria. *A fusão: análise de uma política pública.* Série Estudos para planejamento – 21. Brasília: Ipea,1979.

BRASÍLIA ano 10: de capital o futuro a cidade amada. *O Globo.* Rio de Janeiro, p. 6-7, 20 abr. 1970.

BULHÕES, Octávio Gouvêa de. *Depoimento.* Brasília: Banco Central do Brasil. Divisão de Impressão e Publicações do Departamento de Administração de Recursos Materiais, 1990.

CÂMARA, Sette. *Subsídios para análise e planejamento da ação administrativa.* Rio de Janeiro: Departamento de Imprensa Nacional, 1960.

CAMARGO, Aspásia (coord.). *Artes da política: diálogo com Amaral Peixoto.* Rio de Janeiro: Nova Fronteira; Ed. da FGV/CPDoc; UFF, 1986.

CAMPOS, Roberto de Oliveira. As quatro vocações da Guanabara. *Revista das Classes Produtoras,* Rio de Janeiro, ano 32, n. 1030, p. 2-5, abr. 1970.

CANO, Wilson. *Desequilíbrios regionais e concentração industrial no Brasil:* 1930-1970 / 1970-1995. Campinas, SP: Unicamp.IE, 1998 (30 Anos de Economia – Unicamp, 2).

_____. *Raízes da concentração industrial em São Paulo.* 4. ed. Campinas/ SP: Unicamp/IE, 1998.

CARTAS sobre Repressão a Movimentos Estudantis. Rio de Janeiro, 1968. (Acervo CPDoc NLg 1968.06.23). Documentos pessoais do Embaixador Francisco Negrão de Lima.

CARVALHO, José Murilo de. *Os bestializados:* o Rio de Janeiro e a República que não foi. São Paulo: Companhia das Letras, 1987.

CASSIOLATO, José Eduardo; LASTRES, Helena M.M. Aglomerações, cadeias e sistemas produtivos e de inovação. *Revista Brasileira de Competitividade.* Belo Horizonte, Fapemig, ano 1, n. 1, 2001.

_____. *Globalização & inovação localizada*. Brasília: IBICT, 1999.

CASTRO, Silvia Regina Pantoja Serra de. *Amaralismo e pessedismo fluminense*: o PSD de Amaral Peixoto. Tese (Doutorado). Universidade Federal Fluminense, Niterói, 1995.

CAVALCANTI, Araújo. Governo e administração do Estado da Guanabara. *Revista do Serviço Público*, Rio de Janeiro, p. 6-40, jan./mar. 1961.

CENTRO DE CONTAS NACIONAIS. Contas Nacionais do Brasil: novas estruturas. *Conjuntura Econômica,* Rio de Janeiro, v. 23, n. 10, out. 1969.

COM Distrito Federal unido ao Estado do Rio, cariocas e fluminenses sairiam engrandecidos. *Correio da Manhã*, Rio de Janeiro, jul. 1958.

CONFEDERAÇÃO NACIONAL DA INDÚSTRIA. *Levantamento Socioeconômico do Estado do Rio de Janeiro*: Documentos Setoriais. Rio de Janeiro: Firjan/ Sesi, 1967.

COUTINHO, Luciano. A terceira revolução industrial e tecnológica: as grandes tendências de mudança. *Economia e Sociedade*. Campinas: Unicamp, n. 1, ago. 1992.

COUTO, Ronaldo Costa. *Brasília Kubitschek de Oliveira*. Rio de Janeiro: Record, 2001 (Coleção Metrópolis).

CUNHA, Luiz Roberto. *Crise econômica: Rio de todas as crises*. Rio de Janeiro: Iuperj, 1990 (Série Estudos e Pesquisa).

DAIN, Sulamis. *Crise econômica: Rio de todas as crises*. Rio de Janeiro: Iuperj, 1990. (Série Estudos e Pesquisas).

DEPOIS de ter sido a Capital da República o atual Distrito Federal deve passar à condição de Estado. *Correio da Manhã*, Rio de Janeiro, jul. 1958.

DESENVOLVIMENTO econômico: a saída para o Estado do RJ. Rio de Janeiro: Pleninco, 1990.

DEZ anos de um quatrocentão. *O Globo*. Rio de Janeiro, p. 3-4, 20 abr. 1970.

DINIZ, Clécio Campolina. A nova geografia econômica do Brasil. In: VELLOSO, João Paulo dos Reis. *Brasil 500 anos: futuro, presente, passado*. Fórum Nacional. Rio de Janeiro: J. Olympio, 2000.

DINIZ, Eli. *Voto e máquina política, patronagem e clientelismo no Rio de Janeiro*. Rio de Janeiro: Paz e Terra, 1982.

DULCI, Otávio Soares. *Política e recuperação econômica em Minas Gerais*. Belo Horizonte: Ed. da UFMG, 1999.

Dulles, John W. F. *Carlos Lacerda: a vida de um lutador*. Rio de Janeiro: Nova Fronteira, 1992. 2 v.

ESTUDOS CARIOCAS. Rio de Janeiro: Guanabara (Estado). Secretaria, Coordenadoria de Planos e Orçamento, n. 2, 4, 1965.

FARIAS, Ignez Cordeiro de. *Conversando sobre política*: Jorge Loretti. Rio de Janeiro: FGV; ALERJ, 2001.

FARO, Luiz César; GATTO, Coriolano. *Mário*. Rio de Janeiro: Sul América Seguros, 2001.

FEDERAÇÃO DAS INDÚSTRIAS DO ESTADO DA GUANABARA; CENTRO INDUSTRIAL DO RIO DE JANEIRO. *A fusão dos estados da Guanabara e do Rio de Janeiro*, [S.l.], 1969. 2 v.

FERREIRA, Marieta de Moraes (coord.). *A República na Velha Província*. Rio de Janeiro: Rio Fundo, 1989.

_____. *Em busca da Idade de Ouro*: as elites políticas fluminenses na primeira República (1889 – 1930). Niterói: UFF. Instituto de Ciências Humanas e Filosofia, 1991.

_____. *Crônica política do Rio de Janeiro*. Rio de Janeiro: FGV, 1998.

_____. *Hamilton Xavier e Saramago Pinheiro*. Rio de Janeiro: FGV, 1999.

_____. *Rio de Janeiro*: Uma cidade na história. Rio de Janeiro: FGV, 2000.

FERREIRA, Marieta de Moraes; ROCHA, Dora; FREIRE, Américo (org.). *Vozes da oposição*. Rio de Janeiro: Graflinc Artes Gráficas, 2001.

FIANI, Ronaldo. Estado e economia no institucionalismo de Douglass North. *Revista de Economia Política*, v.23, n.2, abr./jun. 2003.

FÓRUM Paulo de Frontin. *Correio da Manhã*, Rio de Janeiro, 01 dez. 1960. Suplemento Especial.

FRANCO, Moreira. *Rio*: o nosso desafio. Rio de Janeiro: Artenova, 1982.

FREEMAN, C. *Technology policy and economic performance: lessons from Japan*. Londres: Pinter, 1987.

FREIRE, Américo (coord.). *José Talarico*. Rio de Janeiro: FGV, 1998.

_____. *Uma capital para a República: poder federal e forças políticas locais no Rio de Janeiro na virada para o século XX*. Rio de Janeiro: Revan, 2000.

FREIRE, Américo; SARMENTO, Carlos Eduardo; MOTTA, Marly Silva da. *Um estado em questão: os 25 anos do Rio de Janeiro*. Rio de Janeiro: FGV, 2001.

FREIRE, Américo; SARMENTO, Carlos Eduardo. *Três faces da cidade: um estudo sobre a institucionalização e a dinâmica do campo político carioca (1889-1969)*. Rio de Janeiro: Estudos Históricos, v.13, n. 24, 1999.

FUJITA, Masahisa; KRUGMAN, Paul; VENABLES, Anthony J. *Economia espacial: urbanização, prosperidade econômica e desenvolvimento humano no mundo*. São Paulo: Futura, 2002.

FUSÃO. Rio de Janeiro, 1973. (Acervo CPDoc). Documentos pessoais do Embaixador Francisco Negrão de Lima.

GAROTINHO, Anthony. *Violência e criminalidade no estado do Rio de Janeiro: diagnóstico e propostas para uma política democrática de segurança pública*. Rio de Janeiro: Hama, 1998.

GASPARI, Elio. *A ditadura derrotada*. São Paulo: Companhia das Letras, 2003.

_____. *A ditadura envergonhada*. São Paulo: Companhia das Letras, 2002.

_____. Dorme-se no Rio, acorda-se em Kubanacan. *O Globo*, Rio de Janeiro, 18 de junho de 2003, p. 7.

GUANABARA. *Introdução à proposta orçamentária para 1968.* Governo Francisco Negrão de Lima. jul. 1967. Mensagem à Assembléia Legislativa.

_____. *Introdução à proposta orçamentária para 1969.* Governo Francisco Negrão de Lima. jul. 1968. Mensagem à Assembléia Legislativa.

_____. *Rio Guanabara em nova dimensão:* um balanço do governo Negrão de Lima. Rio de Janeiro: Block Editores, 1975.

_____. *Análise econômica: aspectos gerais: 1961-1965.* Governo Carlos Lacerda. Mensagem à Assembléia Legislativa.

_____. *Cinco anos de governo.* Governo Carlos Lacerda. 1965. Mensagem à Assembléia Legislativa.

_____. Tribunal de Contas. Relatório da Ministra Dulce Magalhães sobre as contas do exercício de 1965 – 1966.

_____. *Copeg Primeira Década.* Rio de Janeiro, 1970.

_____. Coordenação de planos e orçamentos. Secretaria de estado de governo. *Deslocamento das indústrias cariocas.* Rio de Janeiro, jul. 1969.

_____. Coordenação de planos e orçamentos. Secretaria de estado de governo. *Aspectos da geografia das indústrias no Rio de Janeiro.* Rio de Janeiro, ago. 1969.

_____. Secretaria de Agricultura, Indústria e Comércio. *[Desenvolvimento industrial da Guanabara].* Rio de Janeiro, 1961. Exposição preliminar.

_____. Secretaria de Ciência e Tecnologia. Comissão do ano 2000. *Rio ano 2000.* Rio de Janeiro, 1970.

_____. Secretaria de Planejamento e Coordenação-Geral. *Programas de governo.* Rio de Janeiro, 1974.

GUDIN, Eugênio. *Reflexões e comentários: 1970 – 1978.* Rio de Janeiro: Nova Fronteira, 1978.

HIRSCHMAN, Albert O. *Estratégia do desenvolvimento econômico.* Rio de Janeiro: Fundo de Cultura, 1958.

_____. Confissões de um dissidente: a estratégia do desenvolvimento reconsiderada. *Pesquisa e Planejamento Econômico*, Rio de Janeiro, v. 13, n. 1, p. 1-37, abr. 1983.

HODGSON, Geoffrey M. *Economia e evolução: o regresso da vida à teoria econômica.* Oeiras: Celta, 1997.

_____. The Approach of Institutional Economics. *Journal of Economic Literature*, mar. 1998.

INDÚSTRIA e Governo: O diálogo do desenvolvimento. Rio de Janeiro, 1956. (Acervo CPDoc). Documentos pessoais do Embaixador Francisco Negrão de Lima.

IBGE. Estatísticas históricas do Brasil. 2. ed., Rio de Janeiro, 1990 (Séries econômicas, demográficas e sociais, de 1950 a 1998).

INSTITUTO BRASILEIRO DE TECNOLOGIA EDUCACIONAL. *A fusão explicada:* o novo Estado do Rio de Janeiro. Rio de Janeiro: Ed. Sesquicentenário, 1975. (Série estudos brasileiros).

INSTITUTO DE DESENVOLVIMENTO DA GUANABARA. *Matriz ocupacional da indústria do Estado do Rio de Janeiro*. [S.l.]: Firjan/Senai, 1972.

_____. *O aproveitamento das potencialidades econômicas do novo Estado do Rio de Janeiro*: contribuição para uma estratégia de desenvolvimento regional. Rio de Janeiro: Ipea, 1976.

_____. *Tendências de crescimento da Guanabara*. Rio de Janeiro: Senai, 1974.

KALEKI, Michel. *Teoria da dinâmica econômica*. São Paulo: Nova Cultural, 1985, (Coleção Os Economistas).

KRUGMAN, Paul. Increasing returns and economic geography. *Journal of Political Economy*, Chicago, v. 99, n. 31, 1991.

_____. The role of geography in development. *International Regional Science Review*, [S.l.], v. 22, n. 2, p. 142-161, ago. 1999.

KUBITSCHEK, Juscelino. *Meu caminho para Brasília*. Rio de Janeiro: Bloch, 1976, 3v.

LACERDA, Antônio Corrêa de et al. *Economia brasileira*. São Paulo: Saraiva. 2000.

LACERDA, Carlos. *Crítica & Autocrítica*. Rio de Janeiro: Nova Fronteira, 1966.

_____. *Depoimento*. Rio de Janeiro: Nova Fronteira, 1978.

_____. *Discursos parlamentares*. Rio de Janeiro: Nova Fronteira, 1982.

_____. *O poder das idéias*. Rio de Janeiro: Record, 1963.

LEBORGNE, D.; LIPIETZ, Alain. Flexibilidade ofensiva, flexibilidade defensiva – duas estratégias sociais na produção dos novos espaços econômicos. In: BENKO, Georges; LIPIETZ, Alain. *As regiões ganhadoras: distritos e redes: os novos paradigmas da geografia econômica*. Oeiras: Celta, 1994.

LEGISLAÇÃO DO DISTRITO FEDERAL. São Paulo: Lex, p. 117-122, 1957.

LESSA, Carlos. *O Rio de todos os Brasis: uma reflexão em busca de auto-estima*. Rio de Janeiro: Record, 2000.

_____. Sem auto-estima e identidade não sairemos da crise. *Jornal dos Economistas*, [S.l.], n. 104, p. 10-12, dez. 1997.

LIMA, Francisco Negrão. *Carta de Negrão a JK: sobre atuação de Negrão na Prefeitura do DF.* Rio de Janeiro, 1956. (Acervo CPDoc NLp 1956.03.22). Documentos pessoais do Embaixador Francisco Negrão de Lima.

_____. *Discurso de Negrão de Lima ao deixar a Prefeitura do DF*. Rio de Janeiro, 1956. (Acervo CPDoc NLp 1956.00.00). Documentos pessoais do Embaixador Francisco Negrão de Lima.

_____. *Mensagens de Negrão sobre a eleição: sua sucessão*. Rio de Janeiro, 1969. (Acervo CPDoc NLg 1969.05.23). Documentos pessoais do Embaixador Francisco Negrão de Lima.

LOPES, Rodrigo. *A economia informal no Rio de Janeiro: problema ou solução.* Rio de Janeiro: Mauad, 1996.

MADISON, James; HAMILTON, Alexander; JAY, John. *Os artigos federalistas: 1787/1788.* Rio de Janeiro: Nova Fronteira, 1993.

MAGALHÃES, J. P. A. et al. *Rio século XXI: perspectivas e propostas para a economia fluminense.* Rio de Janeiro: JB, 1991.

MAGALHÃES, João Paulo (coord.). *Problemas e potencialidades do Estado do Rio de Janeiro.* Rio de Janeiro: Instituto de Estudos Político e Sociais; BANERJ, 1983, 8 v.

_____. "Grande Rio." In: AMADO, Eurico. *O livro do Rio.* Rio de Janeiro: Desenvolvimento e Gernasa; Artes Gráficas, 1970. p. 61-131.

_____. Industrialização e crescimento urbano. In: KACOWICZ, Mateus (org.). *Desenvolvimento e política urbana.* Rio de Janeiro: Ibam, 1976.

MAGALHÃES, Mauro. *Carlos Lacerda, o sonhador pragmático.* Rio de Janeiro: Civilização Brasileira, 1993.

MAGALHÃES, Raphael de Almeida. *Breve histórico sobre a estruturação física e econômica da cidade e sua região.* [S.l.: s.n.], 2001, (mimeo).

MAIA, César. Cidade do Rio de Janeiro e a teoria do desenvolvimento endógeno. Exposição realizada no Rio de Janeiro, em agosto de 2000, para alunas do Instituto de Economia da UFRJ.

MARTINELLI, Flávia. *Introduction to regional development planning.* Programa do Curso European Module in Regional Development Planning. Lille: University of Lille I, 2000.

MARTINS, Luciano. *Estado capitalista e burocracia no Brasil pós 64.* Rio de Janeiro: Paz e Terra, 1985.

MATHIAS, Herculano Gomes. *Estado do Rio de Janeiro:* Rio de Janeiro: Bloch Editores, 1976. (Coleção Nosso Brasil: Estudos Sociais).

MATTOS, Ilmar Rohloff de. *O tempo Saquarema.* São Paulo: Hucitec; Brasília, DF: INL, 1987.

MELLO, João Manuel Cardoso de. *O capitalismo tardio.* São Paulo: Brasiliense, 1982.

MELO, Hildete Pereira de. *O café e a economia do Rio de Janeiro 1888/1920, 1993.* Dissertação – Universidade Federal do Rio de Janeiro. Instituto de Economia Industrial, Rio de Janeiro, 1993.

MELO, Luiz Martins de. *Sistemas locais de inovação: o caso do Rio de Janeiro.* In: CASSIOLATO, José Eduardo; LASTRES, Helena M.M. *Globalização & inovação localizada.* Brasília: IBICT/MCT, 1999.

MENDONÇA, Marina Gusmão de. *O demolidor de presidentes: A trajetória política de Carlos Lacerda: 1930.* São Paulo: Códex, 2002.

MONTOR. *Planejamento da Zona Industrial de Santa Cruz.* [S.l.]: Copeg, 1967.

MOTTA, Marly Silva da (coord.). *Célio Borja*. Rio de Janeiro: FGV; ALERJ, 1999.

_____. *Erasmo Martins Pedro*. Rio de Janeiro: FGV, 1998.

_____. "Que será do Rio?": refletindo sobre a identidade política da cidade do Rio de Janeiro. In: *Tempo*, Rio de Janeiro: [s.n.], 1997. v.4, p. 146-174.

_____. *Rio de Janeiro: de cidade-capital a Estado da Guanabara*. Rio de Janeiro: Alerj, 2001.

_____. "O governador da Guanabara." In: SARMENTO, Carlos Eduardo (org.). *Chagas Freitas: perfil político*. Rio de Janeiro: FGV/Alerj, 1999, p. 135-165.

_____. *Saudades da Guanabara*. Rio de Janeiro: FGV, 2000.

MOTTA, Marly Silva da; SARMENTO, Carlos Eduardo. *A construção de um estado*: a fusão em debate. Rio de Janeiro: FGV, 2001.

MOTTA, Marly Silva da. *Rio, cidade-capital*. Rio de Janeiro: Jorge Zahar Ed., 2004.

MOULAERT, Frank. *Globalization and integrated area development in European cities*. Nova York: Oxford University Press, 2000.

MUSEU DE ASTRONOMIA E CIÊNCIAS AFINS. *Brasil, acertai vossos ponteiros*. Rio de Janeiro, 1991.

MYRDALL, Gunnar. *Teoria econômica e regiões subdesenvolvidas*. 2. ed. Rio de Janeiro: Saga, 1968.

NATAL, Jorge. Novas institucionalidades na infra-estrutura de transporte e 'resenho' espacial. In: PIQUET, Rosélia (org.). *Rio de Janeiro: perfis de uma metrópole em mutação*. Rio de Janeiro: UFRJ/Ippur, 2000.

_____. *Inovações e permanências no estado do Rio de Janeiro*. Rio de Janeiro: UFRJ/Ippur, 1998. (Série Estudos e Debates, n. 3.).

_____. *Revisitando o 'Rio de todas as crises'*: economia, espaços e classes sociais. Rio de Janeiro: [s.n.], 2001. Texto mimeografado.

NEGRÃO: entrevista. *O Pasquim*, Rio de Janeiro, n. 144, 04-10 abr. 1972.

NEVES, Léo de Almeida. *Vivência de fatos históricos*. Rio de Janeiro: Paz e Terra, 2002.

NORTH, Douglass C. *Instituciones, cambio institucional y desempeño económico*. México: Fondo de Cultura Económica, 1993.

O IBOPE revela: Negrão na voz do povo. Rio de Janeiro, 1965. (Acervo CPDoc). Documentos pessoais do Embaixador Francisco Negrão de Lima.

O QUE é o Rio? *Correio da Manhã*, Rio de Janeiro, ago. 1958.

O QUE será do Rio? *Correio da Manhã*, Rio de Janeiro, jul./ago. 1958.

PACHECO, Carlos Américo. *A questão regional brasileira pós 1980*: desconcentração econômica e fragmentação da economia nacional. São Paulo: Unicamp/IE, 1996.

PEIXOTO JUNIOR, Augusto. *Estudo sobre a Fusão Guanabara – Estado do Rio de Janeiro*. Rio de Janeiro, 1973. (Acervo CPDoc NLd 1973.01.07). Documentos pessoais do Embaixador Francisco Negrão de Lima.

PENNA, José Osvaldo de Meira. *Quando mudam as capitais*. Brasília: Senado Federal, 2002.

PERROUX, François. *A economia do século XX*. Trad. José Lebre de Freitas. Lisboa: Herder, 1967.

PICALUGA, Izabel Fontenelle. *Partidos políticos e classes sociais*: a UDN na Guanabara. Petrópolis: Vozes, 1980.

PINHO, Diva Benevides; VASCONCELLOS, Marco Antônio Sandoval de (org.). *Manual de economia*. 3. ed. São Paulo: Saraiva, 2002.

PIQUET, Rosélia (org.). *Rio de Janeiro*: perfis de uma metrópole em mutação. Rio de Janeiro: UFRJ/IPPUR, 2000.

PITA, Nilda Águeda Martinez; ARRUDA, José Maria de. Composição Sociológica da Assembléia Legislativa do Estado da Guanabara. *Revista do Direito Público e Ciência Política*, v. 9., n. 3., p.120-144, jul./ set. 1966.

PORTELA NETTO, Eduardo. *A experiência da Guanabara*. Rio de Janeiro: Laudes, 1970.

PRESIDÊNCIA da República: Comemorações do 2º aniversário do Governo. Rio de Janeiro, 1966. (Acervo CPDoc NLg 1966.08.08). Documentos pessoais do Embaixador Francisco Negrão de Lima.

PUTNAM, Robert D. *Comunidade e democracia*: a experiência da Itália moderna. Rio de Janeiro: FGV, 1996.

RESPOSTA à Pergunta: "Estado da GB ou Fusão?". Rio de Janeiro, 1959. (Acervo CPDoc). Documentos pessoais do Embaixador Francisco Negrão de Lima.

RIBEIRO, Luiz César de Queiroz. *Rio de Janeiro*: exemplo de metrópole partida e sem rumo? Rio de Janeiro: UFRJ/Ippur, 1975. p. 31. (Série Estudos e Debates, n. 4).

RIBEIRO, Paulo de Assis. *Efeitos econômicos de integração do Distrito Federal e do Estado do Rio de Janeiro*. Rio de Janeiro: Firjan, 1959.

RYFF, Tito *et al*. *O Estado do Rio de Janeiro*. Rio de Janeiro: FGV, 1995.

RIO DE JANEIRO (Estado). Governador (1967-1971: FONTES, Geremias de Mattos). *Plano de Governo 68-70*. Rio de Janeiro, 1968.

RIO DE JANEIRO (Estado), Companhia de Desenvolvimento Econômico do Estado do Rio de Janeiro (Coderj). *Diagnóstico do estado do Rio de Janeiro*. Rio de Janeiro, [s.d.].

RIOS, José Arthur. Guanabara. In: COMPORTAMENTO Eleitoral no Brasil. Rio de Janeiro: FGV, 1964.

RODRIGUES, José Honório. *Chagas Freitas e o Rio de Janeiro*. Rio de Janeiro: [s.n.], 1982.

_____. *O destino nacional da cidade do Rio de Janeiro*. Rio de Janeiro: Civilização Brasileira, 1966. p.126-148.

ROSA, Luiz Pinguelli. *Gás natural*: *situação atual e potencialidade no Estado do Rio de Janeiro*: Fórum de Reitores. Rio de Janeiro: Faperj, 1994. Texto mimeografado.

SABOIA, João. Desconcentração industrial no Brasil nos anos 90: um enfoque regional. *Pesquisa e planejamento econômico,* Rio de Janeiro, v. 30, n.1., p. 355-383, 2000.

SANTOS, Angela Moulin S. Penalva. *Economia, espaço e sociedade no Rio de Janeiro*. Rio de Janeiro: FGV, 2003.

_____. Angela Moulin S. Penalva. *Planejamento e desenvolvimento: o Estado da Guanabara*. (Tese de Doutorado em Arquitetura e Urbanismo). São Paulo: Universidade de São Paulo, 1990.

SARMENTO, Carlos Eduardo (coord.). *Paulo Duque*. Rio de Janeiro: FGV, 1999.

_____. *Chagas Freitas: perfil político*. Rio de Janeiro: FGV; Alerj, 1999, p. 135-165.

_____. *O espelho partido da metrópole — Chagas Freitas e o campo político carioca (1950-1983): liderança, voto e estruturas clientelistas*. Tese (Doutorado). IFCS/UFRJ, Rio de Janeiro, 2002.

SARMENTO, Carlos Eduardo; WERLANG, Sérgio Ribeiro da Costa; ALBERTI, Verena (org.). *Mário Henrique Simonsen — Textos escolhidos*. Rio de Janeiro: FGV, 2002.

SAXENIAN, Anna Lee. Les limites de l'autarcie: Silicon Valley et Route 128. In: BENKO, Georges; LIPIETZ, Alain, 2000.

SCHWARTZMAN, Jacques (org.). *Economia regional: textos escolhidos*. Belo Horizonte: Cedeplar/Cetrede-Minter, 1977.

SENTO-SÉ, João Trajano. *Brizolismo: estetização da política e carisma*. Rio de Janeiro: FGV, 1999.

_____. *Os estudos de política no Rio de Janeiro e a criação de um campo de pesquisa*: FGV/CPDoc 30 anos. Rio de Janeiro, 2003, p. 131-152.

SILVA, Fernando A. Rezende da; SILVA, Maria da Conceição. *O sistema tributário e as desigualdades regionais: uma análise da recente controvérsia sobre ICM*. Rio de Janeiro: Ipea; Inpes, 1974. (Série monografia).

SILVA, Mauro Osorio. *Rio nacional, Rio local: origens e especificidades da crise carioca e fluminense: estratégias, instituições e desenvolvimento*. Rio de Janeiro: UFRJ, 2004 (Tese de Doutorado).

SILVA, Sérgio. *Expansão cafeeira e origens da indústria no Brasil*. São Paulo: Alfa-Omega, 1978.

SOBRE a Fusão. Rio de Janeiro, 1968. (Acervo CPDoc). Documentos pessoais do Embaixador Negrão de Lima.

TRINTA anos sem Lacerda: *Veja Rio*, Rio de Janeiro, abril, p. 6-14, nov./dez. 1995.

VAZQUEZ BARQUERO, Antonio. *Desarrollo, redes e innovación*: lecciones sobre desarrollo endógeno. Madrid: Pirámide, 1999.

VIANA FILHO, Luís (org.). *Castello Branco — testemunhos de uma época*. Brasília: Universidade de Brasília, 1986.

_____. *O governo Castelo Branco*. Rio de Janeiro: J. Olympio, 1975.

WAISELFISZ, Julio Jacobo. *Mapa da violência II*. Brasília: Unesco, Instituto Ayrton Senna, Ministério da Justiça, 2000.

_____. *Mapa da violência III*. Brasília: Unesco, Instituto Ayrton Senna, Ministério da Justiça, 2002.

Este livro foi composto por Cacau Mendes
em Bembo c.12/16 e impresso pela gráfica
Imprinta Express Ltda. em papel offset $90g/m^2$,
para a Editora Senac Rio, em julho de 2005.